档案管理基础理论与实践研究

王晓琴　芦　静　任丽丽 ◎著

吉林科学技术出版社

图书在版编目(CIP)数据

档案管理基础理论与实践研究 / 王晓琴，芦静，任丽丽著. -- 长春 : 吉林科学技术出版社，2022.8

ISBN 978-7-5578-9413-9

Ⅰ. ①档… Ⅱ. ①王… ②芦… ③任… Ⅲ. ①档案管理一研究 Ⅳ. ①G271

中国版本图书馆 CIP 数据核字(2022)第 113594 号

档案管理基础理论与实践研究

著　　王晓琴　芦　静　任丽丽
出版人　宛　霞
责任编辑　王运哲
封面设计　北京万瑞铭图文化传媒有限公司
制　版　北京万瑞铭图文化传媒有限公司
幅面尺寸　185mm × 260mm
开　本　16
字　数　271 千字
印　张　16.5
印　数　1-1500 册
版　次　2022年8月第1版
印　次　2022年8月第1次印刷

出　版　吉林科学技术出版社
发　行　吉林科学技术出版社
地　址　长春市南关区福祉大路5788号出版大厦A座
邮　编　130118
发行部电话/传真　0431-81629529　81629530　81629531
81629532　81629533　81629534
储运部电话　0431-86059116
编辑部电话　0431-81629510
印　刷　廊坊市印艺阁数字科技有限公司

书　号　ISBN 978-7-5578-9413-9
定　价　48.00 元

前 言

档案信息资源管理是相对于传统档案管理提出的一种全新的工作理念和方式。传统档案管理主要靠人工劳动，工作重心是档案实体的整理和保管，在提供利用上以档案信息供给为导向，实质上是人对物的管理。而档案信息资源管理则体现出人对档案管理认识的深化，将注意力从档案实体管理转向了档案内容的开发利用。对档案信息资源加以管理是传统档案管理的必然进步，是档案工作的发展趋势，需要从技术、管理、服务等多种角度对档案信息资源进行科学规划、整合、控制，确保档案信息资源的开发利用，有效满足社会对档案信息的需求。

信息时代，大数据技术冲击着整个世界，变革着人们的生活、工作和思维方式。在大数据环境下，档案管理工作也受到了很大的影响和冲击，档案部门的档案管理能力和水平面临全新的考验。对大数据环境下的档案管理模式变化进行研究，有利于保护各类档案文化资源、优化档案业务流程、挖掘档案增值信息、加强档案管理机构的职能建设，达到促进档案事业发展的目的。

大数据指的是需要创新处理模式才能具有更强的决策力、洞察力和流程优化能力的海量、高增长率和多样化的信息资产。因此，档案也可以归入大数据的行列，但反之，大数据可不仅局限于档案，档案仅为大数据的一种而已。在大数据环境下，伴随着互联网技术的飞速发展、各类社会媒体的普遍应用，数据呈现出数量大、种类多、变化迅速、价值总量高的特点，而档案信息资源作为最重要的社会信息资源之一，也呈现出大数据的特点。在大数据环境下，档案信息资源的数量急剧增长，种类愈发繁杂，数字化、信息化水平不断提升，使用传统的管理手段已经难以处理新形态的档案信息资源，对大数据环境下的创新型档案管理与服务的研究显得愈发重要。

目录

第一章 档案管理工作的基础认知

第一节 档案的发展沿革

我国是一个具有悠久历史和灿烂文化的文明古国，文字与国家的形成是档案产生必不可少的条件。千百年来语言文字的创造、更新和发展，沉淀着人类思想的底蕴，漫长的中华民族文明史，留传给我们后人的是无与伦比、珍贵而又丰富的档案文献，考察档案的起源、档案的沿革，对于我们用辩证唯物主义和历史唯物主义的方法论认识和研究档案，科学地管理档案起着重要的作用；对于了解一个国家、一个民族的历史及当代社会和未来发展同样具有重要的意义。

一、档案的起源

档案究竟是怎样产生的呢？在原始社会，人们在社会实践中需要表达和交流思想感情时，只能依靠语言。但语言既不能持久，又难以远传，人们只能通过记忆来相互转告。这种“口耳相传”的传递方式为我们留下了各种远古时代的“传说”。然而，人们的记忆能力毕竟有限，为了适应日益复杂的社会生活和生产上的需要，人们开始借助某些实物来帮助记忆。最初古人创造了“结绳”和“契刻”的方法用来记事，辅助记忆。“结绳”就是在绳子上打结，用绳结的大小、多少等表示不同的含义。“古无文字，结绳为约，事大，大结其绳；事小，小结其绳。”“契刻”就是在木头上刻出各种符号、标记，以表示不同的含义。这些“结绳”和“契刻”的方法虽然也能起到一定的备忘、凭证的作用，但它们毕竟只能帮助人们回忆起某些被忘却的事情，而不能表达确切的、完整的、抽象的意思。因此，“结绳”和“契刻”还不能称之为档案。

随着社会的发展，产生了文字，出现了私有制和国家。为了满足公务管理、交往联系和记载事物等各种需要，产生了比较有条理的公务文书。我国古代的典籍中就曾有相关的记录。随着文书的产生和使用，早期的档案和档案工作开始形成。

我国的档案有着悠久的历史，但“档案”一词则较晚出现。在商代，档案叫“册”，甲骨文中就有“册”字，“册”字是连接简牍之象形字。周代叫“中”，“中”即官署之簿书。秦汉时则称作“典籍”。汉魏以后叫“文书”“文案”，各种公文统称为“文书”，公文案卷叫作“文案”。唐宋以后叫“文卷”“案卷”“案牍”。文，是指法令条文；卷，是指书卷。唐代书为轴，一轴为一卷，法令文书称为“文卷”“案卷”；官府的文书统称“案牍”。“档案”这个名词一直到明末清初才出现。

二、档案载体及其名称的发展沿革

中华民族历史悠久、勤劳智慧，创造了光辉灿烂的人类文明。中华民族在创造文明进程中形成的年代久远、数量浩瀚、内容丰富、价值珍贵的档案资源实为世所罕见。档案载体多姿多彩，从甲骨、金石、简牍、缣帛到纸墨文书，经历了长期的发展演变。随着社会的不断进步，档案载体也在继续发展。

（一）甲骨档案

我国早在殷商时期就已形成历史档案，这也是我国现存最早的系统的官府文书，称之为“甲骨档案”，距今已有三千多年的历史，其总量在 15 万片以上。甲骨档案主要是指把人类的社会活动经过、结果等记刻在龟甲、兽骨上而形成的数量庞大、内容丰富的商周时期的档案。殷商时期，帝王们崇尚迷信，无论打仗、出巡、祭祀、狩猎、畜牧、农耕，还是发生了灾害、疾病，都要在神庙用龟甲或兽骨占卜吉凶。然后，将占卜的时间、占卜人的姓名、所问事项以及事后结果，都刻在甲骨上，并且集中存放在宗庙内保存起来，这就是甲骨档案。甲骨是当时的占卜材料，也是当时档案的主要载体。甲骨档案主要集中于商代，现在所保存的甲骨文多为盘庚迁殷至纣亡的 273 年间的遗迹。

甲骨档案是我国迄今为止所发现的最早的档案，记载了商代的政治、军事、经济、社会生活等方面的情况，是我国最珍贵的古代文字档案，也是研究商代历史的珍贵史料。该种档案制成材料之特殊，年代之远，数量之多，在世界范围内也是绝无仅有的。它是我国古老文明的光辉明证，也是我国丰富文化遗产中的珍品。

（二）金石档案

金文是铸刻在金属鼎彝器上的一种铭文，也称钟鼎文，一般是指冶铸在青铜器上的文字。古人称铜为金，故又常称钟鼎文为金文。随着社会的进步和文明的发展，甲骨档案逐渐退出了历史舞台。西周时期，青铜器手工业大力发展，进入极盛时期，不但冶炼技术极其高明，而且分布也很广泛，为金文的发展提供了坚实的物质技术条件，此时刻于青铜器上的文字数量增多，记事广泛，具有了书史的性质。据不完全统计，已出土的周代青铜器达 5000 多件。由于周代奴隶制的发展和疆域的拓展，国家权力的加强、分封和征战，以及科学文化活动等社会实践，周代的许多青铜铭文具有档案的性质。钟鼎彝器中作为记事和凭信的金文，在档案学上称为金文档案。周代金文档案内容相当广泛，记载了祀典、册命、赏赐、志功、征伐、诉讼、契约等各个方面的事迹，这对研究当时的历史具有极其重要的史料价值。

秦汉以后，随着铁器时代的到来以及秦汉统一帝国活动的发展，石刻档案盛行，数量增多，内容丰富，既有帝王出巡、狩猎、宣扬功德、生产活动、社会重要事件的记述，也有颁发政令、规定法纪的文告等。采用石刻形式发布文告，既能使传知的范围广大，又有利于长久流传，故而直到明清、民国时期仍有所见。

现在人们所称的金石档案，还包括诸如铁券、金册等一些金属载体形式的档案，多是王朝对有功臣官和有关首领人物的册封。我国的档案馆和博物馆还保存有古代“铁券”“金册”等实物，如清政府颁发给五世达赖和十一世达赖的金册，至今仍光彩夺目。这些都是当时的贵重文书，现在成为稀世的古代档案和文物珍品。

（三）简牍档案

在殷商、西周时代，与甲骨、金石档案并存的还有简牍档案。简牍档案又称简册档案，它是以竹片和木板为载体书写的文书和书籍，在殷商、西周官府档案中，就有许多简牍档案。金石档案虽坚固耐久，但载体笨重，制造费工，且不便传递，所以，商周至东晋时期，特别是从周代到汉代的1000余年间，多用竹片和木板撰写文书与保存档案。写在竹片上的叫“简”，把许多简编连起来叫作“策（册）”，写在木板上的叫“牍”，统称“简牍”。“大事书之于册，小事简牍而已”。古人将竹片、木牍用绳或牛皮条穿起来，就是人们所说的“简编成册”。20世纪30年代在西北居延（今内蒙古自治区境内）汉代烽燧遗址中发现1万余枚汉简，称为“居延汉简”。

（四）缣帛档案

随着生产力的发展，丝织行业也发展起来，战国以后，特别是西汉，出现了以丝织品为书写材料的档案。缣帛是一种光洁细薄的丝绢，质地柔软轻便，书写方便，传递方便，可随意折叠、卷轴，易于保管和携带，便于阅读，弥补了简牍档案笨重量多、不便传阅的不足，所以汉代用它书写宫廷文书，由此产生了缣帛档案。用缣帛书写的文件可以舒卷，一份文件可卷成一束、一轴，所以又叫“案卷”“案轴”。缣帛作为文书和档案的载体材料，比起竹木简牍显然更具有优势。使用简牍上一份秦奏章，竟有多达3000片的。秦始皇处理公文也有“日读一担”的记载。一天要看100斤文件，其不便之处可想而知。现存的缣帛档案有从长沙楚墓中出土的帛书，属于战国时代的古文书。汉墓中发现了较多的帛书，其中有我国迄今所见的最早的舆图档案，也是世界上迄今已发现的最早的地图。但是丝织品作为贵重物品，成本很高，多数在宫廷和皇族、贵族中使用，无法普及，到了魏晋南北朝，随纸张的广泛应用，缣帛的使用量锐减，但是封建王朝的一些重要文书仍用丝织品书写。直到清代，朝廷颁授文武官员的诰命、敕命等封赠文书还在使用绫锦。

（五）纸质档案

缣帛档案固然有其当时历史条件下的优点，但缣帛价值昂贵，无法推广使用。随着社会经济、政治、文明的不断发展，勤劳智慧的中华民族早在汉代已发明了造纸术，造纸术的发明可谓是我国古代文化史上的一件大事，对人类文明做出了巨大贡献，使档案和其他文献载体、记录方式发生了空前的大变革。用纸作为书写材料，形成了纸质档案，使我国档案和档案工作进入了一个新的历史阶段。当时，简、帛、纸几乎是同时用来作为书写材料的，因为简重帛贵，不便于广泛使用，而纸张质地轻软，价格低廉，又易于书写、传递和收藏，所以纸逐渐代替了简、帛，成为主要的书写材料，且一直沿用至今。

我国虽然在东汉时期就发明了纸张，但纸完全代替竹木、缣帛而成为官府公文用纸是在魏晋南北朝时期。到了唐、宋，用纸更为普遍，加之印刷术的出现，纸张被广泛应用于写文书。我国现存最古老的纸质档案是西晋文学家陆机所写的《平复帖》，这也是世界上现存历史最久的纸质档案。

（六）新型档案

随着科学技术的发展，档案的制成材料和书写形式也在不断地变化。到现在，档案又出现了一些以新的制成材料和特殊记录方法为形式的新型档案，如音像档案、电子档案。

1. 音像档案

音像档案是指国家机构、社会组织以及个人从事经济、科学、技术、文化、宗教等活动中形成的对国家和社会有保存价值的照片（包括底片、反转片）、影片（正负片）、唱片、录音带、录像带等为载体，以声像为主，并辅以文字说明的历史记录，是全宗档案的重要组成部分。音像档案是随着现代科学技术的进步产生的，也被称为声像档案或视听档案，可分为视觉、听觉、视听综合等不同形式。与纸质档案相比，音像档案具有更强的直观性，如照片档案记录了可视形象，录音带可以再现语言和音乐，影片、录像带能记录人物、事件、环境、气氛等。它们成为当时社会活动真实、可靠的可视、可听记录。但除照片档案外，大多音像档案不能直接阅读，需要借助相应设备才能读取。随着社会实践活动的日益丰富和科技的不断发展，音像档案的数量越来越多，作用也越来越大。音像档案的载体有磁性材料、感光材料或其他合成材料，成分复杂、质地脆弱。因为音像档案载体比纸张更易受光、热、温度、污染物等环境的影响而导致音像信息的失真、减弱甚至消失，所以对音像档案的保管条件、管理方法和管理要求都与纸质档案有所不同，需要专门的技术、设备、装具或专用库房。

2. 电子文件（电子档案）

电子档案是人们在政治、军事、经济、科学、技术、文化、宗教等活动中使用计算机等数字设备直接形成的，用数码形式记录文字、图像、声像等信息，归档保存的有查考利用价值的电子文件。电子文件是伴随计算机技术的发展而产生的一种新型文件。关于电子文件的定义，目前尚无统一的标准说法。电子文件是20世纪中期以后出现的新名词，具有用计算机生成和读取、用数字代码记录信息、要符合文件的要求的特点。在电子环境中，文件和档案的界限不像纸质文件与档案那么清楚，而且目前电子文件的法律效力尚未得到全面的认可，电子文件尚未取得与“档案”一样的法律地位。归档电子文件是具有重要凭证性、依据性和参考利用价值，作为档案保存的电子文件。但是档案馆又不能等这些问题都解决了再来接收电子文件，因此姑且把作为“档案”接收和保管的电子文件称为“具有档案性质的电子文件”。电子文件具有与传统纸质文件完全不同的特征，其特征主要包括：信息存储的高密度性；信息的非人工识读性；系统的依赖性；信息与特定载体之间的可分离性；多种信息媒体的集成性；信息的可操作性。这些特征决定了对电子文件必须采用与以往不同的管理方法。随着计算机网络系统的发展，电子文件在人类社会的应用领域、应用范围日益扩大，数量日益增加，给档案管理工作、档案学研究提出了全新的挑战。

我们通过了解档案的起源、演变发展及其历史条件，可以看出各个历史时期的档案虽然载体各异，但档案的功能是一致的，都具有记录、备忘和凭证的作用；档案的产生过程也相同，都来源于人们的社会实践活动；档案的保存有着不可替代的价值和作用。

认识档案的价值是理解档案和档案管理的前提，对做好档案工作具有重要的意义。

第二节　档案的分类

一、档案分类的定义

档案分类就是依据一定的标准，按照档案来源、时间、内容和形式特征的异同点，对档案进行有层次的区分，并形成相应的体系。广义上的档案分类为档案概念分类、档案实体分类、档案检索分类的总称。这三种分类的功能各有侧重，概念分类主要为了具体认识档案，实体分类主要为了科学管理档案，检索分类主要为了准确查寻档案。狭义上档案分类指全宗内档案分类，即档案整理的分类，它仅是档案实体分类中一个方面的内容。档案分类是多种角度、多层次的分类系统，分类方法比较复杂，一直以来学术界存在多种看法，是档案学研究的主要内容之一。

二、档案概念分类

档案概念分类是指档案概念外延的划分，即在档案总概念下，分为许多具体档案概念，通常亦称档案种类划分。

（一）根据档案形成者分

根据档案形成者可分为国家机构档案、党派团体档案、企业单位档案、事业单位档案、名人档案等。每类社会组织档案中，又分为具体社会组织档案。每个独立的社会组织档案是划分全宗的依据，每类社会组织档案是划分全宗群的依据。

（二）根据档案内容来分

按照档案的产生领域及其内容，可将档案分为文书档案、科学技术档案、专业档案。文书档案指反映党务、行政管理等活动的档案。科学技术档案指反映科学研究，生产运营，项目建设，设备仪器运行、维护及其管理等活动的档案。专业档案指反映专门领域活动的档案，如会计档案、人事档案、户籍档案等。

（三）根据档案载体形式分

按照档案的载体形式，可将档案分为原始型档案、传统型档案和新型档案三类。原始型档案主要指以甲骨、金石、简牍、缣帛、泥板、羊皮、纸草、棕榈叶等材质为载体的档案；传统型档案是指以纸张为载体材料制成的档案；新型档案是指以感光材料、磁性材料等现代技术产生的新型材质为载体的档案。

（四）根据档案记录信息方式分

按照记录信息方式可分为文字档案、图形档案、音像档案。音像档案又分为照片、录音、录像、影片档案。上述类型档案在管理和提供利用方式上都各有特殊性。

（五）根据档案记录时间分

按照档案的记录时间一般可分为古代档案、近代档案和现代档案。古代档案和近代档案常被统称为历史档案。在中国，通常分为中华人民共和国时期档案和中华人民共和国成立前档案两大类。中华人民共和国成立前档案又分为历代王朝档案、“中华民国”时期档案、新民主主义革命时期档案。档案是不同时代的产物，这种划分对认识档案的时代特点具有重要意义。

（六）根据档案所有权形式分

根据档案所有权形式可分为国家所有档案、集体所有档案和个人所有档案。在外国通常分为公共档案和私人档案。对不同所有权的档案，要按照档案法规的规定，分别采取不同的收集和管理办法。属于国家所有的档案，要按规定向国家档案馆移交。属于集体或个人所有的档案，其所有权的转让，一般要在自愿、合法的基础上进行，档案所有者可向国家档案馆捐赠、出售或寄存。

三、档案实体分类

档案实体分类也称为档案信息实体的馆（室）藏分类，或直接称为档案分类。档案实体分类是指根据档案的来源、形成时间、内容、形式等特征，对档案实体进行的分类。该分类有两个层次，即档案馆级的分类和档案室级的分类。

（一）档案馆级的分类

档案馆级的分类是指对一个档案馆内全部馆藏档案的分类，我国档案馆的档案是按照全宗和非全宗形式进行分类和保管的。文书档案以全宗作为科学管理的基本单位；科技档案以工程项目、产品型号、科研课题、专业性质、地域特征等非全宗形式作为科学管理的基本单位。

（二）档案室级的分类

档案室级的分类主要有全宗内档案的分类和非全宗形式档案的分类。全宗内档案分类的标准主要有档案的形成时间、来源、内容、形式等。非全宗形式档案分类的标准主要有工程项目、产品型号、科研课题、专业性质、地域特征等。

四、档案检索分类

档案检索分类亦称档案信息检索分类或档案情报检索分类，是以档案记述的内容为对象进行等级分类的逻辑体系。它以国家机构、社会组织从事的社会实践分工为基础，以档案记述的事物属性关系为依据，按照逻辑方法进行统一分类，不受档案所属全宗的限制。档案检索分类主要用于编制卡片目录和组织情报的机械化、自动化检索，一般不适用于档案实体管理的分类（某些特殊专业档案例外），档案馆的情报检索分类系统与档案实体分类排列上架序列通常是不一致的。为建立统一的档案情报检索系统，一些国家会制订通用的、标准的分类方案。

五、全宗内档案分类

（一）基本含义

全宗内档案分类指的是按照来源、时间、内容、形式等方面的异同，将归档文件划分为若干层次和类别，构成一个有机体系。其包括选择分类方法、制订分类方案和档案文件归类，以便确定立卷、编目和案卷排列上架的具体方法。分类的质量在很大程度上取决于分类方法的采用是否合理。

（二）分类方法

常用的档案分类方法有如下几种。

1. 按文件的产生时间分类

（1）年度分类法

就是根据文件产生的年度将全宗内档案分成若干类别的方法。按年度分类可以反映一个立档单位活动逐年发展变化的面貌，看出不同时期工作的特点，从而有助于历史地研究问题。这种分类方法同现行机关的文书处理工作制度相吻合，以年度为单位立卷和移交。年度分类法也可以同其他分类法分层联用，是运用最广泛的一种方法。

（2）时期分类法

即把文件按照立档单位在发展变化过程中的不同时期（或阶段）分类，而在较长的阶段内又可按年度分类整理。

2. 按文件来源分类

（1）组织机构分类法

指的是根据文件处理阶段和处理文件的承办单位进行分类，即按照立档单位的内部组织机构将档案分成若干类别。

（2）作者分类法

即按文件的作者（机关或个人）分类。

（3）通信者分类法

即按与立档单位在通信上有来往的机关或个人分类（收文按作者，发文存本和原稿按收文者）。

3. 按文件的内容分类

（1）问题分类法

指的是以文件内容所涉及的主要问题为根据，将档案分成若干类别的方法。这种分类方法能较好地保持文件之间在内容方面的联系，使性质相同的文件比较集中，避免或减少同类问题文件分散的现象，并能比较突出地反映一个立档单位主要工作活动的面貌，有助于按专题查找和利用档案。但采用问题分类法时应该慎重，不应轻易打乱组织机构而先按问题分类。一般是在不可能或不适按组织机构分类，或者每个机构内文件相当多而要再分类时才采用问题分类法。

（2）地理分类法

即按文件内容涉及的地区分类。

4. 按文件的形式分类

（1）文件种类（名称）分类法

如账册、凭证、报表等。

（2）文件载体分类法

如影片、照片、录音带等。

以上诸分类法中使用较多的是年度分类法、组织机构分类法和问题分类法，而单纯采用其中一种的情况比较少，大多是结合使用。

5. 复试分类法

以上几种分类方法和保管期限结合使用，形成下列复式分类方法。

首先是年度—组织机构—保管期限分类法。先将立档单位内的档案按年度分类，然后在每个年度内按组织机构进行分类，再在组织机构下按保管期限划分。这种方法适用于立档单位内部机构经常变化但不复杂的全宗，对于现行机关的档案，采用这种分类法较适宜。

其次是保管期限—年度—问题分类法。先将归档文件按保管期限分类，每个保管期限下按年度分类，然后在每个年度内再按机构（问题）分类。这种方法多适用于撤销机关档案和历史档案。

再次是组织机构—年度—保管期限分类法。先将归档文件按组织机构分类，每个组织机构下按年度进行划分，再在每个年度内按保管期限分类。这种方法适用于立档单位内部机构多年稳定或调整不大的全宗，一般多用于撤销机关的档案。

最后是年度—问题—保管期限分类法。先将归档文件按年度进行分类，每个年度下按问题分类，再在问题下按保管期限进行分类。这种方法适用于立档单位内部机构变化复杂，或由于机构间分工不明确、文书工作不正规等原因而难以区分文件所属机构，以及没有内部机构或内部机构简单的全宗。

第三节 档案工作的内容与性质

档案工作指管理档案和档案事业的活动，包括档案管理工作、档案行政管理工作、档案教育工作、档案科学研究工作、档案宣传工作等。档案管理指档案的收集、整理、保管、鉴定、统计和提供利用等活动，即档案室和档案馆所从事的档案业务工作。通常说的档案工作是指狭义的档案工作，即档案管理。

一、档案工作的基本内容

（一）档案收集

档案收集就是接收和征集档案的意思，档案收集工作就是按照规定，通过例行的接收制度和专门的征集方法，把分散在各机关、部门、个人手中和散失在社会上的档案，集中到机关档案室和国家档案馆进行科学管理的一个业务环节，其有助于档案的科学保管和有效利用。

档案收集工作在整个档案管理中处于一种特殊地位，做好此项工作对整个档案管理工作具有重要意义。

第一，档案收集工作是档案馆、档案室取得和积累档案的一种手段，它为档案工作提供了实际的物质对象，是档案业务工作的起点。

第二，档案收集工作是实现档案集中统一管理的重要内容和一项重要的具体措施。

第三，档案收集工作质量的高低，会直接影响到档案业务工作的其他环节的工作质量。

第四，档案收集工作是档案部门与外界各方面发生联系的重要环节之一，它是一项政策性强、接触面广、工作要求较高的工作。

（二）档案整理

档案整理是指按照一定的原则对档案实体进行系统分类、组合、排列、编目，使之有序化的过程，它是档案管理中的一项基础工作。通过档案整理工作使成分复杂的档案条理化、系统化，有利于档案的保存和使用。

档案整理主要有以下三种类型。

1. 系统排列和编目

在正常条件下，档案室接收文书部门和业务部门按照归档要求立好的档案卷，档案馆接收各机关按照入馆要求整理移交的档案卷。档案馆和档案室的整理任务，主要是检查案卷质量，制订馆（室）内分类排列方案，进行案卷和全宗的系统排列以及案卷目录的加工。

2. 局部调整

局部调整的主要内容：对已接收但不完全符合整理要求的档案卷，进行必要的部分加工整理；对由于遭受损失、销毁与移出等各种原因而使整理体系发生重大变化的档案，进行新的系统化调整。

3. 全过程整理

全过程整理是指对必须接收和征集的零散档案，进行系统化和编目。

档案整理要求保持文件之间的历史联系，以方便保管利用。文件之间的历史联系是指文件在产生和处理过程中形成的内部相互关系，其主要表现在文件的来源、时间、内容、形式等方面的联系。维护文件之间的历史联系有时可采用不同的方法，在优选时应以便于档案保管和利用为其最高要求，并使二者统一起来。

档案鉴定是指按照一定的原则和标准，判定档案的真伪和价值，确定保管期限及决定档案存毁的一项工作。通常所说的档案鉴定工作是指档案价值鉴定，这里所说的价值是指档案因具有凭证作用与情报作用，表现出的对机关和社会的有用性和有用程度。档案鉴定是对价值的评价和预测，鉴定工作可以去粗取精，剔除失去保存价值的档案，使档案保管机构的人力、物力和财力能够充分发挥作用。

档案鉴定工作的制度与原则有以下几点。

第一，档案鉴定工作是一项科学性很强的工作，必须坚持全面观点、坚持历史观点、坚持发展观点。

第二，档案鉴定工作必须按照党和国家制定的鉴定工作原则和鉴定标准进行。

第三，档案鉴定工作必须有组织、有领导地进行，一般应由领导、专业人员和有关单位代表参加的鉴定小组成员负责进行。

第四，凡是经过认真的鉴定，判定为保存或销毁的档案，必须按照规定的程序，办好鉴定手续。

第五，档案鉴定工作是一项决定档案命运的工作，档案工作人员必须严肃、慎重地对待鉴定工作，严格遵守档案鉴定工作制度。

（三）档案保管

档案保管是维护档案的完整与安全的活动，是档案管理中的一项重要内容。其基本任务有两个：一是维护档案实体的系统性，使库藏档案始终有序；二是保护档案实体，最大限度地减少人为或自然因素的损坏，延长档案的“寿命”。

具体来说，档案保管的主要内容有以下四点。

1. 档案排架

可视不同情况分别采取分类排架和流水排架，或分类、流水综合排架。分类排架即按照档案形成的不同时期、档案的不同类型和立档单位的不同组织系统等，将馆藏档案划分为若干类别进行排架；流水排架即按照档案全宗最初进馆的时间顺序排架；分类、流水综合排架即先将馆藏档案分为若干类别，在每一类别内再按全宗进馆时间顺序排架。无论采用何种方法，属于一个全宗的档案均应集中排放，不应分散和混杂。

2. 档案库房管理

要建立完善的档案库房管理制度，配备必要的防护设备，合理调节和控制温度、温度，做好防火、防盗、防尘、防霉等各项工作，保持整洁、有序，保证档案安全无损。

3. 档案调出和归还

调出和归还档案都应逐卷点交清楚，办理手续。用完的档案要归还原位。

4. 档案检查

对于馆藏档案的状况应定期进行全面检查，必要时可临时进行部分检查。着重检查档案是否缺少以及每件档案的完好状况，检查时要逐卷进行，要做出详细记录并写出正式报告。

（四）档案检索

档案检索是指存储和查找档案信息的过程，它是开展提供利用工作的基本手段，是开发档案信息资源的必要条件。档案检索工作将档案信息运用一系列方法进行加工处理，形成各种检索工具，供人们查找所需档案。

档案检索工具是记录、查找、报道档案材料的手段，是管理和利用档案的工具。档案检索工具的种类很多，可按编制方法、信息处理手段、收录材料范围、作用等不同的标准进行分类。档案检索工具按编制方法可分为目录、索引、指南。档案目录是由许多条目组成的有机体，也是档案馆（室）检索体系的主要部分。常用的有分类目录、专题目录、全宗文件目录、案卷目录等。索引是将档案中的各种事物名称、档号或存址等，按照一定顺序加以编排的一种检索工具，如人名索引、地名索引、文号索引。指南是以文字叙述的方法，综合介绍档案情况的一种书本形式的工具书，如档案馆指南、全宗指南、专题档案指南等。档案检索工具必须具备存储档案材料线索和提供查找途径的职能，并以档案信息存储丰富、检索迅速准确、方便实用为衡量质量的主要标准。

档案检索系统是将已整理好的档案经过著录和标引，按规定顺序排列而成的数据库。它能将按照整理体系保管存放的档案信息，通过多种途径集中和积累起来，以备人们按照不同的特定要求，从中检出所需要的档案。为了开展档案检索服务，必须建立相应的检索系统。按加工和处理信息的手段，检索系统可分为手工检索系统和机械检索系统两大类。手工检索系统是以卡片或书本形式的目录、索引为基础的人工查找系统，使用方便，成本较低。机械检索系统使用电子计算机等检索出存储在磁带、磁盘、磁鼓以及缩微胶卷（片）中的档案线索。

档案检索的过程主要有下列几个步骤：①分析利用要求；②选定检索工具，确定检索途径和方法，如按分类途径、按主题途径，或按全宗构成者、责任者、年代以及其他途径检索；③按照选定的检索途径及其检索标识，如分类号、主题同等查取档案；④通过一定的方式将档案材料或编成的目录提供给利用者。

（五）档案编研

档案编研是指在研究档案和社会需要的基础上，按照一定的题目、体例和方法编辑档案文献的活动。档案编研工作可以满足更多利用者的需要，让档案信息以编研成果的形式长远流传下去，并延长档案原件的寿命。

档案编研的具体做法主要包括以下几点。

1. 技术力量上采取“内举外聘”

作为县（市）级档案馆，由于受人手紧张，专业人才欠缺、水平不高等因素的制约，我们采取了“内举外聘”的做法：“内举”即充分发挥馆内人员的专业特长，让其担任编研课题的负责人，参与编研的谋划工作；“外聘”即聘请有深厚文字功底和地方历史文化知识的已退休的老教师、老同志来担任编研的具体工作。

2. 选题上既坚持有所创意，又注重实用

档案编研工作是将馆内静态的档案资源转化为动态的、可供利用的信息资源的加工制作过程。档案编研的选题只有贴近党委政府的工作中心，贴近人民群众，才能有效地为经济建设、社会发展服务。让档案编研成果满足社会各界及人民群众的需要，是档案编研工作的出发点和归宿。因此，在编研选题上要尽量避免过大、过深，应坚持以编为主，研究为辅的方针，不囿于习惯性的模式，在选题的创新上做一些探索。

3. 选材上创新方法

档案信息是历代人们通过生产和实践保存和积累下来的，以档案的某种形式供后人利用的重要的历史文化资源。任何信息资源都有它的不完整性、不系统性和不准确性。因为档案在收集、整理、鉴定、归档时，无不受到当时当地的历史局限性的限制，总有当时认识不到的、删除不准确的和未收集上来的现象，加上对未来变化和需要预测不足等原因，馆藏现有资源可能难以满足编研课题的需要。对此，我们不能仅靠馆藏档案资源进行编研工作，尚需馆外资料做补充。因此，我们在选材上提出了“档案不足资料补，馆内不足馆外补”的编研工作方针。编研过程中，我们采取“内部发掘与社会调查相结合”的方法，根据专题的需要走访了一些了解当时情况和保存有历史资料的老同志，并进行了座谈。政协文史委、文化、图书、史志办等单位提供的历史文化资料做了补充，从而弥补了一些专题编研资料不足的缺陷。实践证明，这不失为一种可行的办法。

4. 专题编研成果突出地方特色、行业特色

在编研的选题中，专题编研要体现独特性、新颖性，专题不在大，重在能反映出一个地方独特的风土人情和人文特色。

（七）档案利用

档案利用又称利用服务，是指利用者以阅览、复制、摘录等方式使用档案的活动。档案得以利用是档案管理工作的最终目的，档案利用可以使包含在档案中的凭证价值和参考价值得以发挥和实现。

档案利用是档案整个过程中的最终环节，国家政府以及档案馆工作人员为档案所做的一切努力，包括档案安全保护的最终目标就是能服务于现代化建设，服务于国家、服务于人民群众。

（八）档案统计

档案统计是指对反映和说明档案及档案工作现象的数量特征进行搜集、整理和分析的活动，是了解、认识和掌握档案工作总体情况的重要手段。档案统计工作不但可以为整个档案管理工作提供真实可靠的原始数据、基本事实，让人们对档案及档案工作做到“胸中有数”，而且还可以为档案工作决策提供强有力的信息支持，保证决策的科学性。

档案统计调查的内容和形式，根据不同目的和作用，可分为两大类：分别是是综合性统计和临时性调查统计。主要是各级档案事业管理机构为了掌握全国或某一地区、某一部门的档案工作基本情况而制定的统计制度，包括定期统计报表、专题普查、抽样调查、重点调查和典型调查等多种方法。

二、档案工作的性质

档案工作是一项非常重要而又严格的专门事业，它是以完整地保存和科学地管理档案，充分发挥档案的作用为目的的诸项管理活动的总称，是实现社会主义现代化建设、开展各种研究、进行各项工作的必要条件。做好档案工作不仅是当前工作的需要，还是维护党和国家历史真实面貌的重要事业。其基本性质有以下几点。

（一）档案工作是一项管理性的科学性的工作

一方面，就总的档案工作看来，档案工作是专门负责管理历史文献——档案的一种独立的工作，属于国家科学文化事业的组成部分。另一方面，从特定的部门、一定单位的档案工作来看，它又是某种工作管理的组成部分。档案从其保存和流传归宿的程序角度可以分为档案室阶段和档案馆阶段。档案室保存的档案，是本单位职能活动的历史记录，档案室工作既是档案事业的组成部分，又是机关或单位秘书工作的一部分。必须用一整套科学的理论原则和技术方法管理档案，对繁杂的档案进行研究、考证和系统管理。

（二）档案工作是一项服务性的条件性的工作

从档案工作同其他工作的关系来说，它为社会各方面工作提供服务，属于一项服务性的、条件性的工作。虽然档案工作是一项研究性的工作，但是档案部门研究档案、进行编著等活动的主要目的还是为了更好地满足各界的需要，为党和国家的各项工作提供档案材料。档案工作的服务性是档案工作赖以存在和发展的基本性质。

档案工作者应当树立服务意识，掌握服务技能，完善服务条件，提高服务质量，积极为社会建设做出贡献。

（三）档案工作是一项政治性的工作

档案工作的政治性集中表现在档案为谁所有，为谁服务，受到什么阶级利益的制约，即档案工作存在着服务方向问题。在我国，档案工作不是一般的服务性行业，它是巩固人民民主专政、保护国家机密和历史财富的重要阵地之一。在当前的社会主义现代化建设事业中，档案工作必须把工作重点切实地转移到为经济建设服务的中心上来。档案工作的机要性也是档案工作的政治性表现之一，它是由档案本身的特点以及国家利益所决定的。古今中外任何国家的档案工作都有一定的保密要求。

档案工作者必须做维护历史真实面貌的楷模，实事求是，并积极地提供档案用以编史修志，用档案印证历史，校对历史。

第四节　档案工作的要求及意义

一、档案收集工作的基本要求及意义

（一）档案收集工作的基本要求

1. 满足归档的基础要求

（1）原始材料

收集进档案室的材料必须是办理完毕的原始材料（原件），要完整、齐全、真实、文字清楚。

（2）字迹纸张

①载体纸张要求。归档材料统一使用 A4（80g）规格的办公用纸（专业

特殊要求的除外）。②载体字迹要求。只能用碳素墨水、蓝黑、黑色墨水书写，禁止使用纯蓝、红色墨水、圆珠笔、铅笔书写。

（3）材料完整

①各部门完成的当年工作职责应该有相应材料佐证，其包括录音、录像、照片、幻灯片、图片、表格及文字材料。②关于整件事情的成套材料必须记齐，以保持文件材料之间的逻辑联系。

2. 丰富和优化室（馆）藏

（1）门类齐全

所谓门类齐全，就是指档案保管机构应收集各种门类的档案。在收集中不仅要收集文书档案，还要收集科技、专门档案；不仅要收集纸张载体的档案，还要收集声像、照片、电子等各种载体形态的档案。否则，档案保管机构所保管的档案就会因门类或载体的单一而缺乏吸引力。

（2）数量充分

所谓数量充分，就是要求各级各类档案保管机构尽量补充档案数量。就现状来看，我国的档案虽然在总数量上名列世界第一，但在人均占有量上并不高。这与我国的悠久历史和社会的需求不相适应，因此应想方设法丰富档案室（馆）藏。

（3）质量优化

所谓质量优化，就是指所收藏的档案要达到一定的质量标准，具体包括两个方面：一是档案本身的内在质量（完整性、准确性、规范性）和外在质量（档案载体及书写、印制材料应符合长期安全保管的要求）；二是档案整理的质量。只讲数量，不讲质量的收集是没有价值的。必须保证所收集的档案在将来有人使用，必须在增加数量的同时，按国家的相关标准进行收集；否则，就会出现档案数量多了，可供人利用的却少了的反常情形。

（4）结构合理

所谓结构合理，就是指档案保管机构所收藏的档案在来源、内容等方面应该是合理布局的。档案馆、室藏档案既要有一般性的材料，又要有各具特色的材料；既要有领导机关的材料，又要有基层单位的材料；既要有宏观材料，又要有微观材料。在收集时，既要收集档案，又要收集报纸、地方志、传记、年鉴、回忆录、文件汇编、成果汇编及其他书刊等资料。

3. 加强档案室（馆）外的调查和指导

档案室必须注意调查研究，掌握本单位文件的形成规律和特点，制定归档制度，明确接收档案的范围、时间、数量与质量要求。档案馆应从本馆的性质与职责出发，对有关国家机构、社会组织和个人的职能、地位、任务，以及档案的种类、内容、保存价值、数量、整理和保管等情况进行调查研究，确定应移交档案的范围、时间、数量、质量要求和手续。在接收前，档案室应加强对有关部门的档案工作的指导，以保证所收集的档案的质量与价值。

4. 保持全宗不可分散性

全宗就是一个立档单位形成的全部档案，一个单位的各项活动是密切联系的，因此在活动中形成的各种文件材料必然存在固有的联系。为了确保文件的完整，在收集档案时必须坚持全宗不可分散的原则，一个单位形成的档案应集中到一个档案室，不能人为地分散处理。

5. 积极推行入室（馆）档案的标准化

积极推行入室（馆）档案的标准化，要求在收集档案时控制好档案的质量。凡反映本机关主要职能活动、具有保存价值的各种门类、各种载体的档案，均应收集齐全完整；进馆档案必须以全宗为单位进行整理；进馆档案必须经过鉴定，保管期限必须准确无误；档案整理（分类、组卷、排列、编号、编目、装订等）规范；所采用的档案包装材料必须符合国家的相关要求，所编制的检索工具应符合档案工作要求，在利用档案时能做到有据可查；归档材料中有电子文件的，应当与相对应的纸质文件一并存档；属于非光盘形式的电子文件，应当转换成光盘储存形式的电子文件。档案工作的标准化应该在收集档案时就着手推行。

（二）档案收集工作的意义

档案收集工作是整个档案工作中极为重要的一个环节，是档案馆的一项重要的基础性工作。做好档案收集工作，对于加强国家档案资源建设、丰富馆藏、优化结构、建立健全“三大体系”、发挥“五位一体”的功能、提高档案馆服务水平，有着重要意义。

1. 档案收集工作为档案工作提供了物质条件

没有档案收集工作，就不可能有完整的档案，也就不可能有健全的档案工作。收集是档案室（馆）取得档案的一种手段。档案收集工作是档案工作的起点，是档案工作的前提条件。

2. 收集工作有助于维护历史真实面貌

档案室（馆）的收藏是一定地区、部门在政治、经济、科学和文化教育等方面的情况的综合反映。收集工作使档案齐全完整，内容丰富，将补充进馆的档案及时接收进馆，并把散存在机关、组织、个人手中以及散失在各地的档案材料收集补充到档案室（馆）。档案是维护党和国家历史真实面貌的必要手段，是贯彻执行党的路线、方针、政策的重要工具，因而收集工作的作用是十分明显的。

3. 收集工作为提高档案工作科学水平提供必要的物质条件

档案馆要想开展利用工作，没有一定数量的档案是无法进行的，若室（馆）藏不丰富、门类不全，档案馆就很难满足社会上各条战线、各种工作、各种人员对档案的各种要求。编研工作更需要有丰富的档案作为后盾。档案室（馆）其他日常工作也必须在室（馆）藏丰富的基础上才能做得更好。只有从众多的档案材料中才能清楚、准确地把握档案内在的有机历史联系，才能在丰富材料的基础上综观全局，全面考察，权衡利弊，提高工作效率，加快整理工作进度，为档案提供利用等工作创造条件。

总之，只有做好收集工作，才能使室（馆）藏丰富，材料齐全，为档案室（馆）各项业务建设，为开展档案室（馆）各项工作、加强档案室（馆）建设奠定物质基础。

4. 收集工作促进档案学理论发展，对实现档案工作现代化有重要的推动作用。档案室（馆）作为党和国家保存档案的重要基地，也是档案学理论的发展源泉。

假若档案室（馆）藏不丰富，档案室（馆）各项工作开展不充分，就不可能为档案学理论的突破和发展提供充足的实践依据。室（馆）藏越丰富，各项工作实践也就越丰富多彩，必然提出许多新问题、新要求，提供很多新情况，为档案学理论的发展打下坚实的基础，从而推动档案学理论的发展。

丰富的室（馆）藏也是实现档案工作现代化的推动力量。要实现档案工作现代化，最基本的是要有丰富的室（馆）藏和对现代化的迫切需要。若室（馆）藏丰富，利用者便如鱼得水，这无疑会推动档案工作现代化的实现。

二、档案整理工作的基本要求及意义

（一）档案整理工作的基本要求

档案整理工作的基本要求是，充分尊重和利用原有的整理成果；保持文件之间的历史联系；便于保管和利用。

1. 充分尊重和利用原有的整理成果

充分尊重和利用原有的整理成果指档案管理者要善于分析、理解和继承前人对档案的整理成果所形成的自然基础，不可轻易地对其予以否定或抛弃。需做到以下几点：①当原有基础基本可用时，应维持档案原有的秩序状态。②如果某些局部整理结果明显不合理，可以在原来的整理框架内进行局部调整。③如果原有的整理基础无法实行有效管理，可进行重新整理。

2. 保持文件之间的历史联系

文件之间的历史联系是指文件在产生和处理过程中所形成的内部相互关系。保持文件之间的历史联系，是档案整理工作的根本性原则，可使档案能够客观地反映其形成者的历史面貌。文件之间的历史联系主要表现为以下四个方面。

（1）文件在时间上的联系

文件的时间一般是指其形成的时间。不同时间的活动所形成的文件先后有序；同一阶段的活动所形成的文件具有自然的时间联系。在整理档案时，保持文件之间在时间上的联系，有利于体现其形成者活动的阶段性、连续性和完整性。

（2）文件在内容上的联系

文件的内容一般指文件涉及的具体事务或问题。

一个事务、同一项活动、同一个问题所形成的文件之间必然具有不可分割的联系。在整理档案时，保持文件之间在内容上的联系，有利于完整地反映其形成者各种活动的来龙去脉和基本情况，也便于查找利用。

（3）文件在来源上的联系

文件的来源一般指形成档案的社会组织或个人。同属于一个形成者或同类型形成者的文件在来源上有着密切的联系。不同来源的文件反映不同形成者历史活动的面貌，在整理档案时必须保持文件在来源上的联系。另外，不同来源的档案不能混淆在一起。

（4）文件在形式上的联系

文件的形式一般是指其载体、文种、表达方式以及特定的标记等。不同形式的文件往往具有不同的作用、特点和管理要求，可承接不同的任务，反映一些特定的工作关系。在整理档案时，保持文件在形式上的联系有利于揭示文件的特殊价值，有助于档案的保管和利用。

3. 便于保管和利用

便于保管和利用是档案整理工作的出发点和目的，也是检验整理工作质量的标准。在整理档案时，应保持文件之间的历史联系与便于保管和利用之间是一致的。而在某些特殊的情况下，二者之间会发生一定矛盾，此时就需要综合考虑各种因素，在保持文件之间历史联系的前提下，采取分别整理的方法，以有利于档案的保管和利用。

（二）档案整理工作的意义

1. 档案整理是开展其他档案业务活动的重要基础性工作

档案整理不仅为档案的利用创造了方便条件，还为整个档案管理工作奠定了良好基础。在档案管理的诸多环节中，收集工作是起点，提供利用是档案工作的目的，而档案的整理则是承上启下的关键业务。档案整理这个环节可以让我们进一步了解和检查档案收集工作的质量，对档案收集工作有一定的支持作用。档案整理工作往往与档案价值的鉴定工作相互结合进行。要想鉴定档案的价值和划分档案的保管期限，必须对档案进行全面的考察和仔细认真的分析，只有经过系统整理的档案，才能提供这种可能性。经过整理以后的档案卷，是档案馆的保管、统计、检查的具体工作对象和基本单位，也使编制档案检索工具与编写参考资料有了主要依据。

2. 档案整理可以通过有效保持文件之间的有机联系，为实现档案价值创造有利条件

保存档案的主要目的是及时地、系统地提供档案并为社会各项事业服务。为了达到这个目的，所提供利用的档案必须经过科学的整理。没有经过整理和系统化的档案，就不能充分体现档案的历史记录的特点，不能完整地反映出各项活动的历史联系和本来面貌，就会影响以致失去档案的利用价值，不便于进一步查考研究问题。档案整理工作的基本目的是把档案组成一个体系，通过编目使其固定下来，为利用档案提供条件。

3. 档案整理是实现档案管理现代化的要求

采用现代化手段管理档案，要求对档案实体加以整理，使之达到一定的系统化程度。例如，计算机库房管理系统、编目系统都需要以档案实体为基础。档案数字化、信息化、缩微化更要求档案原件系统中有序、具有有机联系的档案相对集中。档案管理的现代化也需要以档案的系统整理为基础。

三、档案价值鉴定工作的基本要求及意义

（一）档案价值鉴定工作的基本要求

1. 应从国家和社会的整体利益出发去判定档案的保存价值

档案价值鉴定工作是一项直接关系到一个国家和民族的社会历史记忆能否得到有效维护、传承和保护的重要工作，应从国家和社会的整体利益出发，科学地组织和开展。那种只考虑本单位利益，而忽视国家和社会整体利益的档案价值鉴定思想是十分有害的。每个立档单位之所以会保存档案，其直接的动力来源是为本单位业务工作的可持续进行留存足够的业务活动证据和法律所要求的证据，同时为保证本单位业务活动的健壮性留存具有参考价值的文件和记录。

但是，随着时间的流逝和立档单位的业务发展，原来留存的档案就会逐渐失去其业务证据价值和业务参考价值，这时立档单位继续保存这部分档案的“原动力”就不存在了。如果一个组织只顾及自身的利益，而缺乏国家、民族的整体利益意识，那么必然的结果就是整个国家和社会的历史记忆不断流失。为此，在开展档案价值鉴定工作时，尤其是在对“保存期满”的档案进行“定期鉴定”时，各立档单位和国家档案管理部门只有遵循“从国家和社会的整体利益出发去判定档案的保存价值”的原则，才能保证我们的国家记忆、民族记忆、社会历史记忆的相对完整性，才能保证我们民族文化的长久传承和发展。

2. 应采用历史的观点指导档案价值鉴定工作

历史的观点指的是根据档案形成的时代背景和社会条件去识别档案的内容、形式及意义。档案是历史记录，具有鲜明的时代性特征。那种只从“现实需要”出发判定档案保存价值的思想和行为，会给人类社会档案记忆的完整性和连续性造成极大地损害。在鉴定档案价值时，坚持历史的观点就是要根据档案产生的历史条件及其在历史上的作用，科学地评价其对维护人类社

会历史记忆的作用，确定其保存价值。在档案价值鉴定工作实践中，坚持历史的观点，就必须坚决反对片面的实用主义观点。

3. 应采用全面的观点指导档案价值鉴定工作

全面的观点指的是一方面从各个全宗之间、一个全宗内文件之间的全面联系中考察、分析每份具体文件，综合审视档案文件内容和外部特征的各种因素；另一方面要预测档案对形成单位、国家和社会的各种需要，有无保存意义。不谋全局者，难以谋一域。从立档单位角度看，在判定档案保存价值时，应全面分析影响档案保存价值的相关因素，综合判定档案的保存价值；从社会角度看，在判定档案保存价值时，应避免只从一个机关、一个部门（机构）或个人的需要出发去开展价值鉴定工作，而应从社会的需要出发去开展工作。从档案管理的整体效益角度看，用全面的观点开展档案价值鉴定工作，是实现整个国家档案资源体系建设整体优化目标的需要。如何有效地消除全宗之间的“档案重复留存”问题，关键的解决办法之一就是在档案价值鉴定工作中切实采用“全面的观点”、有效的整体控制手段和措施。

用全面的观点指导档案价值鉴定工作，有助于档案价值鉴定人员从整体上把握和认识有关全宗、类别（系列）、案卷的保存价值，避免孤立地判定每一份文件的保存价值。

4. 应采用发展的观点指导档案价值鉴定工作

在档案价值鉴定工作中，按照发展的观点开展档案价值鉴定工作，就是要充分考虑到档案保存的未来意义。档案的保存不仅是现实社会存续和发展的需要，还是子孙万代生存与发展的需要。档案价值鉴定工作人员应具有一定的预测未来社会发展需要的能力。随着数字时代的到来，一些在纸质档案占统治地位的时代被鉴定为“保存价值不大”的文件和记录，其数字形态的记录却因为蕴藏着丰富的、可供分析和加工的“数据”和“信息”，而成为一种非常具有留存价值的资源。所以，那种简单地认为“纸质文件和记录”与“电子文件和记录”的保存价值相同的观点和做法，是非常武断和有害的。正确的做法是，纸质档案按传统的价值鉴定标准去判定其保存价值；数字档案（电子档案）的价值鉴定标准则应重新确定。

5. 应采用科学的效益观点指导档案价值鉴定工作

对于纸质档案等传统载体形态档案的价值鉴定，必须考虑立档单位和国家档案管理部门的保存能力。那种认为只要文件和记录具有些许利用价值就应将其作为档案加以保存的思想观念，不但脱离实际，而且一旦实施就会劳民伤财。为此，开展档案价值鉴定工作时，鉴定人员应对列入保存范围的文件和记录的利用价值和利用效益，进行充分地预测和评价。只有当档案发挥的作用所带来的经济效益和社会效益大于我们所付出的管理成本时，才能认为档案是具有保存价值的。诚然，单纯的“效益”观点（即只评价档案保存的经济效益，却忽略档案保存的社会效益的观点），在档案价值鉴定中也要坚决避免。

（二）档案价值鉴定工作的意义

1. 有利于发挥档案的作用

我们保管档案，进行各项业务工作，有助于党和国家对档案的利用，把档案的作用充分发挥出来。如果不鉴定，把大量已失去保存价值和本来就没有什么保存价值的档案，同有价值或有重要价值的档案混杂在一起，臃肿庞杂，真正有价值的重要档案被大量无价值的档案湮灭。有时查找一份档案文件，犹如“沙里淘金”，这给提供利用工作带来很大困难。反之，我们通过鉴定工作，去其糟粕，留其精华，剔除无价值的档案，把有价值的档案管好，利用时就可以按照利用者的需求及时查找出来，发挥档案应有的作用。

2. 有利于档案的安全保管

如果不鉴定，把大量失去保存价值的档案和有价值的档案一起保管，不但在人力、物力上造成浪费，而且妨碍改善有价值档案的保管条件，影响档案的安全保管。

通过鉴定工作，分清主次，对价值大的档案给予良好的保管条件，尽可能延长档案的寿命，维护它的安全。对失去保存价值的档案剔除销毁，能腾出库房和装具来妥善保管有价值的档案。

3. 有利于安全管理，应付突发事件

档案鉴定就是将无价值的档案材料剔除出去，一方面节约了保管成本，腾出库房和装具去妥善保管有价值的档案材料；另一方面明确了档案的价值，主次分明，日常管理时就很容易确定保管的重点，便于安全管理，应付突发事件。比如，遇到水灾、火灾、地震等天灾人祸时，能很快确定抢救重点，及时抢救和转移价值大的档案资料，减少损失。否则，就会因档案资料主次不明，数量庞大，感到束手无策，不知先抢救哪些，其结果只能是“玉石俱焚”，造成更大的损失。

4. 档案价值鉴定是决定档案生死存亡的基本手段

档案价值鉴定不同于档案管理中的其他业务环节，其他业务环节往往只是档案的移位或保管体系的变化，而鉴定可以决定档案的命运，涉及“生死存亡”的大问题。档案多为孤本，有的十分珍贵，如果错误销毁了有价值的档案，损失是无法弥补的。档案价值鉴定工作担当的特殊使命，使其成为现代档案管理的核心，直接关系到档案工作其他各环节的开展，而且这项工作又存在于立卷、收集、整理、保管等环节之中，所以它也是一项难度最大的工作。

四、档案保管工作的基本要求及意义

（一）档案保管工作的基本要求

1. 不同的档案，区分保管

在档案保管中，不能采取“一刀切”的模式来管理全部档案。为了实现对档案的合理保管，对于不同价值的档案，应区别对待。在保管工作中，对不同的档案，主要是从档案的保存价值、保管期限以及载体等方面加以区分的。区分保管不同价值、不同保管期限的档案，有助于档案保管工作稳定有序地开展。尤其是随着社会科学技术的飞速发展，不同载体的档案大量产生，不同载体记录的信息的结构、原理不同，其保管要求也各不相同。因此，对于不同载体的档案，也应区分保管。

2. 预防为主，防治结合

在档案保管工作中，保护档案实体安全的方法概括起来主要有两类：一是如何预防档案实体损坏的方法；二是当环境不适应档案保管要求时或当档案实体受到损坏后如何处置的方法。在归档或接收的档案中，实体处于“健康”状态的档案占绝大多数。因此，在档案保管工作中，积极“预防”档案受到各种不良因素的破坏是主动治本的方法。我们应该采取各种措施，确保这些档案的长期安全。同时，应该通过加强日常管理和检查，及时发现档案实体出现的“病变”情况，以便于迅速地采取各种治理措施，阻断或消除破坏档案的有害因素，修复被损害的档案，使其“恢复健康”。预防为主，防治结合，才能全面保证档案实体的安全。

3. 注重日常管理工作

为了保持档案库房管理的稳定、有序，我们应注重建立健全管理规则和制度，加强日常管理。在库房管理中要做到：归档和接收档案卷及时入库；调阅完毕后档案卷及时复位；定期进行案卷的清点和检查，发现问题及时处理。只要持之以恒地坚持严格的日常管理，就能保证库房内档案的良好状态。

4. 重点与一般兼顾

由于档案的价值不同，保管期限长短不一，所以在管理过程中，我们应该坚持突出重点、兼顾一般的原则。对于单位的核心档案、重要立档单位的档案、需要长久保存的档案，应该重点保护，尽量延长档案的寿命。同时，对于一般性、短期保存的档案要提供符合要求的保管条件，确保其在保管期限内的安全。

5. 管理与技术相结合

档案保管工作要想有效开展，管理和技术二者缺一不可，二者从不同层面上维护着档案的安全和完整。管理和技术在应对档案安全的不同风险因素中，各自发挥着不可替代的作用。比如，人为因素对档案造成的破坏，需要靠管理制度约束，单纯的技术是难以发挥作用的；对于不可控的自然因素对档案带来的破坏，必须利用先进的技术应对。因此，片面强调管理，或者片面强调技术都是不科学的。同时，无论是管理还是技术，都不是一成不变的。管理的理念、方式需要不断科学化、合理化，技术手段需要不断现代化，以确保管理和技术成为档案保管工作科学发展的双翼。

（二）档案保管工作的意义

档案保管工作质量的高低对档案管理水平有重大的影响，甚至在一定的条件（如涉及档案存毁安全问题）下有决定性的影响。档案若保管得好，就为整个档案工作的进行提供了物质对象，提供了一个最基本的前提。反之，如果档案保管工作做得不好，或者不能有效地延长档案的寿命，甚至档案被损毁殆尽，那就会使整个档案工作丧失最基本的物质条件。工作对象一旦丧失，整个档案工作就随之失去其存在和进行的基础。若档案保管得杂乱无章，失密泄密，也会影响整个档案工作的秩序。

五、档案检索工作的基本要求及意义

（一）档案检索工作的基本要求

档案检索工作指存储、查找和报道档案信息，档案检索工具是目录、索引、指南等的统称。

1. 要有用于检索的档案检索工具

档案检索工具是由经过选择和压缩的档案信息编制而成的，利用者可以借助档案检索工具了解馆、室藏档案的内容和特点，并依据检索工具提供的线索调阅档案。档案检索工具既是存储、查找、报道档案信息的手段，又是档案管理与开发利用的重要工具。

2. 要有明确的检索对象

检索对象是否明确是决定检索工作能否顺利进行的关键，尤其是档案利用者委托档案人员进行的检索中，利用者必须将自己所需要的明确告诉档案人员，否则检索工作将无法进行。

（二）档案检索工作的意义

1. 桥梁作用

档案的数量随着时间的推移而日益庞大，其内容也日益繁杂，涉及社会实践活动的各个方面，档案对于利用者来说犹如大海，如果不借助科学的方法和手段，其便无法从中获取所需的档案。档案检索工具在档案和利用者的特定需要之间架设了一道“桥梁”，沟通了两者的借需关系，利用者借助检索工具便可以较为迅速准确地获取所需档案。也有人将这种桥梁比喻为“打开信息宝库的钥匙”，使用它才可以开启档案信息宝库之门，满足特定的需求。

2. 交流作用

档案检索工具中存储了大量的档案信息，它不仅可以提供查询服务，还可以成为档案馆（室）与利用者、档案馆（室）之间的交流工具。利用者借助它可以了解档案的分布、内容、价值等信息，档案馆（室）借助它可以互相了解馆藏情况、互通有无，提高服务质量。

3. 管理作用

档案检索工具记录了档案的主要内容和形式特征，集中、浓缩地揭示了馆藏情况，档案工作人员可以通过检索工具概要了解馆藏档案的内容、形式、数量等情况，为档案管理业务活动提供一定的依据，尤其是馆藏性检索工具反映档案实体顺序，在库房管理、档案数量统计等管理活动中直接发挥作用。各种检索工具还是档案工作人员查找档案、提供咨询、开展档案编研工作的必要手段。

已述三个方面的作用是就档案检索工具整体而言的，某一种检索工具可侧重于其中一个或两个方面。

六、档案编研工作的基本要求及意义

（一）档案编研工作的基本要求

档案编研工作是一项政治性、科学性很强的工作，需要工作人员有高度的政治责任心和实事求是的科学态度，严肃认真，一丝不苟。具体要求包括以下内容。

1. 政治方向正确

古往今来，档案编研工作总是带有一定的政治倾向。现在的档案编研工作要体现为社会主义现代化建设事业服务的宗旨，坚持辩证唯物主义和历史唯物主义的思想方法，维护党和人民的根本利益，符合党和国家的方针、政策、法律，注意保守党和国家的机密。

2. 史料真实

编研过程中选用的档案史料必须正确、客观地反映历史事实，这是检验编研成果质量和能否经得起历史考验的关键所在。档案编研工作必须对档案材料进行认真的核实考证，去伪存真。切忌不加考证地盲目使用档案史料，鱼目混珠。

3. 内容充实

档案编研成果能否受到社会的欢迎和重视，主要取决于它是否有丰富充实的内容，能否完整地反映有关事物的发生、发展、变化和终结的全部过程。因此，需要将与题目有关的档案材料收集齐全，尽量选用并组成能反映题目内涵的完整材料。

4. 体例系统

体例上的系统是指将档案材料按其内在联系组成一个有机整体。在内容上条理分明，上下联系，合乎逻辑；在编排体例上科学地划分章节或分类，结构严谨，形成体系。

（二）档案编研工作的意义

1. 档案编研工作是档案馆（室）主动地、系统地、广泛地提供利用服务的一种方式

编研工作是档案利用工作的一个重要组成部分，是档案部门系统、广泛

地为社会提供利用服务的一项重要的基础性工作。有了编研工作，才能通过主动提供档案的编研成果，直接服务于社会各项事业，这有助于推动和促进地方人文历史、社会科学的研究。

2. 开展档案编研工作是提高档案馆（室）工作水平的一个重要途径

档案馆（室）搞好档案的收集、整理、编目等基础工作是开展编研工作的前提；在档案编研过程中会大量调阅档案，又可对档案馆（室）的基础工作起到全面检验的作用。档案编研工作要求档案工作人员具有较高的知识水平，这可以促进档案干部队伍素质的提高。档案编研工作为社会各界和本机关提供了系统的档案信息服务，有助于扩大档案工作的影响，赢得社会各方面对档案工作的重视和支持。

3. 编研工作是保护档案史料、方便利用档案的有效措施

档案大部分为孤本，在开展利用服务时，若说是把原件提供利用，原件容易破损，从而影响档案的寿命。以编写档案史料的方式提供利用，可以避免档案原件的重复使用，减少其磨损，从而延长档案的寿命。这样也能使这些资料长久保存，便于后人利用。

4. 开展档案编研工作可以扩大档案工作部门在社会上的影响力

编研工作可以为社会提供编研成果，使广大利用者看到档案的价值，加深对档案和档案工作的了解，这样能起到很好的宣传作用。

5. 档案的编研成果的教化功能更为明显

我馆编研成果中的“红军活动”“抗战时期的讲稿、诗文”“鼠疫及预防措施”等重大历史事件的专题资料，都是对广大公众，特别是青少年进行爱国主义教育的生动教材。

6. 档案编研工作有利于做好统战工作

档案中有许多弥足珍贵的历史资料，其中不乏个人的档案资料，这些档案的主人在当时往往是有一定影响的人物，现在他们的子孙遍布祖国各地。通过编研工作，把这些档案信息提供给他们的后代，使其更加了解祖辈的情况，从而与之交友，建立友谊，互通信息，为地方经济和社会发展服务，这具有重要的现实意义。

七、档案利用工作的基本要求及意义

（一）档案利用工作的基本要求

档案利用工作的基本要求是档案馆（室）应当为档案的利用创造条件，简化手续，提供方便，主动开展档案的利用活动，及时掌握档案的利用效果，加大宣传力度。具体要求包括五点。①依法开展利用工作。②档案工作者要不断提高自身的素质，主动、及时开展档案利用工作。③不断完善档案服务方式和手段。④掌握本单位、本地区近期的重点工作、重大活动，据此开展档案利用工作。⑤加强档案的宣传力度，增强全社会的档案意识，促进档案利用。

（二）档案利用工作的意义

档案利用工作的意义主要表现在四个方面。①档案利用工作是发挥档案作用、实现档案价值的主渠道，是档案工作为社会主义现代化建设服务的直接手段。②档案利用工作是档案工作联系社会的一个窗口。③推动档案基础业务建设，提高档案工作水平。④促进档案工作人员业务进修学习，提高档案干部队伍素质和工作能力。

八、档案统计工作的基本要求及意义

（一）档案统计工作的基本要求

档案统计工作是档案部门的一项严肃科学任务，为了做好档案统计工作，发挥档案统计工作的作用，在进行统计时必须做到以下几点。

1. 准确性

档案统计工作的基本要求是保证统计数据准确无误。统计工作所获得的各种数据及其整理、分析得出的数据和结果都必须是真实可靠的，具有客观真实性。档案统计工作是在档案现象的质和量的辩证统一中研究它的数量的，是用数字语言来表述事实的，因此必须十分准确。数字的真实性、准确性是科技档案统计工作的生命。

要做到统计数字真实、准确，就必须有认真、负责的工作态度和一丝不苟、实事求是的工作作风，严格统计纪律，建立和规定科学的统计指标和统计计量方法。这样统计出来的数字才有价值，也才能够保证统计工作目的的实现。

2. 法治性

现代社会是法治社会，任何工作都要依法办事，档案工作也不例外。档案统计也要纳入法制建设的轨道，因为目前实际工作中仍然存在统计违法行为，如为夸大成绩或缩小失误而虚假、瞒报、伪造和篡改统计数据资料的现象屡屡发生。因此，档案统计也要加强执法力度，才能使档案统计工作顺利开展，真正发挥档案统计工作的作用。

统计工作的目的不是取得统计数字，而是对统计数字进行分析、研究，从中寻找事物发展变化的规律；根据档案现象在一定时间、地点和条件下的具体数量关系，揭示档案及其管理工作中的内在联系和矛盾，从中总结经验，发现问题，分析矛盾，探索规律，从而改进档案工作，提高管理水平。

3. 可量化性

统计是以数字来量化反映统计对象现状的。档案统计工作中，实施统计的重要领域及其重要因素，必须是可进行量的描述与量化研究的。否则，档案统计工作会成为一般的档案登记工作。

4. 及时性

统计工作的目的是解决档案工作中的实际问题，及时了解有关情况。如果统计工作拖沓，必然会贻误良机，从而影响档案工作。为此，应该建立档案统计制度，使档案统计纳入档案部门的日常工作轨道。各级各类档案馆、档案室的统计工作要制度化，相互配合，及时按规定上报档案工作领域的相关信息，为指导和监督档案工作提供科学依据。

5. 连续性

为达到统计工作的目的，保证统计数字的准确性和统计工作的质量，档案统计工作必须连续进行，对有关内容的统计一定要有始有终，不能间断。只有保持连续性，档案统计工作才能对档案现象的发展变化进行历史地、系统地、全面地反映和概括分析，也才能保证统计工作的质量，达到统计工作的目的。

6. 目的性

档案统计工作是为了一定的目的进行的，不是为了统计而统计。如果没有明确的目的性，统计工作就会失去意义，也不容易坚持下去。因此，确定档案的统计项目时，要依据本单位的实际情况，如单位大小、档案多少、管理状况、利用状况等，有目的地、实事求是地做好本单位的档案统计工作。

（二）档案统计工作的意义

档案统计工作是档案工作的基础工作，它以数据的形式了解和掌握档案的形成、管理及利用情况和档案事业发展的状况，是档案管理计量化、精确化的基础，贯穿于档案工作的全过程，对档案事业的发展有着非常重要的意义。

1. 档案统计工作是认识档案工作的一种重要手段

档案工作中诸多现象的发展过程、现状和规律性，通过档案统计，让人一目了然。而且正是这种长期、系统的积累资料的工作，为档案管理研究和综合统计，为人们加深对档案工作的认识提供了一种手段。

2. 档案统计工作是科学管理档案的基础

从档案统计工作来看，国家档案事业的方针政策、法规制度的制定都离不开档案统计工作，统计工作提供的大量信息可以对档案事业进行指导和监督，并协助理顺档案事业的各个方面的关系。如果没有档案统计工作提供的大量数据和信息，档案管理只能是盲目的管理；没有档案统计工作的指导，档案利用服务只能是被动的服务。

科学管理档案不仅要定性分析，还要定量分析，两者结合才能实现科学管理，提高档案管理水平，从而更好地指导档案实践工作。档案统计工作可以为定量分析提供必要的数据。

3. 档案统计工作是提高档案学研究水平的重要保证

档案统计是档案学发展的一个表现。以前档案学研究比较偏重于研究社会科学的方法，随着科学技术的发展，档案学逐渐运用自然科学、技术科学和管理学的方法来研究，由关注定性研究逐渐转变为比较关注定量分析研究。因此，只有加强档案统计，认真进行分析，才能促进档案学的发展。

4. 档案统计是档案工作良性运行的重要保证

从系统论的角度来看，档案工作是由档案实体管理、档案信息开发和档案反馈信息处理三个子系统组成的，档案统计工作就相当于档案反馈信息处理系统。统计得来的具体数据直接反映了档案工作各方面的实际情况和水平，这是非常重要的。档案统计工作可以提供正确的决策依据和监督指导档案工作的统计资料，从而保证档案工作处于良性运行状态。

要想了解档案用户的需求以及档案业务工作的现状、水平、成绩和不足，都离不开反馈信息的处理，而这主要是通过统计工作实现的。比如，要了解档案用户的需求，就要通过调查研究得到大量的数据资料，然后对这些数据资料进行及时地整理、分析，就可以总结出档案用户的需求情况、需求趋势等。

第二章 档案收集

第一节 档案的收集范围

档案收集就是按照档案形成的规律，把分散的材料接收、征集、集中起来。按照规定，通过例行的接收制度和专门的征集方法，把分散在各机关、部门、个人手中和散失在社会上的档案，集中到机关档案室和国家档案馆进行科学管理的一项业务环节。

档案的收集工作可以分为两大部分：第一，对于单位的档案室来说，主要是按期接收归档的文件和进行必要的零散文件的收集；第二，对于各级各类档案馆来说，主要是接收档案室移交的档案、接收撤销机关档案和征集历史档案。收集工作是档案部门取得档案的手段，也是它们开展其他业务活动的前提。

一、档案收集工作的内容

档案收集是接收、征集档案和有关文献的活动。具体讲，就是按照党和国家的规定，通过例行的接收制度和专门的征集办法，将分散在各机关、组织、个人手中和散落在社会其他地方的档案，有组织、有计划地分别集中到各有关机关档案部门，实现档案的统一领导和分级管理。

档案收集工作的内容主要有以下三个方面：①机关、企业、事业单位档案室对本单位需要归档档案的接收。②档案馆对所辖区域内现行机关、企业、事业单价和撤销单位的具有永久、长期保存价值档案的接收。③对中华人民共和国成立以前各个历史时期形成的档案的接收和征集。

档案收集工作不是一项简单的事务性工作，而是一项政策性、业务性很强的工作。一方面，档案收集工作具有明显的选择性。文件转化为档案是有条件的，在档案收集工作中必须严格把握这些文件，在归档和接收过程中认真筛选。档案选择是按照档案部门收藏范围的设计合理并全面进行的。另一方面，档案收集工作受档案形成者档案意识水平、价值观以及档案部门保管条件等多种因素的制约，需要综合研究、统筹规划，提高档案收集工作的质量。

档案收集工作是整个档案工作中极为重要的一个环节，做好收集工作有着十分重要的意义。

（一）收集工作是档案工作的起点

收集工作是档案工作其他环节的重要基础，没有起点其他环节就不复存在。档案工作的对象是档案，如果没有档案也就不会有档案工作。档案收集的齐全与否，直接影响档案工作其他环节，尤其是直接影响到社会各方面对档案的有效利用。

（二）收集工作是档案馆（室）贯彻集中统一、分级管理原则的重要措施

档案是党和国家的宝贵财富，对国家规定应该归档的各种门类和载体的档案，各单位不得分散保存，任何个人更不能据为己有。只有通过行之有效的档案收集工作，才能把档案集中到各机关档案室和各级各类档案馆，形成统一的档案信息保管基地，实行集中统一、分级分专业科学管理。

（三）收集工作是决定档案工作存在和发展的重要条件

档案数量的多少决定档案工作规模的大小，档案的质量高低决定档案工作的水平高低。档案馆（室）所管理的档案是靠收集工作取得的，只有收集工作搞好了，才能有效地开展整理、鉴定、保管、编研等工作，档案工作才能存在并得到发展。

（四）收集工作是衡量档案馆（室）工作质量的重要标尺

收集工作是档案馆（室）取得档案的手段，收集工作的效果决定档案馆（室）藏档案的数量多少与质量高低。只有丰富档案馆（室）藏档案，才能更好地发挥档案馆（室）的作用，才能更好地体现档案馆（室）的工作水平和质量。

二、档案收集工作的地位

档案收集工作在整个档案管理中处于一种特殊地位，做好此项工作对整个档案管理工作具有重要意义：第一，档案收集工作是档案馆、档案室取得和积累档案的一种手段，它为档案工作提供了实际的物质对象，是档案业务工作的起点；第二，档案收集工作是实现档案集中统一管理的重要内容和一项重要的具体措施；第三，档案收集工作质量的高低，会直接影响到档案业务工作的其他环节的工作质量；第四，档案收集工作是档案部门与外界各方面发生联系的重要环节之一，这是一项政策性强、接触面广，工作要求较高的工作。

档案收集工作的基本要求是加强档案馆（室）外业务工作的调查与指导，保证归档和接收进馆档案的齐全完整，维护全宗和全宗群的不可分散性，实现入馆（室）档案的标准化。

（一）加强档案馆（室）外业务工作的调查与指导

收集工作是要解决档案的分散形成与集中管理的矛盾，这就要求在收集工作中必须重视馆（室）外档案业务工作的调查，掌握收进档案馆（室）的档案的形成、流动、管理、使用等方面的信息，以便科学地安排和指导各有关单位或部门的档案移交工作。

基层档案室必须注意研究和掌握本单位档案的形成规律和特点，严格执行归档制度。各级各类档案馆应当从本馆的性质与职责出发，对有关国家机构、社会组织和个人的职能、任务及形成档案的内容、种类、保存价值、数量、整理、保管等情况进行调查研究，科学确定应移交档案的范围、时间和数量。各级档案馆在接收档案前，应当对确定进馆的单位进行档案基本情况的调查与分析，协同档案行政管理部门制定相应的办法，对有关单位的档案工作进行监督、指导与检查，提高组卷与初步鉴定的质量，做好归档与进馆的各项准备工作。

档案馆接收档案进馆，应当根据档案的形成规律和档案发挥作用的规律，处理好从文件材料形成到归档、从档案室到档案馆的档案流程周期。既要防止急于丰富馆藏，把档案形成机关尚在经常使用的档案过早地接收进档案馆，给机关工作带来不便；又要防止个别单位把需要移交的档案当作私有财产或“小家底”不愿移交。同时，档案馆要避免把应该接收进馆的档案“拒之门外”，使档案长期分散保存在形成单位甚至遭受损失。所以，在收集工作中应当妥善处理好局部与整体、当前与长远的关系，做到既有利于保护国家的历史文化财富，又方便社会各方面的利用。

（二）保证归档和接收进馆档案的齐全完整

保证档案在归档和接收进馆时的齐全完整是贯穿收集工作始终的基本要求。所谓档案的齐全完整，就一个单位而言，是指归档的文件材料能够系统地、真实地反映本单位的工作面貌，看每一年度归档的文件材料，就能了解这个单位该年度的基本工作情况，看全部档案就能知道这个单位的整个历史；就一个档案馆而言，是指凡属本馆接收范围的所有撤销和现行的立档单位所形成的具有长久保存价值的档案，能够全部接收进馆。但是，由于各种门类和载体档案材料的形成情况较为复杂，运动周期较长，要使分散形成的档案材料转化为完整系统的档案，该归档的都归档，该进馆的都进馆，应当靠完善的规章制度加以约束。

因此，应当强化档案专（兼）职人员的档案意识，提高文书和档案人员的素质，建立正常的档案工作秩序。每个单位除了认真执行国家关于各门类和载体档案归档的规定外，应当结合本单位的情况，制定更具体、更完善的归档制度，使归档范围更合理、归档办法和要求更明确，更有利于基层档案人员操作。

机关的归档工作应纳入业务部门的职责范围，在建立岗位责任制或其他制度时，应当把归档工作作为其中的一项内容切实保证档案的齐全完整。在鉴定制度中应当要求单位的业务部门和档案部门对收集到的档案材料必须严格按照鉴定原则和档案保管期限表的规定，结合本单位的实际进行鉴定，准确地挑选归档文件并确定其保管期限，使反映本机关重要实践活动和重要事件的材料都能归档。档案馆在接收档案时，除了了解进馆档案的质量外，还应对未进馆档案的基本情况有所了解，及时发现和纠正因档案保管期限划分不准而造成应进馆而未进馆的问题。

（三）维护全宗和全宗群的不可分散性

全宗是一个单位档案的整体。一个机关的各项工作活动不是孤立进行的，相互之间有着密切的联系。在工作中形成的文件材料，无论从来源、内容、形式、时间等方面都存在着固有的联系，是一个不可分割的整体。接收档案时，必须把一个机关形成的档案，作为一个全宗，集中在一个机关档案室或档案馆，不允许人为的分割。只有接收时坚持全宗的不可分散性，在以后的整理、鉴定、保管、统计等各项业务活动中，才能够按全宗进行科学管理。

在档案收集工作中，应注意保持相互有密切联系的一组全宗的不可分散性。在一定时间、地点和社会历史条件下，各个机关的活动既严密分工，又密切协作，相互依存。反映在工作和生产活动中形成的文件材料上，相互之间也有紧密联系。这些互有联系的若干全宗，成为全宗群。

全宗群与档案全宗一样不宜分散。一个档案馆接收档案时，保持全宗的完整，能反映一个机关活动的历史面貌。将上述两个完整性有机结合起来，就能真实而又全面地反映党和国家的历史面貌。

（四）积极推行入馆（室）档案的标准化

在档案收集工作中推行标准化，是档案工作现代化的要求。标准化是现代化的基础，现代化的程度越高，就越要求标准化。档案工作标准化，应从收集工作做起。如果接收进馆（室）的档案不标准，将给科学管理和实现现代化带来困难。

在收集工作中如何推行标准化，应当认真按照各级各类档案馆关于全宗划分、分类、案卷质量与格式、编目等方面的具体要求，大力提高归档和入馆档案的质量。

三、档案收集的基本形式

档案馆（室）取得和积累档案及有关资料的一项工作，是档案管理工作的重要环节。其手段主要有接收、征集和寄存三种形式。

按照法定的原则、程序和规定的制度移交和接收档案，是档案馆和档案室补充档案资源的最基本形式。

其基本内容包括两个方面：①各级国家机关和各种社会组织的档案室，按照规定接收本机关业务部门和文书处理部门办理完毕移交归档的文件；②各级各类档案馆依据国家法律和有关规定接收现行机关和撤销机关的档案。接收的范围和要求：①档案室接收本机关工作活动中形成的具有保存价值的各种门类和载体的档案，包括科学技术档案、会计档案等各种专门档案，录音带、录像带、照片等各种特殊载体的档案；②各级档案馆接收本级各机关、团体及其所属单位具有长远保存价值的档案，以及与档案有关的资料。各个国家对于档案馆保管接收档案的范围不尽相同，有些国家的档案馆只接收具有永久保存价值的档案，有的也接收定期保管的档案。中国省以上档案馆接收具有永久保存价值的、在立档单位保管已满20年左右的档案，直辖市（州）和县级档案馆接收永久和长期保管的、在立档单位保管已满10年左右的档案；③档案室和档案馆正常接收的档案，要求齐全并按规定整理好，进馆档案应遵循全宗和全宗群不可分散的原则，保持原有全宗的完整性及相关全宗的联系性。

征集流散在各机关、各部门、个人与国外的有价值的各种历史档案和相关资料，是档案馆收集工作中必不可少的补充手段，分为非强制性的和强制性的两种。一般采取在协商的基础上，通过复制、交换、捐赠、有偿转让等方式，将档案集中到档案馆；在特殊情况下，集体和个人所有的对国家和社会具有保存价值的或需保密的档案，当其保管条件恶劣或者由于其他原因被认为可能导致档案严重损毁和不安全时，国家可将其收购或征购入馆，也可代为保管。

寄存一般是通过协议的形式将档案存放到档案馆。寄存档案的单位或个人不失其所有权，并享有优先使用权以及能否准许其他人利用的决定权。已保存在博物馆、图书馆、纪念馆等单位的，同时也是档案的文物或图书资料等，一般由其自行管理。

四、档案收集的制度

（一）档案收集包括档案的接收、征集以及网络数据采集等方式

（二）档案材料收集范围：凡是对全区各项事业发展有参考利用价值的各类原始材料都属于档案收集范围

（三）任何个人都不得以任何理由拒绝向区档案馆归档移交有价值的档案材料

（四）档案材料收集应该形成定期送交制度和联系催要制度

1. 定期送交制度

形成档案材料的各职能部门，应在文件材料办理完毕的第二年，按照区档案馆所要求的归档时间、归档质量的要求，归档移交到区档案馆。

2. 联系催要制度

区档案馆工作人员应经常了解和掌握形成档案材料的信息，及时向形成材料的部门催收应归档的材料。

（五）收集材料的要求

第一，收集进档案室的材料必须是办理完毕的原始材料（原件），要完整齐全、真实、文字清楚。

第二，不符合归档要求的档案材料，档案馆将责成档案材料形成的相关职能部门按要求完成。归档材料统一使用A4（80G）规格的办公用纸（专业特殊要求的除外）。只能用碳素墨水、蓝黑、黑色墨水书写。禁止使用纯蓝、红色墨水、圆珠笔、铅笔书写。禁止色带打印、墨水打印材料归档；禁止传真形成材料归档。

第三，材料必须齐全、完整。各部门完成的当年工作职责应该有相应材料佐证。包括录音、录像、照片、幻灯片、图片、表格及文字材料。整件事情形成的成套材料必须配齐，保持文件材料之间的逻辑联系。

第二节 档案室的档案收集工作

档案室的收集工作包括接收本单位归档的文件和收集未及时归档的零散文件两个方面的内容。其中，文件归档是档案室收集档案的主渠道，零散文件的收集则是一种补充的形式。

一、文件归档

文件归档是指各单位处理完毕的具有保存价值的文件，经文书部门或承办部门整理立卷后，定期向档案室或档案人员移交的过程。在一个具体的单位中，文件归档是一项涉及文书部门和档案部门两个部门的工作。文书部门在文件归档中要做的工作是对处理完毕的文件进行鉴定和整理；档案部门在文件归档中要做的则是接收文书部门移交的案卷。

（一）归档制度

由于文件归档的结果不仅关系到单位档案是否齐全，也关系到国家能否完整地积累档案，所以，国家制定了归档制度，要求各单位贯彻执行。

1. 归档范围

反映本机关主要职能活动和基本历史面貌的，对本机关工作、国家建设和历史研究具有利用价值的文件材料；

机关工作活动中形成的在维护国家、集体和公民权益等方面具有凭证价值的文件材料；

本机关需要贯彻执行的上级机关、同级机关的文件材料；下级机关报送的重要文件材料；

其他对本机关工作具有查考价值的文件材料。

不需要归档的文件材料的范围包括：上级机关的文件材料中，普发性、不需本机关办理的文件材料，任免、奖惩非本机关工作人员的文件材料，供工作参考的抄件等；本机关文件材料中的重要文件，无查考利用价值的事务性、临时性文件，一般性文件的历次修改稿、各次校对稿，无特殊保存价值的信封，不需办理的一般性人民来信、电话记录，机关内部互相抄送的文件材料，本机关负责人兼任外单位职务形成的与本机关无关的文件材料，有关工作参考的文件材料；同级机关的文件材料中，不需贯彻执行的文件材料，不需办理的抄送文件材料；下级机关的文件材料中，供参阅的简报、情况反映，抄报或越级抄报的文件材料。

我们在做文件归档工作时还要注意：第一，机关应归档的纸质文件材料中，有文件发文稿纸、文件处理单的，应与文件正本、定稿一并归档。第二，机关联合召开会议、联合行文所形成的文件材料原件由主办机关归档，其他机关将相应的复制件或其他形式的副本归档。第三，机关形成的人事、基建、会计及其他专门文件材料的归档范围和档案保管期限，按国家有关规定执行。第四，电子文件应纳入归档范围，应归档电子文件的元数据、背景信息等也要相应归档。

2. 归档时间

归档时间是指单位的文书部门向档案部门移交归档案卷的时限。单位的文书部门或业务部门一般应在次年六月底以前将案卷移交给档案部门。

3. 归档要求

归档要求是单位文书部门向档案部门移交案卷时应达到的质量要求，也是档案部门接收案卷时的验收标准。应该从下列几个方面检查归档文件的质量：

归档的文件应齐全、完整；

遵循文件的形成规律，保持文件之间的有机联系，区分不同价值，便于保管和利用；

卷内文件经过系统整理和编目；

案卷封面填写清楚，案卷标题准确，案卷排列合理，编号无误；

编制了完整的案卷目录和相关的文件；

对已破损的文件应予修整，对字迹模糊或文件载体存在质量隐患的文件应予复制；

归档文件所使用的书写材料、纸张、装订材料等应符合档案保护要求。

（二）归档程序

在归档时，文书部门向档案部门移交案卷应按如下程序履行手续：档案部门首先要依据案卷目录、卷内文件目录对案卷及卷内文件的数量进行核对和检查；同时根据归档要求检查案卷的质量，对不合格的案卷，档案部门应要求文书部门重新返工整理；案卷检查合格后，填写案卷移交清单，双方履行签字手续。

移交清单应该填写一式三份，一份由文书部门或业务部门存查，另外两份保存在档案部门作为检索工具和全宗卷的材料。

在单位工作中产生的、处理完毕的、具有保存价值的文件，经立卷归档正式移交给档案部门后，即转化为档案，进入到档案管理阶段。

二、档案收集工作的职责

在归档工作中，从程序上看，档案室或档案人员只是负责验收案卷。但实际上，为了达到齐全完整地将档案集中到档案部门的目的，档案室或档案人员不仅要关注文件归档的结果，更重要的是要关注和介入文件形成、运行、立卷归档的质量把关工作。为此，档案室或档案人员在收集工作中还要承担如下职责：

（一）监督文件的形成过程

文件的形成是归档的源头。在实际工作中，一些单位因忽视文件的形成而导致了档案不完整。因此，不仅要力求将已经形成的具有保存价值的文件收集齐全，而且还应该注意文件在形成和处理过程中的情况。例如：要注意了解本单位是否建立了电话记录制度、会议或活动的记录（录制）制度，本单位的文书工作制度是否完善，等等。

当发现本单位在文件形成和管理过程中存在问题时，应及时向有关部门或领导反映，提出改进的建议。同时，在发现了文件形成的漏洞之后，应该尽量采取补记、补录、补拍等措施补救，以保证重要文件的完整。

（二）督促归档制度的落实

虽然，从根本上说，一个单位归档制度的建立和推行是领导者的责任，然而，由于文件归档的成果最终要由档案部门所接收，所以单位的档案部门和档案管理人员有责任从以下三个方面协助领导督促归档制度的落实：第一，参与本单位归档制度的制定工作。第二，开展归档制度的宣传工作，使本单位的工作人员深入了解归档制度的内容和要求。比如，在宣传橱窗中张贴归档制度和档案利用规定，表扬归档工作做得好的部门和人员等。第三，对单位归档制度的执行情况进行监督，对发现的问题及时提出改进的建议。

（三）指导文书部门的立卷归档工作

档案室或档案管理人员对文书立卷归档的业务指导工作包括如下内容。

1. 协助单位确定立卷地点和分工立卷的范围

立卷地点是指一个单位应该由哪些部门或人员具体完成文书立卷工作；这是在组织上落实直接责任部门或人员。分工立卷范围是指各种内容的文件应该由哪些部门或人员负责立卷；这是为了避免文件重复立卷或遗漏立卷的情况发生。在确定立卷地点和分工立卷范围时，我们可以有两种选择：第一，单位内部各部门处理完毕的公文，均集中到办公厅（室），由办公厅（室）的文书人员负责立卷工作。一些内部机构少的小型单位，其立卷工作则由专职或兼职的文书人员承担。第二，根据规定的分工范围，由办公厅（室）与各职能部门及其专兼职文书人员分别承担相关文件的立卷工作。例如：办公厅（室）负责方针政策性的、全面性的、重大问题的文件及以单位名义发出的文件的立卷；单位的科研、生产、营销等部门负责相关业务性公文的立卷。

除了上述两种立卷形式外，对一些业务部门形成的专门文书，还可以采取单独立卷的方式。如会计、统计、人事、科研、保卫等部门形成的业务文书，由这些部门指定专人负责立卷。

2. 参与编制文件立卷方案

立卷方案包括文件分类表和立卷类目两个部分；有时这两个部分可以各自单独构成文件，有时则可以作为一份文件。

立卷方案是对文件实体进行分类和组卷时所参照的具有可操作性的作业指导书，是文书人员进行文件分类和组卷的蓝图。档案室或档案管理人员参与编制立卷方案的工作，有利于及时将国家的有关规定和档案管理的要求体现在文件中，从而保证文件分类、立卷的合理性和系统性。

3. 对立卷操作进行业务指导

立卷的操作就是对归档文件进行系统整理，使其形成有序的保管体系。在这个过程中，档案室或档案人员有责任深入到立卷工作现场，指导立卷人员运用立卷标准正确地对归档文件进行分类、组卷、编写文件号 / 页号、编制卷内文件目录和备考表、填写案卷封面、编写案卷目录等，及时解决立卷中出现的疑难问题。

应该强调的是，档案信息资源建设的不断深入和计算机数据化，对档案基础数据真实性、充足性、完整性和准确性的要求越来越高，而相当一部分基础数据是在文件形成、运行和归档过程中形成的。比如：发文字号、分类号、归档号、文件标题、责任者、形成时间、密级、文件号、页号、案卷标题、案卷号、保管期限等，因此，档案人员对立卷操作进行业务指导时要特别注意把好“数据关”，确保应标明在文件、卷内文件目录、备考表、案卷封面、案卷目录以及相关资料上数据的完整、准确。

4. 进行归档案卷质量检查

在立卷过程中，档案室或档案管理人员应该进行阶段性的案卷质量检查，发现问题及时整改。在立卷工作结束后，档案室或档案管理人员还应进行终结性检查，以从总体上把握案卷质量。

（四）开展零散文件的收集工作

这里所说的零散文件是指单位在收集工作中未及时归档的文件。出现零散文件的原因主要有：一些会议文件、内部文件由于未经收发文登记而在归档时容易被遗漏掉；一些承办部门或工作人员未及时交回文件等等。由于多方面的原因，单位即使建立了归档制度，开展了正常的归档工作，也难免出现零散文件的现象。对此，档案室和档案管理人员应开展对零散文件的收集工作。收集零散文件可以采取下列方法：第一，根据单位内部机构调整、领导干部职务调动、工作人员岗位变动等情况，收集散存在承办部门或人员手中的文件；第二，结合单位的管理评估、安全检查等活动，清理和收集文件；第三，通过编写单位大事记、组织沿革等参考材料，有针对性地收集一些散存的文件。对零散文件的收集，并不是一项可有可无的工作，相反，不仅应该纳入工作日程，而且需要有制度保证。我们可以通过协助单位的领导制定会议文件归档制度、干部离任档案移交制度等，将零散文件的收集工作制度化，变被动为主动，保证档案的齐全完整。

三、档案收集工作的意义

档案收集工作是整个档案工作中极为重要的一个环节，做好收集工作有着十分重要的意义。

（一）收集工作是档案工作的起点

收集工作是档案工作其他环节的重要基础，没有起点其他环节就不复存在。档案工作的对象是档案，如果没有档案也就不会有档案工作。档案收集的齐全与否，直接影响档案工作其他环节，尤其是直接影响到社会各方面对档案的有效利用。

（二）收集工作是档案馆（室）贯彻集中统一、分级管理原则的重要措施

档案是党和国家的宝贵财富，对国家规定应该归档的各种门类和载体的档案，各单位不得分散保存，任何个人更不能据为己有。只有通过行之有效的档案收集工作，才能把档案集中到各机关档案室和各级各类档案馆，形成统一的档案信息保管基地，实行集中统一、分级分专业科学管理。

（三）收集工作是决定档案工作存在和发展的重要条件

档案数量的多少决定档案工作规模的大小，档案的质量高低决定档案工作的水平高低。档案馆（室）所管理的档案是靠收集工作取得的，只有收集工作搞好了，才能有效地开展整理、鉴定、保管、编研等工作，档案工作才能存在并得到发展。

（四）收集工作是衡量档案馆（室）工作质量的重要标尺

收集工作是档案馆（室）取得档案的手段，收集工作的效果决定档案馆（室）藏档案的数量多少与质量高低。只有丰富档案馆（室）藏档案，才能更好地发挥档案馆（室）的作用，才能更好地体现档案馆（室）的工作水平和质量。

第三节 档案馆的档案收集工作

各单位对国家和社会有保存价值的、需要长远保管的档案，要集中由国

家设立的各级各类档案馆保存。档案馆收集档案的途径主要有：接收现行机关的档案，接收撤销机关的档案，征集社会散存的档案；在必要时，档案馆之间还要开展交换档案的活动。

一、档案馆接收现行机关的档案

（一）接收的范围和期限

1.接收范围

我国各级档案馆接收档案的范围是：中央级与省级（自治区、直辖市）档案馆负责接收本级现行机关、团体及所属单位具有永久保存价值的档案；省辖市（地、州、盟）和县级档案馆负责接收本级现行机关、团体及所属单位具有永久和长期保存价值的档案。各级各类档案馆的收集范围：

首先，各级综合档案馆的收集范围：第一，负责收集本级下列组织机构的档案：中国共产党委员会及所属各部门；人民代表大会及其常设机构；人民政府及其所属各部门和单位；人民政协及其常设机构；人民法院、人民检察院、各民主党派机关、工会、共青团、妇联等人民团体、国有企业和事业单位。第二，各级综合档案馆可全部或部分接收以上机构的下属单位和临时机构的档案。第三，乡镇机构形成的档案列入县级综合档案馆接收范围。第四，本行政区内重大活动、重要事件形成的档案、涉及民生的专业档案列入综合档案馆收集范围。第五，经协商同意，综合档案馆可以收集或代存本行政区内社会组织、家庭和个人形成的对国家和社会有利用价值的档案，也可以通过接受捐赠、购买等形式获取。第六，中华人民共和国成立前本行政区内各个历史时期政权机构、社会组织、著名人物的档案列入综合档案馆收集范围。

其次，各级专门档案馆负责收集本行政区内某一专门领域或特定载体形态的专门档案或档案副本。

再次，各级部门档案馆负责收集本部门及其直属单位形成的档案，但其中履行行政管理职能的档案，要按有关规定定期向综合档案馆移交。

最后，国有企业、事业单位设立的档案馆负责收集本单位及其所属机构形成的档案。国有企业发生破产转制，事业单位发生撤销等情况，其档案可按照有关规定由本级综合档案馆接收。

档案馆要适应信息化建设的需要，收集电子档案和纸质档案的数字化副本；有条件的档案馆应根据国家灾害备份的要求建立电子文件备份中心，开展电子文件备份工作;档案馆在收集档案时,应同时收集有助于了解档案内容、立档单位历史的资料,收集有助于管理和利用档案所必需的专用设备等。

2. 接收期限

属于中央级和省级、设区的市级国家档案馆接收范围的档案,立档单位应当自档案形成之日起满20年即向有关的国家档案馆移交属于县级国家档案馆接收范围的档案,立档单位应当自档案形成之日起满10年即向有关的县级国家档案馆移交。经同级档案行政管理部门检查和同意,专业性较强或者需要保密的档案,可以延长向有关档案馆移交的期限;已撤销单位的档案或者由于保管条件恶劣导致不安全或者严重损毁的档案,可以提前向有关档案馆移交。

(二)接收要求

档案馆在接收档案时要遵守如下要求:①进馆档案应保持全宗的完整性,并整理完毕,符合国家规定的质量标准。②档案形成单位在管理工作中编制的案卷目录、大事记、组织沿革、全宗介绍和有关检索工具应随同档案一起由档案馆接收。③档案的交接双方必须根据移交目录进行清点核对并在交接文件上签名盖章,严格履行移交程序。④档案馆在接收档案之前,应该深入接收单位调查了解有关接收情况,制订档案接收方案,进行接收的人力组织与物力准备工作,确保接收工作有条不紊地进行。

二、档案馆接收撤销机关的档案

在社会活动中,经常会发生单位调整、变动等情况,“撤销机关”由此而出现。一个单位撤销了,意味着其活动的终止;然而,“撤销机关”在历史上是客观存在的,其历史面貌应该保留。因此,撤销机关的档案需要得到妥善的保管。处理撤销机关档案的基本准则:①机关撤销或合并时,撤销机关应负责组织人力,对档案进行清理、鉴定和保管,不得分散、毁弃或丢失档案。②机关撤销、业务分别划归几个机关的,其档案材料不得分散,可由其中一个机关代管或向有关的档案馆移交。③一个机关并入另一个机关或几个机关合并为一个新的机关,其档案材料应移交给合并后的机关代管或向有关的档案馆移交。④一个机关内一部分业务或者一个部门划给另一个机关接收,其档案材料不得带入接收机关;如果接收机关需要利用这些档案材料,可以借阅或者复制。⑤机关撤销或者合并时,没有处理完毕的文件材料,可以移交给新的机关继续处理,并作为新的机关的档案加以保存。

第三章 档案的整理

第一节 档案整理工作概述

一、整理工作内容

档案整理工作，就是按照档案的形成规律和特点，根据科学的理论和方法，把档案整理成便于保管和利用的有序体系的业务活动，档案整理工作的内容主要有：区分全宗、全宗内档案分类、立卷、案卷排列和编制案卷目录。

由于档案存在状况不同，所以整理工作的内容也会出现差异。档案的整理按整理工作内容的范围，可以分成三种类型：

（一）系统排列和编目

当档案室接收的是机关各部门按照归档要求整理好的档案，档案馆接收的是立档单位根据入馆要求整理移交的档案时，档案整理工作主要是在更大范围内，根据档案存放和管理的需要，对全宗内档案进行系统排列，对案卷目录进行某些加工。

（二）局部调整

对于整理入档案馆（室）保存的档案，其中显然不符合整理要求、不便于保管利用的部分，应进行加工以提高其质量。另外，档案自身或整理体系，会随着时间的推移而发生变化，也需要进行必要的调整。

（三）全过程整理

档案馆（室）有时也接收和征集一些零散文件，或者库藏体系遭到严重破坏时，就必须进行全过程的整理工作。

二、档案整理工作的意义

（一）档案整理可以通过有效保持文件之间的有机联系，为实现档案价值创造有利条件

保存档案的主要目的，是及时地、系统地提供档案为社会各项事业服务。为了达到这样一个目的，所提供利用的档案必须经过科学的整理。没有经过整理和系统化的档案，就不能充分体现档案历史记录的特点，不能完整地反映出各项活动的历史联系和本来面貌，就会影响以致失去档案的利用价值，不便于进一步查考研究问题。档案整理工作的基本目的，是把档案组成一个体系，通过编目使其固定下来，为利用档案提供方便条件。

（二）档案整理是开展其他档案业务活动的重要基础性工作

档案整理，不仅为档案的利用创造了方便条件，而且也为整个档点，提供利用是档案工作的目的，而档案的整理则是承上启下的关键业务。收集或征集来的档案，经过档案整理这个环节，可以进一步了解和检查档案收集工作的质量，对档案收集工作有一定的促进作用。

档案在整理过程中，往往是与档案价值的鉴定工作结合进行，而鉴定档案的价值和划分档案的保管期限．必须对档案进行全面的考察和仔细认真的分析，只有经过系统整理的档案，才能提供这种可能性，经过整理以后的案卷，是档案的保管、统计、检查的具体工作对象和基本单位，也使编制档案检索工具与编写参考资料有了主要依据。

（三）档案整理是实现档案管理现代化的要求

采用现代化手段管理档案，要求对档案实体加以整理，使之达到一定的系统化程度。例如计算机库房管理系统、编目系统都需要以档案实体的一定体系为基础，档案数字化、信息化、缩微化更要求档案原件系统有序、具有有机联系的档案达到相对集中。档案管理的现代化，也需要以档案的系统整理为基础。

三、档案整理工作的原则

档案整理工作的原则是：充分利用原有的整理基础，保持文件之间的历史联系，便于保管和利用。

（一）充分利用原有的整理基础

档案不仅记录了当时的社会活动，而且也反映了整理和保存档案的状况。整理档案时，要尊重历史和前人的劳动成果，充分利用原有的整理基础，这样有利于保持文件之间的历史联系，能够加快整理工作步伐，提高整理工作的质量。

充分利用原有的整理基础，应该做到：

1. 提高对原来整理工作的认识

对于过去的整理方法，应该采取实事求是的态度，对原有基础予以充分的重视，认真分析研究其利弊，合理部分，应该继承保持下来。

2. 不要轻易重新整理已整理过的档案

一般情况下，只要不是零散文件，已经有了一定的整理基础，应该力求保持原有的整理体系，通过必要的加工整理或者其他补救措施，提高整理档案的整体水平。如果轻易把档案打乱，返工重整，费时费力，并且也很难满足利用档案的需求。

总之，原整理基础是一定时期档案整理工作水平的反映，不要轻易否定，除非原来基础太差，否则不要随意改变。

（二）保持文件之间的历史联系

文件之间的历史联系，就是文件在产生和处理过程中所形成的各种固有关系。历史联系也被称之为“内在联系”或“有机联系”。档案文件虽然是以单件的个体形式陆续产生的，却是以组合的群体形式存在和运动的，因此整理档案时，必须保持文件的固有联系，才能把文件组成科学的有机体系，反映历史活动的原貌和文件之间的相互关联性。

文件之间的历史联系，主要表现在来源、时间、内容和形式等几个方面。

1. 来源方面的联系

文件在来源方面的联系主要指文件是以机关及其内部组织机构或一定的个人为单位有机形成的，产生文件的单位构成文件来源方面不可分割的联系。整理档案必须保持文件之间这种固有的联系，不容许随意脱离形成单位。文件之间的历史联系是多方面的，而来源方面的联系是首要的，只有在保持文件之间来源方面联系（时间、内容、形式等方面的联系）的前提下，才能更深刻地反映文件形成单位的活动面貌，体现档案作为历史记录的属性。

2. 时间方面的联系

文件在时间方面的联系主要是指形成文件的机关、组织或个人进行工作活动时，都有一定的过程和阶段性，从而文件之间具有一定的时间联系。整理档案时，应该在保持文件来源联系的同时，注意保持文件之间的这种时间联系。

3. 内容方面的联系

文件在内容方面的联系主要指文件是机关、社会组织行使职权过程中形成的，是在解决一定问题过程中产生的。一件工作、一起案件、一项运动、一次会议形成的文件，内容上有密切联系，整理档案时必须考虑到这种密不可分的联系，在整理档案的某些程序中，文件内容方面的联系往往是最紧密的联系，整理过程中如果完全没有表现出文件内容方面的联系，那么文件来源、时间、形式等方面的联系都可能显得不密切。当然，只有在保持文件来源联系的情况下，文件内容方面的联系才更深刻。

4. 形式方面的联系

文件在形式方面的联系是指文件的形式标志着文件的特定作用，在一定程度上反映了文件的来源、时间和内容的性质，因此，文件的形式也构成文件之间一定的联系。文件的形式，包括内部形式（如种类、名称）和外部形式（如载体和记录方式）两方面。

保持文件之间的历史联系，应从以下两个方面去辩证地看待和处理。

一方面，要善于找出和保持文件之间最紧密的联系，并尽量从多方面全面保持联系。文件之间具有错综复杂和多种多样的联系，其中一些联系反映了文件最密切的联系，因而应该根据文件情况，找出和保持文件之间最紧密的联系，不能只看到文件之间的某种联系，就随意整理。同时，在整理档案的全过程中，应该力求从档案的来源、内容、时间和形式等各方面，全面地保持文件的联系，为档案的鉴定、检索和利用工作创造良好的条件。

另一方面，不能离开实际整理归档文件，简单地确定某种整理方法和评说优劣。应该根据一定的条件，如不同档案的特点，形成的不同情况等，采取保持文件联系的不同方法。另外，要从整理工作的各个环节和各个方面，全面考虑是否保持了文件的联系，不能只从某一个方面，孤立地看待是否保持了文件的历史联系，不要把某种联系理想化和把某种整理方法绝对化。

（三）便于保管和利用

整理档案时，注意利用原有的基础，保持文件之间的历史联系，以便于保管和利用。但是有时保持文件的联系和便于保管利用又不一致。例如一次会议的文件，有纸质的，也有胶片、磁带的；有机密性的，也有可以公开的；有永久保存的，也有长期、短期保管的等。如果单纯强调保持文件之间的历史联系，全部混同起来进行整理，显然不便于保管和利用。因此，当整理档案时，如果保持文件之间的联系和便于保管利用发生矛盾，就不能机械地运用保持文件联系的原则，还要充分考虑档案保管和利用的方便，对于不同种类的档案，记录方式、载体材料、机密程度和保管价值等显然不同的文件，应该根据情况分别整理，恰当组合，在相应的范围内保持文件最优化的联系。

为了便于理解整理工作的原则，我们把它分成上述三个层次加以阐述。实际上这三个层次是互为一体的，三者都不可偏废。

第二节 全宗

一、全宗及其作用

全宗是一个国家机构、社会组织、个人形成的具有有机联系的档案整体，是档案馆档案的第一层分类、管理单位。

我国档案全宗的类型，按形成全宗的单位和全宗内容的性质，分为机关组织全宗和个人全宗两种；按全宗的范围和构成方式，分为独立全宗、联合全宗、全宗汇集和档案汇集四种。

全宗的基本含义包括如下两个方面：

（一）全宗是有机联系的档案整体

全宗是有机联系的档案整体说明全宗具有不可分割性，某一国家机构、社会组织、个人或同一个生产建设和科研活动形成的档案，反映了它们所进行的各种活动及其相互之间密切联系的整个过程。全宗是组成国家档案全宗和进行档案分类、管理的基本单位，同一全宗的档案不能分散，不同全宗的档案不能混淆。

（二）全宗是以一定的社会单位为基础而构成的

全宗是以一定的社会单位为基础而构成，说明了特定的档案整体的来源和界限。全宗是以产生它的机关、组织和个人为单位而构成的，这就为档案全宗确定了一个区分标志。

档案为什么必须以全宗为单位整理呢？

第一，按全宗整理档案，能够揭示档案内容的实质，从而正确评价档案的价值，为档案的提供利用奠定了科学基础。

按照全宗来整理档案，能比较完善地反映机关或个人活动的面貌，从而便于对档案的利用，使人们有可能通过档案全宗全面地、系统地去研究历史上各个机关或著名人物，在工作活动中所积累下来的丰富的历史经验与教训。

第二，全宗是档案管理的基本单位，对档案管理有重要的组织作用。

在档案管理的全过程中，要以全宗为基本单位进行分类、编目、鉴定、统计等管理工作，避免造成某种不必要的混乱发生。区分全宗是档案整理中的第一步。

第三，按全宗整理档案，不仅仅是个方法问题，而且也是一个理论问题。

按全宗管理档案，是档案管理区别于图书管理及其他文献管理的重要特点之一。同一全宗的档案不能分散，不同全宗的档案不能混淆，应该按照档案的来源把全宗内已被分散的各部分档案集中起来，从而维护全宗的完整性以及挖掘全宗内档案作用的潜力。

总之，不应该把全宗理论绝对化，忽视全宗理论不断发展的规律，同时也要防止把全宗问题看得过于简单，甚至取消全宗的理论。全宗问题不解决或解决得不好，都将直接影响档案整理工作的进行，所以，整理档案必须以全宗为单位进行。

二、确认全宗和立档单位

立档单位是构成档案全宗的国家机构、社会组织、个人或生产建设、科研项目的组织者，通常称为“全宗构成者”。确认全宗要从组织或个人的社会独立性入手，用以确定组织或个人社会独立性的因素被称为全宗（或其立档单位）的构成条件。

全宗从其形成者角度看有组织和个人两大类，组织全宗是全宗的主体部分，在现实中占绝大多数，组织全宗的构成者就是立档单位。立档单位与通常所说的各机关单位，多数情况是一致的，但也有不一致的地方。那么，什么样的机关单位是立档单位，什么样的机关单位不能够成为立档单位，应该有一个划分的条件和标准。

确定一个机关、组织、单位是不是立档单位，主要应该分析它是否能够独立行使职权，并能以自己的名义对外行文。通常情况下，在工作上、组织上、财务上有一定独立性的单位均为立档单位。构成立档单位的具体条件是：①可以独立行使职权，并能以自己的名义对外行文。②设有会计单位或独立的核算单位，自己可以编造预算或财务计划。③设有管理人事的机构或人员，并有一定的人事任免权。

上述构成立档单位的条件是互有联系的，在一般情况下，三者往往是一致的、统一的。但三者也有不统一的地方，比如，可能在工作上、业务上是独立的，而组织上、财务上是不独立的；也有的是工作上、组织上是独立的，财务上是不独立的。实际情况是错综复杂的，所以在分析时主要是看该机关、单位能否独立行使职权并对外行文。

比如，有些市、县的工会、团委、妇联等群众团体部门，没有专门的人事机构，也不是会计单位，但是，它们能独立行使职权，能主要以自己的名义对外行文，所以它们可以分别是一个立档单位。

在档案整理时，怎样去确定一个单，位是否具备立档单位的条件呢？通常是从两个方面去考虑：一方面应该依据法规性文件去分析，比如关于机关建立的决议、命令、组织章程条例以及会议记录等，这些文件上面一般都有职权范围、执行任务方面的记载。另一方面应该从机关单位的实际情况去分析研究。在实际工作当中，有比较健全的也可作为分析构成立档单位条件的参考。

还有一种情况值得注意：确定一个单位是不是立档单位不能以这个单位人员的多少、权限的大小和形成档案数量的多少来确定。有的单位人员并不多，权限也不甚大，形成档案的数量比较少，但是，它却具备了上述三个条件，是一个独立的机关。这样的单位，就是一个立档单位，它所形成的档案，应该构成一个单独的全宗。相反，有的单位内部组织机构权限很大，形成档案的数量也不少，但是它不具备上述条件，不是一个独立的机关，这样的单位就不是一个立档单位，它所形成的档案，也就不能构成全宗。

各机关、企业、事业单位组织的档案，工会、共青团等组织的档案是立档单位档案的有机组成部分，应作为一个全宗看待。单位里的党委（党组）、总支、支部以及共青团、工会组织，它们不是独立的机关，但它又不是机关内部的一个行政机构。按照我国档案工作实行党政档案统一管理的原则，要求将一个机关、企业，事业单位内的党、政、工、团的档案构成一个全宗。

我国各级政府机关、企业和事业单位等，一般都设有共产党、共青团以及其他群众组织。这些组织和机关的行政机构，是密切联系的一个整体，应当作为一个立档单位。它们所形成的档案（即通常所说的机关内党、政、团的档案），是一个机关内互有联系的档案应当构成一个全宗，其全宗内再分别整理。这是我国档案全宗的构成不同于其他国家的一个特点。

三、区分全宗

立档单位不是固定不变的，由于社会的发展，事业的进步，常常引起一些机关的增设、撤销或合并，这些发展变化常常给全宗的划分带来一些新的问题，需要在实践中认真对待。这就要求在具体划分时应该研究立档单位的各种变化情况，辨别哪些变化是根本性的，应当产生新的立档单位和全宗；哪些变化是非根本性的，不成立新的立档单位和全宗。

（一）政权更迭及跨政权立档单位的区分全宗

不同政权中的政权机关（立档单位），虽社会职能相同或相近，但因所属政权性质不同，名称也不会完全相同，绝不能作为跨政权的同一立档单位看待，其档案自然应构成不同全宗；跨政权存在的非政权性质的立档单位，如企业、学校，文艺团体、政党、社团、宗教组织等，其档案一般构成一个全宗，但在管理中可分为两个不同的政权时期或部分；跨政权存在的政治色彩较强、对政权依附性较大的立档单位（如警官学校、军事院校等），一般在政权更迭时要进行重大改造，其档案应分别构成不同的全宗。个人全宗无论其立档单位（个人）是否跨政权存在，无论其政治立场、信仰、职业等是否有重大变化，其档案均构成一个全宗。

研究某一立档单位是否有根本性变化，主要应该从立档单位的政治性质和基本职能等有关方面去考察。

对于政府机关、团体和事业单位，主要应从政治性质分析它们的变化。

（二）立档单位变化所导致的区分全宗

在立档单位的政治性质无根本变化的情况下主要是分析基本职能是否有根本变化。

1. 新建

新成立的机关、企事业单位，其形成的档案均可以构成一个全宗。比如，城乡环保部是新成立的机关，其档案就构成一个新的全宗。

2. 分开

新成立两个或两个以上的机关、单位，是代替了已被撤销的一个旧的机关、单位的职能。换句话说，一个机关、单位分为两个或两个以上的单位。由于旧的机关已被撤销，它所形成的档案应该单独构成全宗；新成立的机关、单位各自形成的档案，应分别构成不同的全宗。

3. 合并

与上述情况相反，由两个或两个以上的撤销单位，合并成一个新单位。尽管这些单位与原有的单位前后有一定的联系，但在基本职能上是不同的，它们所形成的档案应分别构成全宗。

4. 独立

从某一立档单位分离出去作为一个新的单位，它代替了原立档单位的一部分职能。从它改变为独立机关时起，它所形成的档案应构成新的全宗。

5. 从属

与前一种情况相反，原来是一个立档单位，后来因为工作需要，改变为某一机关内部的一个组织机构。改变前的档案为一个全宗，改变后是另一全宗的一部分，不能单独划分全宗。

6. 合署

两个单位合署办公，而文件又是分别处理的，它们形成的档案，应该分别构成全宗，比如，某市民主建国会与市工商联合署办公，但它们的文件是分别处理的，它们形成的档案分别构成两个全宗。

（三）临时性机构档案的区分全宗

各种临时性机构形成的档案，一般不设立新全宗。因为临时性机构的业务往往属于某机关或若干机关业务范围之内，存在的时间不很长，形成档案的数量不多。个别的临时性机构，独立性较强，存在时间较长，其档案也可以考虑成立新的全宗。

上述情况说明，只有一个单位的职能发生了根本性的变化，其档案才可能构成新的全宗。这一般是指中华人民共和国成立以后的各机关企业、事业单位，至于在政权性质、生产关系等方面发生的变化就更是根本性的变化，变化前后的机关、单位所形成的档案，应分别构成新的全宗。

属于下列情形者，不是根本性的变化，不能成立新的全宗：立档单位名称的改变；立档单位领导关系的变更；立档单位内部组织机构恢复。

立档单位变化中确定与划分全宗问题，情况错综复杂，应该遵循全宗理论做具体分析研究，实事求是地加以解决。

（四）判定档案所属全宗

在整理过程中，尤其在整理历史档案或撤销机关档案时，会遇到几个全宗混在一起的情况，有些零散文件分辨不清是哪个单位形成的。在这种情况下，就要判定档案的所属全宗，把零散文件加以“归队”。只有这样，才能确保档案全宗的完整，避免档案的混乱，便于档案的查找和利用。

判定档案所属全宗，关键在于确定档案的形成者——立档单位。判定档案所属全宗的一般方法主要应从收文、发文和内部文件三个方面着手。

1. 收文

收文，只要查明了文件的实际收受者（收文单位），也就确定了它所属的全宗。在通常情况下，收文上面都指明主送单位或个人，而收文机关收到文件后要加盖收文章并附有阅办单，写明领导批办意见，根据以上特征，判明文件的收受者。在实际判定时，会发现虽文件写明主送单位，但是该文件收到后又转给另一机关办理的情况，这时应该判定实际办理文件的机关才是收件者。

2. 发文和内部文件

发文和内部文件，它们的作者就是档案的形成者，只要查明了文件的作者，也就确定了它所属的全宗。通常情况下发文有固定作者的文件格式，而且还有发文机关的印信，所以判定文件作者并不困难。但有些文件并无固定的发文字头，有时也不盖机关印章，在这种情况下，可以从文件的其他方面（比如发文的起草人，文件的签批人，文件外形特点等）去考察文件的作者，内部文件由于没有固定的文件格式以及制成材料的多样性，更应从文件的标题、落款、负责人签名、印章和文件内容去分析文件的作者。

对于全宗混淆状况严重的特殊问题，不能运用通常的方法去判定。档案所属全宗，往往要借助于文件上的各种标记去判定。比如承办单位负责人或承办人的签字，批注的记号，收文和归档的印章或其他戳记，文件上的各种日期等；还可以通过研究文件的内容，根据文件内容所涉及的领导机关和领导人以及时间、地点、内容、工作范围等方面进行分析研究；也可以利用档案形成机关的收发文簿、文件移交清册及其他簿册、目录来查对文件；从文件的外形、标记、笔迹、墨水、载体和书写方面去同标明作者和收受者的文件进行比较和判定。但是，不论用什么方法去考证，都常常是把这些方法联系起来加以综合分析判断，才能比较准确地判定档案的所属全宗。

（五）组织全宗与个人全宗档案的区分

个人全宗与组织全宗中的档案有时会出现相互交叉的问题，即某些档案文件既有个人属性，又有组织属性（如以组织领导人个人名义制发的文件）。对这一问题的处置原则是：凡以组织或组织成员名义制发的文件正本均应归入组织全宗；个人全宗若认为必要时，可保存副本。不允许将组织全宗中具有双重属性的档案文件抽出纳入个人全宗之中；组织全宗中一般也不保存仅涉及个人性质的文件（正常组织活动中形成的诸如个人登记表、履历书、自传、对个人生活情况的调查、审查性文件，应归入人事档案）。但如果个人全宗与组织全宗均不完整且程度有较大差异，可将具有双重属性的档案文件有意识地向完整程度较好的一方倾斜，以避免或减轻“两败俱伤”的不良结果。在进行这种有意倾斜处理时，除全宗完整程度上的差异外，还应同时考虑所涉及的组织和个人全宗重要性上的差异。

确认与区分全宗的工作一经完成，具体的全宗一旦建立，就应对各全宗进行统一的编号（编全宗号）并赋予其正式的全宗名称。全宗名称一般就以立档单位的正式名称命名，并加“全宗”二字。

四、个人全宗

个人全宗是社会知名人士（如社会活动家、科学家、艺术家、教育家、企业家、英雄模范等）在其一生活动中形成的档案整体。历史上一些著名的家庭、家族所形成的档案，在我国也属于个人全宗的类型，形成个人全宗的个人、家庭和家族，也是立档单位。

个人全宗，包括个人的著作、手稿、日记、信件、遗嘱以及记载个人或家庭、家族活动的全部有价值的材料，还包括别人撰写和收集的与个人全宗构成者个人、家庭和家族有关的材料以及直系亲属的，能够说明立档单位情况的材料。

个人全宗中不得收入全宗构成者在其机关组织公务活动中处理的官方文件原件，我国以及其他国家多年的实践证明，如不切实掌握个人全宗的这种界限，必然导致许多全宗管理的混乱以及不良后果。

个人、家庭和家族的文件材料，无论形成于何时、何地以及立档单位的政治思想和社会地位有何重大变化，都只能构成一个全宗。

个人全宗是国家档案全宗的组成部分，其中往往拥有相当珍贵的材料，对于经济、政治、历史、艺术、科学、军事等方面的研究，具有重要的价值。人物的知名度是相对的，不同的档案馆应从不同的社会领域和不同层次，根据人物的特点，确定如何组建个人全宗。

五、全宗的补充形式

整理的档案当中，并不是所有的档案都能按全宗明确分开整理，有些情况是很特殊的，必须采取一些应急措施，作为按全宗整理档案的补充形式。全宗的补充形式主要有下面几种：

（一）联合全宗

联合全宗指两个或两个以上立档单位形成的、互有联系而不易区分全宗的档案构成的全宗。

能够作为联合全宗的主要有以下两种情形：一种是前后有密切继承关系的立档单位，由于工作关系密切，档案互相混淆，很难区分。这样就可以把两个立档单位形成的档案组成为联合全宗进行整理。另一种是两个机关合署办公，对内一套编制，对外两块牌子，而文件又是混在一起无法区分的。在这种情况下，可以把这种合署办公的机关所形成的档案，作为一个联合全宗进行整理。例如档案局与档案馆，在许多地方是对外两块牌子，对内是一套编制，文件常常混在一起，这种情况就可以作为联合全宗对待。

（二）全宗汇集

若干个立档单位形成的、可以区分全宗但数量很少的、具有某些相同特征和联系的档案构成的全宗，称为全宗汇集。

档案馆所保存的全宗，其档案数量是不等的。有一些小全宗，全宗之间的界限十分清楚，能够分清，但档案数量却很少，如果把这些数量极少的全宗也作为保管单位，势必增加保管和利用上的麻烦和不便，也没有这种必要。遇有此种情况，就可以把档案数量很少而性质又相近的全宗集中起来，组成全宗汇集，只给一个全宗号，这样就相当于一个全宗那样保管和统计。

（三）档案汇集

用人为方法将不知其所属、全宗残缺不全的文件，按照一定特点集中起来的混合体，称为档案汇集。它也和其他全宗一样，给其一个全宗号作为一个单位保管，统一编号。在整理中华人民共和国成立以前的档案时，或因特殊情况接收撤销机关档案时会发现一些残缺不全的档案，但很难确定它们所属的全宗界限，或者虽然能判明全宗，但其所属全宗已不存在，只剩下很零碎的一些档案，已经很难再按全宗进行整理，为了便于管理和提供利用，才采取这种补救措施。

档案汇集主要是针对档案残缺不全，全宗界限十分模糊的情况，在档案管理中很少采用这种办法。只有在很特殊的情况下，确实找不出更好的处理方法时才采用档案汇集这种应急措施。

上述几种形式，都是以全宗理论为基础，从档案整理的实际情况出发，作为按全宗整理和保管档案这一基本形式下的一些必要的补充形式。但上述形式不是随意乱用，只有在极少数特殊的情况下才能运用，而且一旦发现这种补充形式有不合理之处，应立即采取补救措施加以纠正。因此，实际应用中应注意以下几方面问题：第一，上述的补充形式不应随便采用，只有在无法区分全宗，或确实不便于按全宗管理的不得已的情况下才可以采用。第二，全宗补充形式的组成有一定的灵活性，可以根据实际情况进行必要的调整与补充。第三，档案馆根据馆藏建设的总体规划，有选择地接收一些机关部分档案时，由于接收档案的数量较少，也可以采用全宗汇集的方式加以管理。

六、全宗群及其划分

联系密切的若干全宗的群体，称为全宗群。这也是全宗的分类方法之一。为了便于保管和利用，应该把互有联系的全宗组织到一起，维护一定类型全宗的不可分散性，全宗群首先按照档案形成的不同时期分为几大部分，如中华人民共和国成立以前的档案（革命历史档案、旧政权档案）和中华人民共和国成立以后现行机关的档案，然后每一部分再按立档单位的类型和特点，对全宗进行细分。比如，按照立档单位的性质，把档案分成工业交通系统，农林水利系统，财政、金融、商业贸易系统，科学文化、教育、卫生系统等；或者按区域分类，分别组成全宗群，全宗群分类一般应和档案的分库保管相一致，一个或几个性质相近的全宗群应当集中保存在相同的档案库房内。

全宗群不是具体对档案进行整理和统计的一个固定的实体单位，而是在档案管理中起指导和组织作用的一种形式和方法。

七、全宗的编号与排列

全宗的编号与排列是两项既有联系又各有其特定作用、目的的工作，全宗的编号是给每一个进馆全宗编一个固定号码并以其作为该全宗的指称代号。全宗的排列是在库房中固定各全宗的空间存放位置和排放顺序，因此二者之间的号序和排序可以相互一致，也可以不一致。在大多数档案馆，尤其是规模较大、馆藏虽较多的档案馆，往往是不一致的情况居多，因为二者所起的作用不同、目的也不同。全宗的编号与排列之间的关系，犹如学生的学号与学生在教室中的位置顺序之间的关系一样，强求二者顺序相互一致不仅无意义，而且会造成诸多不便。

（一）全宗编号的要求与方法

全宗编号的要求主要有三点：①唯一性或专指性；②系统性或连续性；③方便实用。唯一性是要求一个全宗只能有唯一的号码，这个号码只能专指一个全宗，不允许一个全宗有两个号或两个全宗共有一个号码，否则管理上就会出现混乱。系统性是要求各全宗号之间应有某种必然联系、固定的关系和顺序，不能互不相干、随意编号。方便实用是指号码形式及编法应简洁、方便，不能过于烦琐，麻烦。

全宗编号的方法主要有大流水编号法、体系分类编号法、分类流水编号法。一般情况下，采用大流水编号法的档案馆居多，总体效果也较好。

1. 大流水编号法

大流水编号法又称顺序流水编号法，即一个档案馆对其所有全宗按进馆顺序用自然整数由小到大顺序编号，第一个进馆的全宗就编为 1 号，第二个进馆的全宗就编为 2 号……这种编号方法的优点一是简便实用，且符合唯一性和系统性要求，二是全宗号同时反映全宗进馆的先后顺序和全宗数量。

2. 体系分类编号法

体系分类编号法是按某种逻辑框架，将档案馆所收藏的全部全宗构造成一个逻辑类别体系，每一逻辑类别层次中的具体类别都有一个固定的代号（类号），只有最小的类别代号后面的号码才是该类中具体全宗的固定顺序号。

这样，每个全宗号实际上都成了一个由几位数构成的号码，且每一位数都有其特定的逻辑含义，这种编号方法实际上是掺进了固定化全宗群的因素。表面看起来，它具有极强的逻辑性与系统性，但总体来看效果并不好，因为这样编出的全宗号不仅不能反映全宗进馆顺序和全宗数量，而且其逻辑含义也无法直接看出，编起来也比较烦琐。另外，全宗号位数过多，使用起来也不方便。

3. 分类流水编号法

分类流水编号法是上述两种编号方法结合使用的产物，比较适合于规模较大、全宗类型头绪较多的档案馆。具体编法是将馆藏全宗划分为两个或几个大类，并以固定的代字或代码作标志，然后在各大类中按进馆顺序流水编号。这种编号法有两个问题必须注意：①所分类别不宜过多、过细且一般只分一个层次，否则容易混同于体系分类编号法; ②大类标志宜采用较直观的形式(如“党”“政”或“建”“革”“旧”以及第一个拼音字母等），以方便识别和使用。

（二）全宗排列的要求与方法

全宗排列应体现简便、实用、便于管理的原则要求。排列方法一般按全宗进馆顺序排列即把同时进馆的若干全宗，可按全宗的大小、相互关系和重要程度顺序排列。

第三节 全宗内档案的分类

一、分类的意义和要求

全宗内档案的分类方法，是根据立档单位内档案来源、时间、内容或形式的不同，按照一定的体系，分门别类、有系统地区分档案和整理档案的方法。

（一）全宗内的档案进行分类的意义

1. 档案的分类是实行档案科学管理的重要方法之一

一个全宗的档案是一个有机的整体，它们之间有着不可分割的密切联系。然而，仅仅以全宗为单位来整理档案还不够。一个立档单位的活动有着许多侧面，它们之间既有联系又有区别，为了进一步体现这种区别，便于保管和利用，就需要把一个全宗内的档案分成若干类别，为了体现它们之间的联系，又要有次序地按照类别进行排列。随着档案馆藏缺的逐渐增多，必须对档案进行科学的整理，才能满足提供利用的需要，而分类则可以揭示出文件之间的内在联系。揭示档案内容，保持文件之间联系的方式方法是多种多样的，但是区分全宗、对全宗内档案进行分类，则是必须首先要采取的步骤。

2. 分类也是档案整理工作中的重要环节之一

全宗内的档案只有经过分类，才能进行立卷、排列和编目。全宗内档案不分类可能给其他方面的工作带来很大困难。在分类理论指导下所选择的科学分类法，不仅类项设置合理，而且归类容易准确。对于现行机关平时的立卷归档和档案馆（室）的案卷整理排列、编目和上架，都有着现实的意义。

3. 档案分类的重要意义在于它为档案的管理和利用提供了有利条件

因此，分类时要以科学的档案分类理论和方法为指导，根据档案的来源、内容、时间的特点进行分类。

（二）全宗内档案分类的要求

根据不同立档单位的活动和全宗内档案成分的特点，进行全宗内档案的分类，是一项比较复杂细致的工作，因而对档案的分类有比较严格的要求。

1. 档案分类应具有客观性

由于档案是机关、组织活动中系统积累而形成的历史记录，应遵循档案形成规律，从全宗的实际情况出发进行分类，努力维护它们在立档单位活动中原有的某些主要方面的历史联系，科学地选择分类标准，确定分类方法，合理地设置类目，准确地归类，使全宗内档案的分类能够较为系统地反映出立档单位活动的面貌。

2. 档案分类体系应该具有逻辑性

全宗内的档案是机关在处理各种事物中形成的，全宗的成分及其纵横联系往往比较复杂，全宗内档案的分类又常常采用几种方法，所以分类体系的构成应力求严密。因此，必须遵守每次分类按照同一标准进行，不应有交叉或互相包容的矛盾现象。如，在按问题分类时设“经济类”，平行的主要类中不能再设“工业类”“农业类”。

3. 档案分类应该注重实用性

机关和撤销机关的全宗、大全宗与小全宗、全宗内形式与载体特殊的档案材料，往往采取不尽相同的分类方法。在档案分类过程中，应防止无视全宗的特点而生搬硬套的分类方法，更要禁用空设的虚类。对于某些历史档案以及政策性较强的档案进行分类时，必须以正确的政治思想为指导，根据档案的实际内容和相关因素，合理地组织类别体系和设置类目，如实反映出立档单位的性质及其活动状况，揭示档案的内容实质和相互联系。

二、组织全宗内档案分类的一般方法

全宗内档案分类方法很多，归纳起来有下面几种：

（一）按文件的产生时间分类

其具体形式主要有两种：①年度分类法。②时期分类法（阶段分类法）。

（二）按文件来源

其具体形式有三种：①组织机构分类法。②作者分类法。③通信者分类法。就是按与立档单位有来往通信关系的机关或个人分类（收文按作者、发文存本和原稿按收文者）。

（三）按文件内容分类

其具体形式有三种：①问题分类法。②实物分类法。按文件内容所涉及的实物分类，比如粮、棉、钢、铁、石油……③地理分类法。就是按文件内容所涉及的地区分类，如华北、东北……

（四）按文件的形式分类

其具体形式有三种：①按文件种类（名称）分类。②按文件制成材料分类。③按文件形状分类。

三、组织全宗内档案常用的分类方法

在上述分类法中，最常用的只有三种，即年度分类法、组织机构分类法与问题分类法。

（一）年度分类法

年度分类法是以形成和处理文件日期所属的年度为依据进行分类。在实际使用中，它是一种比较常用的分类方法。一个立档单位，一般都存在若干年时间，每年都要形成一定数量的档案。从文书工作来看，也是以年度为单位立卷、归档，在客观上很自然地形成了一种分类。

当然，有的立档单位可能因为工作特点的不同，或者因为每年档案数量不多，首先把档案按时期（或历史阶段）分开，然后再按其他方法分类。

（二）组织机构分类法

这种分类方法也是一种主要的和经常采用的分类方法。

1. 按组织机构分类法的优点

（1）采用组织机构分类法进行分类，符合档案形成的特点

在一个立档单位里，档案是由其内部组织机构在履行职能过程中形成的，而各内部机构所承担的任务是不尽相同的，按组织机构分类就能客观地反映立档单位各个组织机构工作活动的面貌和状况，能较好地保持档案在来源上的联系。

（2）采取组织机构分类法分类，便于查找利用档案

立档单位内设的各个组织机构，除了综合性的工作部门（办公室、政策研究室）外，其余的都是按照各自的业务分工，在其职权范围内形成文件。某一个内部组织机构所形成的档案，一般就是某一方面问题的档案。但是，组织机构与问题两者不能等同。比如，某单位内的档案按组织机构分类，可以分为办公室类、人事处类、财务处类、生产处类、基建处类……其中生产处类，可能大部分文件是记述和反映生产问题的，也有少部分是经生产处办理的其他方面的问题。按组织机构分类可以保持档案在来源上的一致性，但不一定能保证档案内容的一致性。

（3）采用组织机构分类，有比较明显的客观标准，简便易行，归类准确

立档单位内部有多少组织机构，就可以设立多少类。这些机构都有各自的职权范围，它们在承办文件时往往会留下一定标记（收发文章、收发文字号，经办人签字等），这样就可以避免或减少因认识水平不同而产生分类不一致的缺点。尤其正在行使职权的机关单位，如果文件是采用分散立卷（即由各组织机构立卷），每个组织机构所归档案的案卷，就很自然地构成一类。

2. 按组织机构分类法需要具备的条件

虽然按组织机构分类有这些优点，但全宗档案只有具备下述条件才能采用这种分类方法。

第一，要考察档案的实际情况，各内部组织机构之间的档案有没有被混淆，是否残缺不全。如果内部机构之间的档案已经混乱、缺损不全，有的已按其他方法分类，在这种情况下，已经很难再按组织机构分类，应该采取其他方法分类。

第二，要了解立档单位的组织机构情况，内部组织机构是否健全，是否经常变动。如果内部组织机构少、工作简单，或者虽有内部机构，但经常变化，内部很不稳定，在这些情况下也不一定按组织机构分类。

3. 按组织机构分类法处理一般问题

第一，按组织机构分类应该分到哪一层机构适当，主要由立档单位的大小和形成档案数量的多少来决定。比如中央机关，内部机构层次较多，档案的数量也多，而且是采取分散处理文件的，每层组织机构都有人专管或兼管文书工作，档案的分类就可以分到第二层甚至第三层组织机构。对于大多数立档单位来说，按组织机构分类分到第一层就可以了，有一个机构设置一个类，组织机构的名称就是类名。

第二，按组织机构分类时，一般情况下，对临时性机构所形成的档案，在分类时应该和其他内部机构形成的档案一样对待，单独设类，并排在最末一类：但是，有些临时机构情况特殊，它虽然是在全省、市、县范围内设立的临时性机构，但它往往与某单位的内部机构合署办公，甚至还可能是一套人马，对外是两个名义（有时用立档单位名义，有时用临时机构名义）。比如，某县防汛指挥部，它是全县的临时组织机构，但它附设在县水利局内办公，它所形成的档案一般不作为单独全宗，而是作为水利局全宗的一部分。防汛工作年年进行，在县水利局档案中单设防汛指挥部（或防汛办公室）类即可。

第三，按组织机构分类，还会遇到立档单位内党、政工，团档案的分类问题。对于立档单位内党、工、团等组织形成的档案，应视立档单位的情况，采用切合实际的分类方法。一种办法是针对立档单位较大、内部组织机构层次多的，可将党、工、团的档案一分为二，分开归类。立档单位的一级机构党、工、团（比如大企业中的公司、厂部、高等学校的校部）和二级机构（如工厂中的处、室、车间，高等学校中的处、系）党、工、团所形成的档案分别列类整理。

另一种办法是无论哪一级机构形成的关于党、工、团形成的档案，一概集中为党（党组、党委、党总支、党支部），工会、共青团三类，如果立档单位小，档案数量少，还可以将三者（党、工、团）合设为一类——党群类。

4. 按组织机构分类法处理特殊情况

在按组织机构实行归类时，有两个难于处理的问题，应该引起重视。

（1）立档单位的办公厅（办公室）与领导机构设类问题

一般情况下，立档单位有多少内部机构就设立多少类。但是办公厅（室）还有一些不同于其他机构的地方，发现在办公厅（室）一类还包括立档单位的领导机构以及某些领导人的档案在内。在党委机关就是党的委员会、常务委员会和书记处等；在政府机关就是部长、省长、市长、县（区）长、厅长、局长等以及在他们主持下的一些例会。这部分档案无疑是立档单位档案中最重要的部分，它应由立档单位的办公厅（室）负责收集保管。因此，在按组织机构分类的时候，立档单位领导机构形成的档案和办公厅（室）形成的档案，统一作为一个类进行整理，这个类的名称就称为办公厅（室）类。

（2）办公厅（室）与各业务部门的档案的归类问题

由于办公厅（室）是立档单位内的综合部门，它承上启下，左右联系，与各业务部门的关系十分密切，它们所形成档案的牵连也比较多。在按组织机构分类时，有些档案是归入办公厅（室）类还是归入有关的业务部门类，都需要经过认真研究才能确定。有一种需要特殊注意的情况是，文件由机关的办公厅（室）收到以后，按照机关业务的分工（或者根据领导人的批示）转送有关的业务部门办理。经业务部门办理的这种收文，应归入业务工作部门类，而不应归入办公厅（室）类；如果是有关的业务部门阅过办公厅（室）转来的收文后，要向机关领导提出处理意见，或者代替机关领导拟写复文的草稿，再连同那份收文送回办公厅（室）；办公厅（室）根据业务部门提出的处理意见，拟写复文稿，送交机关领导人签发，以立档单位名义复文。这样办理的收文在档案分类时，比较多的文件是归入办公厅（室）类，也有的归入有关的业务部门类。因为按前者归类好掌握，只要以立档单位名义回复，放在机关办公厅（室）归档，这是符合档案形成特点的。所以，对同一类情况的收文，在一个全宗之内，归类的方法必须一致，有的能够归入办公厅（室）类，有的又归入业务部门类。如果标准不统一，不仅分类工作难以进行，就是查找利用也很不方便。立档单位内各部门有牵连的文件，如果是两个以上部门合办的文件，应该归入主办部门；如果分不清主次归入最后承办部门；如果是联名发出的文件，这类文件一般归入主要起草的部门类内。

（三）问题分类法（又称主题分类法）

问题分类法是按照档案内容所说明的问题来分类，也是经常采用的一种分类方法。它和组织机构分类法有许多共同点，也能较好地保持文件之间的联系，能使相同性质的档案得到集中，可以减少同类问题档案分散的现象，便于档案的查找和利用。但是，问题分类法在类目如何设置，尤其是档案归类等具体问题上，常常难以掌握，比起前两种分类方法要复杂一些，困难一些。由于档案工作人员知识与业务水平的不同以及各种因素的影响，采用问题分类法往往分类不易准确。所以，对问题分类法的采用，要根据立档单位和档案工作人员的实际情况来决定，遇到下面几种情况，可以考虑采用问题分类法：①立档单位小，内部组织机构只有简单的分工，工作常有交叉。②立档单位内的档案已经混淆，很难再按组织机构分类。③立档单位内部虽有组织机构，但经常变动，按组织机构分类有实际困难。

总之，一般是在不可能或不适于按组织机构分类的情况下，可采用问题分类法，在按问题分类时，有下面几个问题需要注意：

1. 类、属类的设置力求符合实际

在按问题分类时，类的设置不像按组织机构分类那样明确，需要认真地调查研究，才能提出切合实际的分类方案。调查研究的重点应该放在：一方面了解立档单位的实际状况，比如，立档单位的主要职能和具体工作任务以及内部机构的变化等；另一方面要了解全宗内档案的实际状况，比如，档案内容主要反映了哪些问题，各种问题档案的数量有多少，问题的交叉情况如何，档案原来整理的基础怎样，有无可以值得借鉴的情况。

为了使类的设置尽可能符合实际，节省时间，不少单位采用参照立档单位内部组织机构来设置类别，实践证明，这是行之有效的方法，因为立档单位每设一个组织机构，都是为了承担某一方面的工作任务，往往体现了一个方面的问题。例如，市化工机械厂，是一个中小型的国有企业，它形成的档案按组织机构分类已不可能，所以采用问题分类法。在对立档单位和档案实际状况分析研究之后，拟设总类、生产类、劳动人事类、计划财务类、供销类、基建类、行政事务类共七大类。这些类的设置是参照了该厂内设的组织机构：党委办公室、厂长办公室、生产处、技术处、劳动人事处、计划处、财务处、供销处、基建处、行政处。按问题分类所设的类和内部组织机构基本上是一致的。只是考虑到档案数量不等，技术处、计划处的档案数量不多，并未设立相应的类别，而是采取按性质相近合并的办法（技术处多与生产处形成档案有关），这种参照组织机构设类的办法，一般情况下可以采用，而对于较大的具有综合性质的立档单位则不适用。某省人民政府档案科（室）根据档案内容，把档案分为十一大类：综合类；党群工作类；人民代表大会类；农林水利类；工业交通类；财粮贸易类；计统基建类；科学、文化、教育、卫生、体育类；政治、军事类；劳动人事类；行政事务类。

2. 类目体系力求符合逻辑

按问题分类所设的类，概念要明确，层次要清楚。一般情况下，按问题分类类目的设置取决于全宗的大小和立档单位档案数量的多少。所设各类之间是平行关系，不能互相交叉，更不能互相包括。设经济类，平行类中就不能再设社队企业类，而社队企业类只能作为经济类的属类（二级类）。

3. 类项的确定力求逐步完善

不是将问题归类后就能确定下来的，而是要经过反复研究和实践，需要了解情况，初步确定分类方案，在实际归类过程中，对分类方案补充和修订，最后确定类和属类。有些全宗要设立一个总类（或称综合类）。设立总类并不是随心所欲的，而是根据分类时客观实际的需要。总类具有伸缩性和灵活性的优点，但是也不要把总类弄成杂类，能归入专门类项的就应该单独设类，甚至合并设类，而不应遇到难题就轻易归到总类内。

四、复式分类法及其适用范围

全宗内档案的分类方法，按其构成方式，分为单式结构分类法和复式结构分类法两种类型。所谓单式分类法，是指在全宗内只采用一种分类方法对档案加以分类，在实际工作中，这种情况比较少。比较常见的是采用复式分类法，即在全宗内将两种分类方法结合使用。通常由年度与组织机构或问题分类法联合构成四种复式分类法。

（一）年度—组织机构分类法

年度—组织机构分类法是先把全宗内档案按年度分开，然后在每个年度下面再按内部组织机构进行分类。这种分类方法适用于立档单位内部组织机构经常变化但不复杂的全宗。日前正在行使职权的机关、单位比较多地采用了这种形式。

（二）年度—问题分类法

全宗内的档案先分开年度，然后在每一年档案中按问题分类。

这种分类方式适用于立档单位内部机构变动频繁，档案已无法按组织机构进行分类。有些单位的内部机构，时增时减，时而合并，机构经常变动。这种经常性的变化，给档案的分类带来了一些新问题和新情况。如果采用组织机构分类方法，就不能适应这种变化，如果采用年度—问题分类法，就可以以不变应万变，比如，参照内部机构的职能和分工，设置一些相应类别。

也有一些单位，虽然内部也设一些机构，但是非常简单，内部分工也不十分明确，有些机构（比如办公室）形成档案较多，而有些机构（比如工会、共青团）形成档案很少。在这种情况下，也不适于按组织机构分类，基层单位往往会出现上述情况。

还有一些综合性的领导机关，比如省、市、县人民政府，虽然这些立档单位内部组织机构健全，甚至数量很多，但它只是综合性的机构，在建设事业不断发展的情况下，各厅、局相继从政府独立出去，政府只剩下办公厅（室）等综合性机构和行政办事机构，如果采取年度—组织机构分类法，就很难反映出立档单位的真实面貌，所以有的省人民政府的档案采用年度—问题分类法，分成若干大类。

当然，采用这种分类方式分类，对于分类者有较高的要求，只有熟悉立档单位的业务、职权范围和问题的界限，才能较准确地运用年度—问题分类法。

（三）问题—年度分类法

这种分类法是指全宗内档案先按问题分开，然后在每个类别里分开年度。

以第一种（即年度—组织机构分类法）应用较多。但是无论哪种分类方法一般都离不开年度。档案是逐年形成的，向档案馆移交档案也是按年度进行的。总之，无论按什么方法进行分类，一个立档单位全宗内的分类方法应该一致。

全宗内档案的分类，无论采取哪种分类方法，机关内党、政、工、团的档案都应单独设类，不能与其他类的文件混在一起。特别是党组织的档案，应该单独作为全宗内重要的一部分或一类，这也是组织机构分类法的一种特殊形式。

第四节 档案整理中的组织管理

一、整理工作方案

档案馆或者档案室在对某一个全宗档案，尤其对积存零散文件进行整理的时候，首先要了解情况，写出分类方案，这是档案整理以前不可缺少的准备工作。了解情况主要是了解两方面的情况，一是立档单位的情况，一是全宗内档案的情况。了解立档单位情况，主要是了解立档单位成立、变动和撤销的时间和原因，立档单位的职能、任务、隶属关系，以及内部组织机构的设置和文书处理工作情况；了解档案的情况，主要是了解档案的数量、保管情况、整理情况，完整程度等。

在了解情况的基础上，酝酿方案包括：整理工作的要求和方法、人员分工以及大体完成的时间等。当整理互有联系的或同类型的若干全宗时，也可以合编一个整理工作方案。整理工作方案是整理档案，尤其是整理积存档案时不可缺少的计划性的指导文件，通常要经过周密的调查研究和有关领导的批准。

二、零散文件整理程序

在整理积存的零散文件时，除了要上述的一些准备工作以外，还必须有科学的组织整理工作程序，以保证档案整理工作的顺利进行。整理工作程序可以简要归纳为以下七个步骤：①区分全宗。②全宗内档案的分类。③立卷（件）。④检查案卷质量和确定案卷保管期限。⑤案卷的加工整理。⑥案卷的排列与编号。⑦案卷目录的编制。

以上是全面系统整理的一般程序。在实际工作中，应该考虑到原来档案的状况和整理工作的具体要求和方法，采用不同的程序。如果所整理的档案是属于一个全宗的，则第一项环节就不必要；如果所整理的档案是已经组成案卷的，只是有某些不足，那么第三个程序就不是立卷而是纠正和调整案卷；如果所整理的档案是过去进行过整理的，其整理程序就可以从简，可以在原基础上适当做些局部的补充和调整，整理积存和零散档案时，需要比较多的人参加。因此，必须合理地解决人力分配问题，应该根据档案的系统整理和技术整理的特点进行科学的劳动分工。

档案的系统整理工作，一般是以全宗为单位进行，其人员分工有两种方法可供选择：一种方法是由少数人包干整理一个全宗，包全宗到人，各全宗整理工作同时进行；另一种方法是组织所有参加整理者，对全宗逐个地加以整理，即大家一起先整理一个全宗，然后再整理另一个全宗。在人员分工上采用“两头小，中间大”的办法比较合适，即开始由少数人甚至一两个人研究情况，制订整理工作方案，按方案分工，要求大家一起动手整理，最后由少数人做扫尾工作。

档案的技术整理工作，一般是采用流水作业法来进行的，即按照档案整理工作程序和技术整理工作的内容，把人员分成若干组，每组只负责其中的一两项工作，各司专责。有的专门负责拆除文件上的各种金属物，有的专门负责编写卷内文件的页号、有的负责填写案卷目录和卷内目录，有的书写案卷封皮，有的专门负责装订每个案卷的技术整理，必须按照工作程序由各个小组依次逐步地完成。

档案的系统整理包括区分全宗，分类、立卷、卷内文件排列、填写卷内目录、案卷封面的编目、案卷的排列和编制案卷目录档案的技术整理，包括卷内文件编号、修复、填写案卷备考表、案卷目录的抄写和案卷的装订，档案的系统整理与技术整理，在人员分工上是不同的。系统整理中各个环节之间前后联系非常紧密，因此进行系统整理要求配备业务水平较高的人员参加，并且要求以分类方案为分工的基础，采取纵的分工方法，不宜采取流水作业法。而技术整理是以工作的内容（即工种）为分工的基础，其各项工作的作业方法具有相对的稳定性和某些技巧性，因此，技术整理应该配备操作技巧比较熟练、书写能力较强的人员，采取专人负责或流水作业法去完成。

在档案整理时，充分了解和掌握两种不同的劳动技能，对于挖掘潜力，调动一切积极因素，提高档案整理工作的水平，具有直接的现实意义。

第四章 档案保管

第一节 档案保管工作的任务、要求和条件

档案保管工作是指在档案入库后所进行的存放、日常维护和安全防护等管理工作。它的目的是维护档案的完整与安全，为档案工作提供良好的物质基础。档案是一种社会现象，它以一定的物质形式存在并且其中有一部分要永久保存下去，为子孙后代造福。

但是我们也应该看到，随着社会的进步与时间的推移，一方面档案的数量和成分在日益增加和不断丰富，另一方面档案又处在不断损毁和遗失的过程中。对于不断形成和增加的档案，可以通过加强档案的收集工作来解决这一矛盾，而对于处于不断损毁的档案，则需要通过加强档案的保管工作加以解决。

目前，在档案保管工作中有许多问题亟待解决。比如纸张的老化，字迹褪色模糊，有相当数量的档案纸张变黄发脆；档案虫害也十分严重，不仅在档案较为集中的档案馆，而且现行机关档案虫害也不在少数；档案保管的条件得不到及时改善，库房建筑不合乎档案保护标准，需要复制的档案数量很大，复制档案的手段也比较落后，以上问题向档案工作提出了严峻挑战。为了解决这些急迫的问题，必须加强档案保管工作，无论对于现在还是将来的档案事业，这都是任重而道远的重大工程。

一、档案保管工作的任务和要求

（一）档案保管工作的任务

1. 建立和维护档案的存放秩序

为了使档案入库、移出、存放井然有序，能够迅速地查找档案，并随时掌握档案实体的状况，档案室（馆）要根据档案的来源、载体等特点，建立一套档案入库存放的规则和管理办法，使档案不管是在存放位置上还是被调阅移动都能够处于一种受控的状态。

2. 保持和维护档案实体良好的理化状态

档案实体是以物质的形态存在和运动的，而各种环境因素，如温湿度、光线、有害气体、灰尘、生物及微生物等，会对档案的载体、字迹材料等造成不良影响，不利于档案的长久保存。为此，在档案的保管工作中，就需要了解和掌握不利于档案长久保存的各种因素及规律，采取有效措施，最大限度地消除和降低它们对档案的损坏，使档案实体保持良好的理化状态，以延长档案的寿命。

（二）档案保管工作的要求

为了保持档案库房管理的稳定、有序，我们应注重建立健全管理规则和制度，加强日常管理。在库房管理中要做到：归档和接收的案卷及时入库；调阅完毕的案卷及时复位；定期进行案卷的清点和检查，发现问题及时处理。只要持之以恒地坚持严格的日常管理，就能保证库房内档案的良好状态。

1. 预防为主，防治结合

在档案保管工作中，保护档案文体安全的方法概括起来主要有两类：一是如何预防档案实体损坏的方法；二是当环境不适宜档案保管要求时或当档案实体受到损坏后如何处置的方法。在归档或接收的档案中，实体处于“健康”状态的档案占绝大多数。因此，在档案保管工作中，积极“预防”档案受到各种不良因素的破坏是主动治本的方法。我们应该采取各种措施，确保这些档案的长期安全。同时，还应该通过加强日常管理和检查，及时发现档案实体出现的“病变”情况，以便于迅速地采取各种治理措施，阻断或消除破坏档案的有害因素，修复被损害的档案，使其“恢复健康”。预防为主，防治结合，才能全面保证档案实体的安全。

2. 重点与一般兼顾

由于档案的价值不同，保管期限长短不一，所以，在管理过程中，我们应该掌握突出重点、兼顾一般的原则。对于单位的核心档案、重要立档单位的档案、需要长久保存的档案，应该加以重点保护，尽量延长档案的寿命。同时，对于一般性、短期保存的档案也要提供符合要求的保管条件，确保其在保管期限内的安全和便于利用。

二、档案保管的物质条件

档案保管的物质条件是档案库房管理所需一切物质装备的总称。档案的保管工作必须依托于一定的物质条件才能实现。

（一）档案库房

档案库房建筑是档案保管最基本的物质条件，是档案保管中长期起作用的因素，其质量直接影响档案保管中各项设备的采用与效果。

但是，在实际工作中，因受职能、规模、财力等因素的限制，各档案室（馆）在库房建筑配置上不可能完全一致，因此，应该分情况解决。档案馆应该按照《档案馆建筑设计规范》的要求建造档案库房；档案室在档案库房的选址或建造上也应该尽量向《档案馆建筑设计规范》的要求靠拢。在无法达到其要求的情况下，也必须注意：第一，档案库房要有足够的面积，开间大小要合适；第二，库房必须专用，不能与办公室合用，也不能同时存放其他用品；第三，档案库房必须是坚固的正规建筑物，临时性建筑不能作为档案库房；第四，档案库房应该远离火源、水源和污染源，符合防火、防水、防潮、防光、防尘、隔热等基本要求。因此，全木质结构的房屋和一般的地下室均不宜做档案库房使用；第五，档案库房的门窗应具有良好的封闭性。

（二）档案装具

档案装具是指用以存放档案的柜、架、箱，它们是档案室（馆）必需的基本设备。档案装具在制成材料、形式和规格上的种类很多，其特点各有不同。一般来说，封闭式装具比敞开式装具更有利于对档案的保护；金属的装具比木质的更坚固，并有利于防火。

目前的档案装具中，活动式密集架在有效利用库房空间、坚固、密闭方面具有较好的性能。活动式密集架平时各架柜合为一体，调卷时可以手动或自动分开，比常规固定架柜节省近2/3的库房面积。新建库房如果使用活动式密集架则可比使用常规固定架柜节省近1/3的建筑费用。但是，安装活动式密集架要求地面承重能力需在每平方米2400kg以上，同时还必须考虑整个建筑物的坚固程度以及使用年限等相关因素。

（三）档案保管设备

档案保管设备是指在档案保管、保护工作中使用的机械、仪器、仪表、器具等技术设备，它们主要有：空调机、去湿机、加湿器、通风机、温湿度测量仪、防盗和防火报警器、灭火器、装订机、复印机、缩微拍照及缩微品阅读复制机、光盘刻录机、通信及闭路电视监控设备、消毒灭菌设备以及档案进出库的运送工具等。

（四）档案包装材料

档案包装材料主要有卷皮和卷盒。卷皮分硬卷皮和软卷皮两种。硬卷皮封面及封底尺寸为300mm×220mm或280mm×210mm（长×宽），厚度有10mm、15mm和20mm三种；软卷皮规格为297mm×210mm（供A4型文件纸用）或260mm×185mm（供16开型文件纸用），且必须与卷盒同时使用，即用软卷皮包装并装订的案卷必须装入卷盒中存放。卷盒的外形规格为300mm×220mm（长×宽），厚度有30mm、40mm、50mm三种规格。卷盒须有绳带等扣紧装置。

（五）消耗品

消耗品是指用于档案保管工作的易耗低值物品，如防霉防虫药品、吸湿剂、各种表格及管理性的办公用品等。

档案库房、装具、设备、包装材料和消耗材料在档案保管工作中构成一个保护链条，共同发挥着为档案创造良好环境、防护档案免受侵害、维护档案完整和安全的作用。因此，档案室（馆）在开展档案保管工作时，应根据档案保管的整体要求和自身的情况，本着合理、有效、实用、节约的原则对这些物质条件进行配置。

第二节 建立库房管理秩序

一、档案保管模式

科技的进步、改革的深入促进档案保管模式的多元化发展。下面分别介绍几种典型档案保管模式，以供推广和借鉴。

（一）部门档案馆模式

随着政府机构职能转变、企业发展壮大以及档案门类和数量的增长，为了适应专业工作的需要，中央和地方的某些专业主管机构相继建立了一些部门的档案馆或专业档案馆；如建委系统建立的城建档案馆、省科委建立的科技成果档案馆、省气象局建立的气象档案馆、公安厅建立的公安厅档案馆等。同时，一些大型企业、事业单位，随着核算单位划分、下放，立档单位多起来，档案数量日益增多，从而出现了一些企业、事业单位的档案馆，如本溪钢铁公司档案馆、华北油田档案馆、东北大学档案馆等。现在的档案馆是单位所属的事业机构，负责接收本单位下属机构的到期档案，这些档案馆与各级国家档案馆也有区别。

主要区别是：这些馆原则上都不是永久保管档案的基地，而是一种中间性、过渡性档案馆。他们的档案最终都要向国家档案馆移交，或者作为国家档案馆的分馆；尽管某些部门或专业档案馆、企事业单位档案馆存在的时间可能相当长，但除所收集的他人印件、复制件外，机关自身及其所属单位的档案中需要永久保存的，亦应定期（期限可长于一般单位）向国家档案馆移交。部门档案馆的优势是利于本部门和本行业对档案的管理和利用，缓解国家档案馆的馆藏压力，调动了行业积极性并减轻政府的财政压力。

（二）联合档案室模式

联合档案室适应地、县以下小机关、小单位。由于地、县以下级单位机关小、人员少，文件不多，建立档案工作机构或配备专职档案干部既不可能，也无必要，只能明确一名同志兼管兼做，因此，大多数基层单位的立卷工作，特别是档案工作，长期处于若有若无、名存实亡的境地。为了寻求一条出路，一些驻地相对集中的中小机关（有的同一个院，有的同一座楼）率先起来冲破封闭的樊篱，建立了联合档案室。参联机关只负责文书处理、立卷，档案工作由联合档案室负责。实现了档案干部专职化、库房设备集约化，有利于档案各项工作的开展和质量的提高，符合优化组合的原则，达到了精简、效能和节约的目的。联合档案室的基本属性还是机关档案室性质，同时，也具有某种过渡性、中间性档案馆的性质，因为它管有几个、十几个现行机关全宗。不相隶属机关之间的联合可称之为横向联合档案室。以主管机关为主建立起来并统管其直属单位的档案的，可称之为纵向联合档案室。它可以解决许多小单位档案工作有名无实的问题，并有利于推动主管机关管好本系统的档案工作，其发展方向可能是档案、资料、情报一体化的信息中心。

（三）档案寄存中心模式

档案寄存中心，是在改革开放前沿阵地深圳出现的另一种新的模式。1998年8月9日，深圳市档案局正式成立全国首家档案寄存中心，将不具备充分保管条件及配备档案保管成本过高的国有或非国有及破产企业、社会团体、个人在工作、生产、经营、生活等各项活动中形成的档案，寄存在档案馆中。该中心与档案馆、文件中心均有不同：该中心在性质上是有偿服务的机构，既不同于为具有社会和历史价值的各种档案提供无偿服务的综合档案馆，也不同于具有会员制性质，共筹资金，按所筹资金划分库房等的外国文件中心；在机构的设置上，该中心隶属深圳市档案局（馆）领导，并设于市档案馆内。既与综合档案馆是由国家各级政府设立并领导不同，也与外国文件中心作为独立性的，为机关非现行文件提供保存服务的过渡性文件保管机构不同；在任务上，该中心主要为市内各类企业、社会团体及个人提供档案寄存服务，既与国家综合档案馆——主要为具有社会和历史价值的各种档案提供保管服务不同，也与文件中心主要为各机关不经常使用，但还不能做最后处理的文件提供保管服务不同；档案寄存中心满足了小型企业和流动人口的需求，在深圳这块三资私营企业多、人口流动性大的土地上，大有市场。

（四）一体化信息管理中心模式

档案室兼做一定的图书、资料工作一直是有明文规定的，但主要强调管理内部资料，而且是限定在围绕档案而收集、配合档案而利用，即作为档案的一个补充性、从属性部分而存在。这些年，随着竞争观念、信息观念的增强，经济科技情报工作在许多单位迅速发展起来，于是档案、资料、情报工作一体化管理信息中心在一些单位应运而生了。一体化信息管理中心模式的优点是，档案工作的业务范围扩大了，节省了单位的人力物力、增加了效益。

（五）文件中心模式

文件中心的性质是一种过渡性的半现行文件管理机构，它处于文件形成单位和档案馆的中间位置。国外文件中心独立于机关之外，归档案部门管理，属于档案系统，它起源于20世纪40年代的美国，是管理半现行文件的过渡机构，是当今各国的文件管理机构的主流形式。文件中心负责统一收集、统一保管、统一鉴定、统一服务、统一销毁，定期向档案馆移交档案。各机关不设档案室，但要设分管领导，设兼职档案员，其职责是推行立卷改革，向中心移交档案。文件管理中心的职能是对各个单位半现行文件的管理，使文件资料的利用更有效、科学，为档案管理部门提供完整的归档文件。文件管理中心的工作分为实体管理和信息处理两部分。

可以这样认为，文件中心同样适应中国。因为首先，国外文件中心与中国档案室相比具有高效、经济、服务快捷、信息共享等鲜明特点，它既然能被许多国外先进国家所接受，同样中国也有学习和借鉴的必要。其次，随着改革的不断深入，中国单一的公有制形式已经改变，中国多种所有制成分并存，档案的所有权也随之多元化。因此，与之相适应的公有制为基础的单一档案室形式也应改变，建立包括文件中心在内的多种管理档案机构。最后，中国加入世界贸易组织并融入一个充满变革和竞争的国际社会，这个国际社会由于通信、网络及电子化的影响已变成地球村，信息共享方便快捷，客观上要求适应新形势、同国际接轨，建立文件中心已成为时代的要求。应该以拿来的态度，用创新的精神构建具有中国特色的文件中心并与机关档案室乃至联合档案室（仍具有档案室的性质）共同发挥作用。

综上所述，中国机关档案工作已不是计划经济时代的单一的档案室。综合管理、联合管理、行政管理和一体化管理趋势非常明显。综合管理是一个立档单位内部所形成的全部档案，不管有多少门类，都应集中统一管理。联合管理是指多个立档单位的联合，是建立在各个立档单位档案综合管理基础之上的联合。行政管理是主管机关档案工作机构的工作人员对其下属单位档案工作负有监督指导之责，一体化管理则不仅是档案综合管理，而且是档案、图书报刊、情报资料等信息的综合管理，当然这也要以各信息载体自身的综合管理为前提。从中国机关档案管理体制看，中国机关档案管理模式为单一的行政命令自上而下建立起来的。随着机关体制的变革，要求打破一个单位一个档案室的传统做法，以适应21世纪的信息化、电子化社会需要。从精简高效原则考虑，中国机关工作又面临精简机构、缩编裁员、干部分流的实施，在这种情况下，合理设置文件中心，有利于提高机关行政效率，改善档案文件的保管条件，节省资金和空间，大大减少了人力、物力和保管费用。计划经济体制下构筑起来的庞大机关档案室网确保了国家档案的完整与安全，但在新形势下，档案室已渐渐地暴露出其业已存在的种种弊端。多年来人们所奉行的单一的机关档案室形式应该改变，从中国的国情出发，勇于创新，改传统的管理模式为多元的管理模式，寻找一条适合中国国情、并合乎精简高效的档案保管模式已成必然。

二、档案库房编号

拥有多间或多幢档案库房的档案室（馆），应对库房统一编号，以便于管理。档案库房编号有两种方法：一种是为所有的库房编统一的顺序号，这种方法适用于库房较少的档案室（馆）；另一种是根据库房的所在方位及库房建筑的特征进行编号，如“东一楼”“红三楼”等。楼房内的库房自下而上分层编号，每层的房间从楼梯入口处自左至右顺序编号；平房应先分院或排，然后从左至右统一按顺序编号。

三、档案装具的排列和编号

库房中档案装具应排列有序，不同规格、不同式样的档案架、柜、箱应该分开排列，做到整齐划一。

如果是有窗库房，档案装具应与窗户呈垂直走向排列，以避免强烈光线直射；对于无窗库房，档案装具的排列也要注意有利于库房的通风。

档案装具的排放应注意最大限度地利用库房的空间，同时，也要宽度适宜，以便于档案的取放和搬运。一般情况下，档案装具之间的通道宽度应便于档案管理人员的工作与小型档案搬运工具的通行。在排放档案装具时应注意其不要紧贴墙壁。

为了便于对库房内档案的管理，所有档案装具应统一编号。一般的编号方法是：自库房门口起，从左至右、自上而下依次编档案装具的排号、柜架号、格层号（箱号），其号码采用阿拉伯数字。

四、档案的存放顺序和方式

在库房，档案是以全宗为单位进行排列的。所谓档案按照全宗进行排列，并不是说在任何情况下各种不同类型的档案都必须存放在一起。一些特殊类型的档案，如照片、影片、录音、录像档案，会计档案，以及科技档案等，应该分别保管。为了保持文件之间的历史联系，应该在案卷目录、全宗指南等检索工具中说明属于同一全宗、因类型不同而分别保存的档案的保管情况，并在全宗末尾放置全宗保管位置参见卡片，指明存放地点。

入库全宗应按照档案进馆的先后顺序排列。全宗的位置确定后，就可以组织档案上架。档案上架的次序应按照档案架、柜、箱以及栏、格的编号顺序进行。

五、档案存放秩序的管理

在档案进入库房、排放于装具上之后，就开始了档案实体的保管阶段。在这个阶段中，档案存放秩序的日常管理和维护是一项基础性工作，其使用的工具和方法主要有以下几个。

（一）档案存放位置索引

档案存放位置索引是以表册或卡片的形式，记录档案在库房及装具中存放位置的一种引导性管理工具，其作用是指引档案管理人员准确无误地调取、归还案卷，以及进行其他项目的管理工作。由于档案存放位置索引能够清晰地反映各个全宗、案卷的存址，因此，它在档案室（馆）档案的迁移中具有更为突出的引导和控制作用。

档案存放位置索引分为如下两种体例。

1. 指明档案存放处所的存放位置索引

这种索引是以全宗及各类档案为单位编制的，指明它们存放于哪些库房及装具中。

2. 指明各档案库房保管档案情况的存放位置索引

这种索引是以档案库房和架、柜、箱为单位编制的，指明在哪些库房和装具中存放了哪些档案。

档案存放位置索引还可以制作成大型图表，张贴于办公室或库房入口的醒目之处，以方便管理人员使用。

（二）装具所存档案标识牌

装具所存档案标识牌是在每一列、每一件、每一层（格、箱）装具表面醒目处设置的标牌，以标明每一个档案架、柜、箱中所存放档案的起止档号，以便检查和调还档案。

六、全宗卷

全宗卷是档案室（馆）在管理某一全宗的过程中形成的，记录和说明该全宗历史情况的专门案卷，它是一个全宗在形成和管理活动中形成的“档案”。我们在每一个全宗的管理中都应该建立全宗卷。

全宗卷的建立是一个由少到多、不断积累的过程。全宗卷在管理上不宜装订，而适宜使用活页夹或档案袋（盒）进行保存，以便于材料的积累和整理。全宗卷内的材料积累到一定程度，应该进行清理。如果全宗卷内的文件数量较多，也可以分为若干卷。

全宗卷是围绕全宗的管理活动而形成，并以一个全宗为单位组合成的案卷。因此，全宗卷不属于全宗内的一个案卷，在管理上不能与全宗内的档案混合在一起，而应单独存放。其存放方式是：每个全宗的全宗卷，可以按照全宗号进行排列并专柜保管，也可以置于每个全宗排列的卷首。

第三节 档案流动过程中的维护和保护

一、档案在流动过程中的维护与保护制度

（一）档案使用的登记和交接制度

档案无论因何原因被使用，我们都必须对调卷、还卷及交接行为实行严格的登记和交接手续。例如：档案出入库时、与使用者交接档案时，等等，其档案的数量必须准确，签收手续必须清楚、细致、严格。

（二）档案使用行为的管理与限制制度

档案使用行为的管理与限制制度的内容应包括档案使用行为的方式及所应防止的不良现象。

在使用档案时，我们应制止的行为包括：不允许使用档案的人员在使用档案时吸烟、喝水、吃食物；不允许在档案上勾画、涂抹；更不允许有撕损、剪切等破坏档案的行为。档案在库房外未被使用时，不允许长时间摊放在桌子上，而应及时放入专用的柜子里锁好；不允许擅自将档案带离规定的使用场所：档案利用者之间未经允许不得私自交换阅览其他人借阅的档案；未经允许，任何人不得擅自拍照、记录、复印档案；经过批准进行的拍照、复印等行为，应以不损坏档案的理化状态为前提；无论是档案管理人员还是档案利用者，每次使用档案的数量、使用的时间长短都应有一定的限制。同时，对于损毁档案的行为要有严格的惩罚规定。

二、档案在流动过程中的维护与保护方法

（一）数量与顺序的控制

无论是档案管理机构内部使用还是外部利用档案，当所需使用的档案数量较大时，我们应按制度规定分批定量提供，并且应该要求档案使用者在使用过程中和交还档案时保持其排列秩序，以免发生错乱。

（二）对档案利用行为的现场监督与检查

凡外部利用者利用档案，档案管理部门应在利用现场配备工作人员实行监督，并随时检查利用者的利用行为，发现问题及时指出并予以纠正。有条件的档案室（馆），可配备闭路电视监控系统。

（三）档案利用方式及利用场所的限制

档案的利用以现场阅览为基本方式，经允许的拍照或复印工作原则上应由档案工作人员承担。档案利用场所应为集中式的大阅览室，一般不为利用者安排单独的阅读房间，以免发生意外。

（四）对重要档案的保护性措施

对于重要的珍贵档案，我们应实施重点保护，其保护措施有：严格限制利用；即使提供利用，一般也不提供原件，而是提供缩微品或复印件；利用中要特别注意监护，必要时可责成专人始终监护利用。对重要档案的复制也应比一般档案有更严格的限制和保护性措施。

第四节 档案实体的安全与防护

档案库房内部的环境因素不是孤立的，它始终受外界环境的影响。为了保证档案实体的安全，我们必须根据本单位档案库房的具体情况，采取适当的措施，将库房的环境控制在适宜档案实体安全的范围内，最大限度地避免外界不良因素对档案实体的侵害，保证档案实体良好的理化状态。档案库房的安全与防护措施主要包括如下方面。

一、人员的进出库制度

档案库房是保存档案的重要场所，因此，必须对进出库房的人员及其进出的方式、时间、要求等进行必要的限制，并做出专门的规定。

一般情况下，档案库房只允许档案工作人员进入，非档案工作人员原则

上不允许进入档案库房。如果工作确实需要非档案工作人员进入库房，如维修库房或设备等，则必须有档案工作人员始终陪同。

档案工作人员进出库房也必须有相应的限制性规定，例如：非工作时间内一般不允许进入库房；在库房内不允许从事与库房管理工作无关的活动；不允许携带饮料、食物进入库房；不允许在库房内吸烟、喝水、吃东西；库房内无人时必须关灯、关窗、锁上库房门等。

二、库房温湿度的控制

档案库房内的温湿度是直接影响档案自然寿命的环境因素，适宜于纸质档案保存的库房温度是14℃ ~ 20℃，相对湿度应在50% ~ 65%。为了准确掌握库房温湿度的情况，档案室（馆）应在库房内配置精确、可靠的温湿度测量仪器，随时测量并记录库房温湿度的具体指标状况。针对不同的库房条件，控制和调节温湿度的方法主要有下述两种。

（一）库房密闭

对档案库房进行严格密闭，能够较好地隔绝库房内外温湿度的相互交流，加之在库房内安装空调或恒温、恒湿设备，可以将库房内的温湿度人为地控制在适宜的指标范围内。但是，这种方法所需费用较高，并非所有的档案室（馆）都有能力做到。

（二）机械或自然的调控

有些难以做到密闭库房又无力承担配置空调或恒温、恒湿设备费用的档案室（馆），可以采用如下一些机械的或自然的措施对库房的温湿度进行人工调控：①在档案库房的门窗加密封条，可减少库房内外温湿度的相互交流，并有防尘作用。②使用增温、增湿或降温、降湿等机械设备进行调控，改变不适宜的温湿度。这种方法需要将库房门窗关闭方能奏效。③当库房外的温湿度适宜而库房内的温湿度较高时，我们可以利用库房内外温湿度的差别，采用打开门窗或排风扇、换气扇等方法进行自然通风，用库房外的自然温湿度来调节库房内的温湿度。采用这种方法，需要把握好库房内外温湿度的差异，以及通风的时机、具体时间、过程的长短和强度等。④采用一些更为简便的人工方法调节库房的温湿度。例如：在库房地面洒水，放置水盆、湿草垫，挂置湿纱布、麻绳等，以适当增湿；在库房中或档案装具内放置木炭、生石灰、氯化钙、硅胶等物质，以适当降湿。但是，这些方法的效果只是局部的。

上述这些方法虽然达不到库房密闭的效果，但如果措施运用得当，也可以在一定程度上控制库房的温湿度。

三、库房的“八防”措施

档案保管中的“八防”通常是指防火、防水、防潮、防霉、防虫、防光、防尘、防盗，它们是库房管理工作中保证档案实体安全的重要内容。

（一）防火

我们在选择档案库房装具、照明灯具及其他电器时，要保证材质、性能上的安全性；在各种器材的安装方面必须按照规范执行，保证线路的安全。档案库房中必须按照消防规定配备性能良好、数量足够的消防器材；在条件允许的情况下，应安装防火（烟雾）报警器和自动灭火装置。

（二）防水

档案库房不能设置在地势低洼之处；库房内及附近不能有水源；库房选址应远离易发洪水的地点，位于有利于防洪的地段。

（三）防潮

防潮与库房温湿度的控制特别是湿度的控制密切相关。库房防潮的措施有：采用密闭隔热技术，安装通风、降湿、空气调节设备，采取通风、换气、除湿和降湿措施等。

（四）防霉

防霉主要指预防或抑制以霉菌为主的微生物在档案库房内的生长、发育和繁殖及其对档案实体的破坏。环境中微生物的数量与人和动物的密度、植物的种类和数量、馆舍的建筑材料、温湿度、日照、气流等因素有关。库房防霉的方法有：①及时清扫库房、装具、设备、档案中的灰尘，定期清除库房内的垃圾，包括剔除待销毁的档案，维持库房内的清洁卫生。②对库房的进出口、通风口等主要空气通道采用过滤措施，以净化入库空气。③严格控制库房的温湿度。④在档案实体和装具上施放低毒、无色、高效、性能稳定的防霉药品，以抑制有害微生物的生长或蔓延。同时，定期对档案进行检查。

（五）防虫

预防档案害虫的关键是创造并维持一个不利于害虫生长又不损害档案的环境。具体措施有：①档案库房在选址、建造时，应注意远离粮仓、货仓、食堂等场所；地基采用钢筋水泥或石质结构；加强门窗的封闭性；地板、墙面、屋顶等处不能有缝隙。②搞好库房内外的清洁卫生；做好档案入库前的检疫工作，防止将档案害虫带入库房；一旦发现疫情，应立刻进行熏蒸消毒处理；定期对档案进行检查。③在档案库房及各种档案装具内放置驱虫药物。

（六）防光

光线对档案实体有破坏作用，特别是紫外线，其破坏作用更大。因此，档案库房要注意防止和减少光线对档案的危害，重点是防紫外线。具体措施有：①档案库房尽可能全封闭，即无窗；如果设置窗户也应尽量小一些。如果库房为有窗建筑，可以采用安装遮阳板、滤光玻璃或窗帘的方法，减少光线的透过量，降低紫外线的危害。②档案库房内宜使用含紫外线少的人工光源。库内使用人工光源时，以白炽灯为好，不宜使用日光灯。档案在保管期间，除了整理、检查、提供利用外，应尽量做到避光保存。③尽量减少档案使用过程中受光照射的时间和光辐射的强度。在档案受潮、水浸、霉变、生虫的情况下，不要将档案放在阳光下直接暴晒，只能置于通风处晾干。

（七）防尘

灰尘会对档案造成各种污染，是危害档案的隐性因素。预防灰尘的具体措施有：①库房的选址应尽量避开工业区或人口稠密的地区；提高库房的密闭程度；库房建筑要选择坚硬、光滑、易于清洗的材料作为墙面、地面，防止库房内表面起尘；采用空气净化装置，过滤和净化空气等。②档案入库之前要进行除尘处理；日常管理工作中要注重档案库房、装具和档案本身的除尘。

（八）防盗

档案库房要做到门窗坚固，进出库房要随时锁门，并尽可能安装防盗报警装置。

四、定期检查、清点工作

定期检查、清点是档案库房管理的一项制度化措施。定期检查的重点在于档案实体的理化状态，以查看档案是否发生霉变、虫蛀等迹象，库房中是否存在危害档案的潜在隐患，档案的调出和归还是否严格履行了手续，档案实体存放秩序是否出现了错乱，是否存在长期使用尚未归还的案卷等为具体内容。目的是及时纠正档案库房管理中的漏洞，保持档案实体的安全和严整有序。尤其在档案室（馆）搬迁或大规模的提供利用工作之后，清点工作更为必要。

一般情况下，档案室（馆）以月、季度、节假日为周期进行定期检查；定期清点的周期可以比定期检查的长一些。但在档案发生大规模变化的情况下，应及时清点。

五、档案应急抢救措施

档案应急抢救措施是单位为了保证档案在突发人为或自然灾害事故发生时获得及时救护，最大限度避免损失而编制的预案及所做的准备工作。尽管现在许多单位已经具备了现代化的档案管理条件，但是仍然需要在强化安全意识和管理措施的前提下，做好应急准备，确保各类档案，特别是重要档案的安全防护工作。突发事件应急处置工作应贯彻统一领导、分级负责、及时反映、果断决策、合作互助的原则，应建立严格的突发事件防范和应急处置责任制，制定相关工作预案，切实履行各自职责，保证突发事件应急处置工作有序进行。档案应急抢救措施主要包括如下内容：

（一）编制档案应急抢救预案

各单位应针对可能发生的灾害，如水灾、火险、塌方、盗窃等编制突发事件应急处置预案，其中应对档案进行抢救分级，以便在非常紧急的情况下保证单位永久保存档案的完整安全。预案的主要内容如下：①编制和实施预案的有关危机情况和背景。②应急处置工作的目标、要求和具体措施。③应急指挥机构的建立及其人员组成，应急处置工作队伍的数量、分工、联络方式、职能及调用方案。④有关协调机构、咨询机构及能够提供援助的机构、人员及其联系方式。⑤抢救档案的顺序及其具体位置，库房常用及备用钥匙、重要检索工具的位置和管理人员。⑥档案库房所在建筑供水、供电开关及档案库区、重点部位的位置等。⑦向当地党委和政府、有关主管机关和上级档案行政管理部门报告的联系方式。⑧其他预防突发事件、救灾应注意事项。

（二）落实档案应急抢救预案的各项要求

各单位应在组织、人员、设备、环境等方面提供切实的保障落实预案的各项措施，使之面对突发灾害性事件发生时，有效地发挥阻挡灾害蔓延，保护档案安全的作用。同时，必须通过宣传、培训、模拟演习等方式，强化人员的安全防范意识，并使相关人员学会紧急情况发生时的应对方法，保证预案的可行性和有效性。

首先，单位应该编制档案应急抢救预案，针对可能发生的灾害如水灾、火灾、塌方、盗窃等设计防范和抢救措施，其中应对档案进行抢救分级，以便在非常紧急的情况下保证单位永久保存档案的完整安全。

其次，单位应该落实档案应急抢救预案的要求，在组织、人员、设备、环境等方面提供切实的保障；同时，还要通过模拟演习使相关人员学会紧急情况发生时的应对方法，保证预案的可行性和有效性。

第五章 专门档案管理工作探索

第一节 专门档案的内涵

专门档案是指在一定的专业领域或专门业务活动中产生的，记载特定的专业信息，具有稳定的文件名称、格式和形成规律，有各自的整理和管理办法的各种门类档案的总称。专门档案一般具有较强的现行效用，为特定的专业活动提供基本数据和信息。本章对专门档案的内涵、会计档案的管理工作、人事档案的管理工作以及科技档案的管理工作等方面的内容进行了重点论述。

一、专门档案的定义

专门档案是人们通过创造性劳动选留并保存下来，具有证据价值和信息价值的专门记录。专门记录是指机关、企业、事业单位及其他社会组织，在从事某些专业性活动时，为了实现相关的职能目标而制作和使用的，具有比较稳定的文种和记录目的的各种载体类型，归档保存的专门文件（或第一手资料）。

这个两段式的定义主要包括六个方面的内涵：第一，专门档案是专门文件（资料）中的具有证据价值和信息价值的，经归档固化的部分。第二，人们只有通过创造性的选留活动才能实现留存专门档案的工作目标。第三，专门档案形成于人们所从事的各种特定的专业性活动领域。第四，专门档案具有比较稳定的文件（资料）名称、格式和特有的形成规律。第五，专门档案具有突出的现实使用价值和工具功能。第六，专门档案是由专门文件构成的记录证据体系，具有非常重要的专业信息价值。

二、专门档案的共性与特性

（一）专门档案的共性

专门档案的共性是指它同文书档案和科技档案等共同具有的属性，其中主要包括以下几方面。

第一，历史记录性。专门档案是特定专业活动的社会历史记录，是人类社会历史记忆的一个重要组成部分。

第二，原始性。专门档案是与人类从事某项社会活动相伴而生的记录物，无论是其形成过程，还是其所承载的数据、信息内容，都具有原始性的特征。

第三，有机联系性。专门档案是由有密切历史联系或逻辑联系的文件构成的有机生命体，因而具有个体文件或其松散联合体等所无法比拟的整体性功能。

第四，定向积累性。专门档案的形成和积累同全宗里的其他门类的档案一样，首先由其形成者进行必要的集中，然后经过合理的筛选、整理编目后，交由一定的机关档案管理机构或文档中心集中管理，最后具有长远保存价值的专门档案。

第五，凭证性和参考性。专门档案是有关组织和单位专业性活动过程及其内容的真实凭证，也可以为我们从事有关的专业性活动提供可资参考的丰富的素材和营养。

（二）专门档案的特性

1. 专业性

专门档案的专业性主要体现在形成领域和内容性质两个方面。专门档案主要是各种单位或组织在从事某些专业性活动时形成的，涉及的社会活动领域比较专业。各种类型的专门档案，都是伴随着一定的专业性活动，并作为这种活动的数据和信息记录而形成的，如房屋普查档案、农业普查档案、工业普查档案、卫生防疫防病档案、审计档案等。专门档案的内容性质也具有明显的专业性，在哪一种专业性活动中形成的专门档案，就真实地反映了哪一种专业性活动的客观数据和信息，并成为完成这项专业性活动的必要工具和手段。专门档案的专业性特点，不仅是区分它与普通档案的重要依据，同时也是合理有效地管理好各种专门档案的基本前提和依据。

2. 现实性

人们形成某种专门档案的最初设计（或设想），尤其是人们所从事的各种专业性活动，决定了各种专门档案都具有突出的现实使用价值。

3. 独立性

专门档案的独立性，或称“自我独立性”，是指专门档案有时可以作为各全宗的一个相对独立的部分而存在并发挥作用。每一种专门档案都是围绕着特定的某一项专业活动过程形成的，较为完整、客观地记录了该项活动的有关原始业务数据和信息，因此可以相对独立地起到支撑有关专业性活动正常开展的作用。总之，专门档案在形成过程、内容属性及作用性质等方面，都表现出较为突出的独立性特征。

4. 规范性

专门档案的名称、格式，以及形成过程和内容组织等方面，均具有较为突出的规范性特征。

三、专门档案的利用价值

专门档案的利用价值，是指各种类型的专门档案所含有的数据、信息、知识，对满足人类从事各种相应的专业性管理活动、业务活动、研究活动等所具有的有用性和有益性。这种利用价值的客观存在，是人们自觉地形成、积累和保存管理专门档案的重要驱动力之一。

对专门档案的利用价值可以依据不同的标准进行不同的分类。

第一，根据专门档案利用价值实现的领域，可以将其划分为经济与财产管理价值、人类资源管理价值、司法监督价值、产权保证价值、审计监督价值、地名规范与管理价值、婚姻管理价值、商标管理价值、信用保证价值、税收保障价值、艺术管理与规范价值、教学管理价值、标准保证价值、诉讼管理价值、土地管理价值、统计监督价值、信访管理价值、出版管理价值、病人管理与医疗研究价值等。

第二，根据专门档案利用价值的显现程度，可以将其划分为现实社会已认识和把握的利用价值与尚未认识和把握的潜在利用价值。

第三，根据专门档案利用价值的性质不同，可以将其划分为政治价值、经济价值、文化价值、财务价值、法律价值等。

第四，根据专门档案利用价值所涉及的效益大小，可以将其划分为一般价值和重要价值或重大价值。

第五，根据专门档案利用价值实现的时间长短，可以将其划分为短期价值、长期价值、永久价值，或现实价值与长远历史价值。

第六，根据专门档案利用价值的基本构成，可以将其划分为现实专业性活动的管理工具价值、专业性活动过程与结果的记忆价值、社会历史文化研究价值等。

四、专门档案的功能

专门档案对各种现实的专业性社会活动及有关的社会历史文化研究所具有的作用能力，就是其功能所在。这里主要介绍专门档案的两个普遍功能。

（一）数据和信息储备功能

专门档案是有关专业性活动原始性信息的存储器或资源库，是各种专业性活动的“历史记忆。”合理且有效地保存这种历史记忆，对于各项专业性活动连续有效地进行，是非常重要的。但要注意的是，专门档案所承载的数据和信息，具有相对凌乱、琐碎和不系统的特点，这些原始信息需要必要的加工、整序和激活，才能显现出真正的价值。因此，专门档案是一种“信息源”，但并不一定就是“资源”。只有那些按照一定的目的或目标提取、加工、整合、激活之后的专门档案信息，才能成为一种有用的资源。

（二）依据功能

要想实现有效的专业管理，就必须进行科学合理的决策规划、计划指挥、组织协调、监督检查、而这些管理活动的正常有效进行，必须依赖源于专门档案的数据和信息的支撑。

首先，专门档案是进行科学、合理的专业管理工作决策与规划的依据之一。专门档案是管理者了解现实和预测未来的重要依据，因为其中的经验、教训、成就、缺陷和不足等方面的信息一旦被挖掘、激活，就会成为一种重要的支持科学合理规划的依据性信息资源。

其次，专门档案是计划指挥的依据之一。制订计划时必须利用好现有的专门档案所提供的信息，从中找出有用的数据和信息。

再次，专门档案是组织协调的重要依据之一。专门档案是围绕着各项专业性活动形成的，既是这些活动的组成部分和证据，同时也是这些活动健康发展的必要保证。

最后，专门档案是实现专业监督和有效检查的重要依据之一。管理者必须注意从专门档案中获得相关的专业性活动的记录，并以此为根据，切实掌握有关专业性活动的真实情况，适时、合理地开展有效的监督检查工作。

五、专门档案的作用

专门档案的作用，就其结果而言，具有积极和消极之分。充分认识到这一点，有助于在实际工作中合理地组织专门档案数据和信息的流动，有效地控制这些专门数据和信息的使用对象和范围，尽可能促进专门档案的各种积极作用的发挥，同时有效地抑制或避免专门档案的各种消极作用的发生。

专门档案的积极作用主要包括以下几点。

（一）保障专业数据和信息

专门档案之中所包含的专业性数据和信息，是人们有效从事和组织各种专业性活动的必要条件和保障，是人们有效开展相关专业性活动的重要条件，具有现实的管理工具意义。所以，各有关单位和部门应注意在平时的专业性活动中留下记录，并加以积累保存，合理组织，以便在适当的时机发挥其积极作用。

（二）维系专业工作的正常进行

在现实社会活动中，人们需要利用专门档案中的数据和信息来达到有效管理各项专业性活动，实现各种专业工作目标的目的。认识专门档案的这种作用，有助于人们在现实的专业性活动中注意通过建立和健全相关的专业文件或专业记录的形成、积累、整序和归档等方面的制度，保证相关专门档案的齐全、完整和有机联系；同时也有助于我们在开展各项专业性活动的过程中，自觉地发挥所形成的专门档案的工具作用，避免“资源”的闲置。

（三）监督检查各项专业工作的合法进行

为了有效地维护国家和人民的根本利益，我国的审计、税收、公安、司法等部门必须利用有关的专门档案，加强监督和检查，做到警钟长鸣，防患于未然。另外，在各单位和部门之中，为了及时、有效地了解相关问题或工作的进展情况，确保工作的质量与合法性，也可以利用专门档案所记录的数据和信息，进行定期或不定期的监督和检查活动。

各种专门档案都存留着宝贵的历史记忆，是各项专业性活动的“记忆库”，是人们研究各种专业性活动历史的宝贵史料。利用这些专门档案，人们可以总结有关专业性活动的经验、教训，发现专业性活动的一般规律和基本特点，从而使当今的专业工作者有条件做到“以史为鉴”，避免走弯路。

第二节 会计档案的管理工作研究

一、会计档案概述

会计档案是指单位在进行会计核算等过程中接收或形成的，记录和反映单位经济业务事项的，具有保存价值的文字、图表等各种形式的会计历史记录，包括纸本会计档案、电子会计档案等种类。

（一）会计档案的特征

会计档案同其他门类的档案，都是人类社会活动的历史记录，为此也具有原生性、记录性、文化性、信息性、知识性、有机联系性、凭证性、真实性和可靠性等共性。但是会计档案作为一种专门性的档案资源，也具有特性，如突出的专业性、形成过程的序时性、承载内容的合规性、数据记录的平衡性、会计记录与会计资料格式的规范性、会计信息对软硬件环境的依赖性、会计信息的易复制性和易更改性等。

（二）会计档案的价值

会计档案的价值，是指会计档案对人类社会的现实实践活动和长远的历史文化建设所具有的积极意义。会计档案的价值构成，主要包括以下几个方面。

第一，会计档案是制订财务计划的重要数据源。

第二，会计档案是进行科学经济决策的信息源。

第三，会计档案是维护正常经济、工作秩序的法定证据，是实施会计审计、会计监督的必要条件，也是促成新经济活动的信息支持源泉。

第四，会计档案是研究社会经济文化存在与发展规律的重要文献源。

第五，会计档案是开展历史研究的记忆库。

第六，会计档案是储备会计工作经验、技术、智慧和教训的知识库。

二、会计档案人员对现行会计记录、会计资料的监督与控制

会计档案人员对现行会计记录（资料）监督与控制工作应遵循以下几方面：首先，会计档案人员对会计记录（资料）的形成、积累、整理和归档工作进行监督，有坚实的理论依据。为了保证作为会计档案保存的会计信息具

有较高的质量（如完整性、系统性和可靠性等），会计档案管理人员必须切实地履行监督和指导职责，加强对会计记录（资料）的形成、积累、整理和归档工作的指导。其次，实践依据。如果会计档案人员始终处于会计信息管理和控制的“后台”，而对会计记录（资料）和现行的会计文件（资料）的设计、形成、积累、平时使用，以及整理和归档等“前台”的工作漠不关心、缺乏认识、疏于监督和控制，那么就很难切实地保证会计档案及其所承载信息的完整性、系统性和可靠性。最后，法规制度依据。实行有效的前端控制，会计档案机构和会计档案人员还必须以相关的法规制度为依据。

三、会计档案的收集

会计档案的收集，就是按照国家有关法律、法规和制度的要求，将具有一定保存价值的会计记录（资料）整理归档，定期移交给档案机构集中管理的一项档案业务活动。

会计文件（资料）的归档制度是确保一个立档单位会计档案系统积累和质量的一项重要的业务制度。该项业务工作制度的建设必须明确规定两个方面的基本内容：其一就是要规定相关的业务工作内容，解决做什么的问题；其二就是要规定完成归档工作事项的相关保证措施，解决如何做到的问题。

（一）会计文件（资料）归档制度的一般内容设计

会计文件（资料）的归档制度内容可以分为归档范围、归档时间、归档要求、归档份数和归档手续等。

1. 归档范围

归档范围就是哪些会计记录和会计文件（资料）可以作为会计档案保存，哪些会计记录、会计文件（资料）不能作为会计档案保存。一般来说，根据会计档案鉴定标准（保管期限表）的规定，具有一定保存价值的会计凭证、会计账簿、会计报告及其他会计记录（资料），均应作为会计档案保存。

2. 归档时间

归档时间就是会计人员或会计机构应当向本单位档案人员或档案部门移交整理好的会计档案的时间。一般情况下，当年形成的会计档案，在会计年度终了后，可由单位会计管理机构临时保管一年，再移交单位档案管理机构保管。特殊情况下，因工作需要确需推迟移交的，应当经单位档案管理机构同意。单位会计管理机构临时保管会计档案最长不超过三年。

3. 归档要求

归档要求就是对会计文件（资料）归档的职责，以及会计档案保管单位的质量等所提出的相关要求。一般性的归档要求是：归档的会计文件（资料）、会计记录应齐全、完整，保持文件（资料）之间的有机联系，适当区分保存价值，便于日后会计档案的保管和会计档案信息资源的开发利用。

4. 归档份数

归档份数是指归档的会计文件（资料）、会计记录的实际份数。一般性质的会计文件（资料）和会计记录，只要归档一份即可。但是特殊的会计档案，一般应留有安全副本或备份文件，以防不测。

5. 归档手续

在移交会计档案时，交接双方必须按规定履行一定的移交手续，具体做法是：档案人员应当根据会计档案移交清册，详细清点案卷；经认真核对无误后，交接双方应在会计档案移交清册上履行签字手续，交接双方各存一份。

（二）会计文件（资料）归档制度的保证措施设计

会计文件（资料）归档制度的保证措施的设计，是为了有效地保证上述各项规定事项能够得到切实的贯彻施行。一般情况下，应将有关类型的会计记录或会计文件（资料）的积累和归档，纳入会计人员的岗位职责范围，把归档工作落实到人，以保证归档的会计档案的质量。具体分工各单位可以根据具体情况加以确定。

（三）会计核算系统中电子会计档案收集管理制度

单位的会计档案包括储存在磁盘（软盘和硬盘）上的会计文件（资料）和会计凭证、会计账簿、会计报表等书面形式的会计核算文件。会计核算系统内数据文件及其备份和作为会计档案打印输出的各种凭证、账册、报表，应按有关财会制度使用、收集。要注意的是，必须加强会计档案的保密工作，任何人如有伪造、非法涂改变更、故意毁坏数据文件、账册、备份磁盘的行为，将受到行政处分，情节严重者，将追究其法律责任。各类会计档案的出借，必须经过会计主管审批同意并签章，如果对备份磁盘的操作可能危及该备份磁盘的完整性，应制作该备份磁盘的复制件，使用复制件进行操作。

四、会计档案的鉴定

（一）会计档案鉴定工作的内容

第一，会计档案价值的鉴定工作。该项业务工作一般是根据国家财政主管部门和国家档案局统一制发的会计档案保管期限表，结合本单位或本部门会计工作和会计文件（资料）或会计信息记录的具体特点和形成与利用规律，编制具体的会计档案保管期限表，并以此为依据开展对本单位会计档案的实际保存价值的鉴定活动。

第二，会计档案质量的鉴别与审核工作。应当切实做好会计文件（资料）或会计记录的质量核查工作，以便确保归档会计文件（资料）或会计记录的质量。

（二）会计档案鉴定工作的意义

会计档案鉴定工作的意义主要表现在以下几个方面。

第一，会计档案鉴定有利于实现会计信息的优化。合理的会计档案鉴定可以有效地清除会计信息中的垃圾信息和不必要的冗余信息，从而有效地净化会计档案有机体，并使之更加充满生机。

第二，会计档案鉴定有利于合理地使用有限的人力、物力和财力资源。为了使社会和单位的有限资源得到最为有效的利用，会计部门和档案部门都必须努力做好会计文件（资料）、会计记录或会计档案的鉴定工作。只有如此，才能使有限的人力、物力和财力真正用于具有一定保存价值的会计档案的管理上。

第三，会计档案鉴定有利于在发生突然事件时及时抢救重要的会计档案。档案的管理会面临许多自然的或人为的突发事变，如地震、洪水、泥石流、火灾、战争等，如果抢救不及时，档案就会遭受严重的损失。所以，会计档案的管理必须充分考虑这方面的因素，将重要的、具有长远保存价值的会计档案经过鉴定挑选出来、集中保存的证据价值。在会计信息化时代，我们开展会计档案的鉴定工作的主要目的是更好地维护会计信息记录的真实性、完整性和可读性等。电子会计文件（资料）或记录只有真正确定了其真实性、完整性和可读性，才能保证它成为历史的证据，并获得证据价值。

（三）会计档案鉴定工作的组织管理要求

会计档案鉴定工作应当由国家机关、社会团体、企业、事业单位和其他组织（以下简称单位）档案管理机构牵头，组织单位会计、审计、纪检监察等机构或人员共同进行。

单位应当定期对已到保管期限的会计档案进行鉴定，并形成会计档案鉴定意见书。经鉴定仍需继续保存的会计档案，应当重新划定保管期限；保管期满，确无保存价值的会计档案，可以销毁。

1. 高龄规则

高龄会计档案的销毁应当慎重。一个单位早期的会计档案的重新鉴定，应当充分估计到这些会计档案对于该单位早期历史研究所具有的价值，而不应当简单地参照现行的会计档案保管期限表做草率的决定。

2. 客观性规则

会计档案鉴定应当避免主观性的决断。会计档案的鉴定必须以有关的标准，以及对会计档案本身保存价值的合理预测为依据来进行。

3. 整体性规则

会计档案的鉴定应当充分考虑全宗档案的整体性。会计档案作为各有关单位全宗的一个有机的组成部分，应当在鉴定时注意从全宗的整体意义上衡量具体会计档案的保存价值。

4. 双重价值规则

鉴定会计档案的价值，必须首先认识清楚会计档案所具有的对其形成者和社会的双重价值属性。一方面，会计档案在形成之初，主要的作用对象就是本单位的利用者或有关审计单位的利用者；另一方面，一些具有长远保存价值的会计档案又对我们的子孙后代研究社会经济文化历史具有重要的查考价值。

5. 当机立断规则

对于依据鉴定标准反复甄别确无保存价值的、准备剔除销毁的会计档案，应当及时处置。

6. 未结禁销规则

凡是事关未结事项的会计档案，一律不得剔除销毁。

7. 依附性规则

凡是对于存取电子会计档案具有支持作用的信息化系统设计文件、应用程序软件、购买的商业化信息化软件等，其保存期限应当同它们所支持的有关会计档案的保存期限相同。

8. 可靠性规则

作为会计档案保存的电子会计档案，必须有完整的反映其生成和保存、维护过程的元数据。

五、会计档案的合理处置

会计档案的处置就是已满一定保管期限的会计档案或立档单位发生变化时，对原单位形成的会计档案做出续存、销毁、移交决定的一项会计档案管理活动。一般情况下，可以按照以下方法处置已满一定保管期限的会计档案。

（一）基本要求

第一，单位应当定期对已到保管期限的会计档案进行鉴定，并形成会计档案鉴定意见书。经鉴定仍需继续保存的会计档案，应当重新划定保管期限；保管期满，确无保存价值的会计档案，可以销毁。

第二，会计档案鉴定工作应当由单位档案管理机构牵头，组织单位会计、审计、纪检监察等机构或人员共同进行。

（二）单位发生变动时会计档案的处置要求

单位发生变动时对会计档案的处置，应符合如下要求。

第一，单位因撤销、解散、破产或其他原因而终止的，在终止或办理注销登记手续之前形成的会计档案，按照国家档案管理的有关规定处置。

第二，单位分立后原单位解散的，其会计档案应当经各方协商后由其中一方代管或按照国家档案管理的有关规定处置，各方可以查阅、复制与其业务相关的会计档案。

第三，单位合并后原各单位解散或者一方存续其他方解散的，原各单位的会计档案应当由合并后的单位统一保管。单位合并后原各单位仍存续的，其会计档案仍应当由原各单位保管。

第四，单位分立中未结清的会计事项所涉及的会计凭证，应当单独抽出由业务相关方保存，并按照规定办理交接手续。

第五，单位因业务移交其他单位办理所涉及的会计档案，应当由原单位保管，承接业务单位可以查阅、复制与其业务相关的会计档案。对其中未结清的会计事项所涉及的会计凭证，应当单独抽出由承接业务单位保存，并按照规定办理交接手续。

第六，单位分立后原单位存续的，其会计档案应当由分立后的存续方统一保管，其他方可以查阅、复制与其业务相关的会计档案。

第七，建设单位在项目建设期间形成的会计档案，需要移交给建设项目接收单位的，应当在办理竣工财务决算后及时移交，并按照规定办理交接手续。

第八，移交会计档案的单位，应当编制会计档案移交清册，列明应当移交的会计档案名称、卷号、册数、起止年度、档案编号、应保管期限和已保管期限等内容。

第九，单位之间交接会计档案时，交接双方应当办理会计档案交接手续。

第十，交接会计档案时，交接双方应当按照会计档案移交清册所列内容逐项交接，并由交接双方的单位有关负责人负责监督。交接完毕后，交接双方经办人和监督人应当在会计档案移交清册上签名或盖章。

（三）电子会计档案的处置要求

电子会计档案应当与其元数据一并移交，特殊格式的电子会计档案应当与其读取平台一并移交。档案接收单位应当对保存电子会计档案的载体及其技术环境进行检验，确保所接收电子会计档案的准确、完整、可用和安全。

第三节 人事档案的管理工作研究

一、人事档案概述

人事档案是在组织人事管理活动中形成的，经组织审查或认可的，记录、反映个人经历和德能勤绩的，以个人为单位立卷归档保存的文字、音像等形式的档案。简言之，人事档案是记录和反映个人德能勤绩等综合情况的，经组织认可归档保存的档案。

（一）人事档案的特点

在市场经济条件下，我国的政治体制和人事制度已有较大改革，与此相关的人事档案也发生了相应变化，形成了一些特点。认真总结、分析并针对其特点开展工作，可以取得事半功倍的效果。

现代人事档案的主要特点归纳起来主要有以下几点。

1. 人事档案内容更加丰富全面

当前，市场经济发展迅速，对人才的要求也越来越高，主要表现为政治素质、业绩、专长、现实表现等各方面都要优秀。这一要求反映在人事档案中，不仅包括政治表现、工作经历、个人学习，也包括能力素质、技能优势、工作业绩、发明创造、职称考核、他人评价等。所以，为了更好地为社会用人提供参考，人事档案的管理工作一定要与市场经济要求以及现代人事制度相结合，扩大归档范围，使人事档案内容更加丰富全面，更贴合实际需要。

2. 干部档案是人事档案的主体

这里所说的干部指的是在党政机关工作的国家公务员。公务员作为我国干部队伍的主体，他们的档案是我国人事档案的主要组成部分，对其进行管理，是我国人事档案管理的重中之重。只有做好了公务员档案的管理工作，才能为其他企业干部、事业单位干部人事档案管理提供参考标准。所以，要以相关政策和用人制度等为管理依据做好对国家公务员档案的管理工作。

3. 流动人员人事档案规模逐渐增大

社会的飞速发展使得人才流动速度加快，尤其是国家在人事、户籍等方面进行了相应的制度改革之后，人才流动更加频繁，这就形成了大规模的人事档案。这类人事档案是企事业单位招聘时了解人才、考察人才、选拔人才的重要依据，非常重要。

4. 人事档案的作用范围更广

在市场经济条件下，人事档案是个人各方面情况的综合反映，是体现自身价值的证据，它与个人生活和切身利益密不可分；而对于离开原单位寻求新的发展机遇的人们，更需要人事档案作依据。

（二）人事档案的作用

人事档案对国家经济建设、人才选拔与使用、人才预测等方面都具有重要价值与作用。具体来讲，人事档案的价值与作用主要表现在以下几个方面。

1. 人事档案是考察和了解人才的重要依据

各项事业建设与工作中都需要各种人才。在考察和了解人才时，需要全面分析、权衡利弊、择其所长、避其所短，做到善用人者无弃人，善用物者无弃物。知人是善任的基础，而要真正地做到知人，就得历史地、全面地了解人。查阅人事档案是了解人才状况的重要依据之一，可以较全面地了解这个人的经历、做过哪些工作、取得了哪些成绩、有何特长、有何个性、道德品质如何、进取精神和事业心是否较强等各方面情况。

2. 人事档案是落实人员待遇和澄清人员问题的重要凭证

人事档案是历史的真凭实据，许多表格、文字材料都是当时的组织与相对人亲自填写的，具有无可辩驳的证据作用，在确定或更改人员参加工作或入党入团时间、调整工资级别、改善生活待遇、落实人事政策、平反冤假错案、评定人员职称等方面都需要人事档案作凭证。

3. 人事档案是开发、使用人才及人才预测的重要手段

社会主义市场经济体制的建立，各级人才市场的诞生，使得各种层次、各种形式、各种渠道的人才交流日益增多，科技人员、高校教师、各类专业人才的流动日益频繁，为人才开发创造了有利条件，人事档案对于新单位领导掌握调入者的基本情况，正确使用新的人才将起到重要作用。同时，由于人事档案能较全面、准确地反映人才各方面情况，所以能够从人事档案中了解全国、一个地区、一个系统或一个单位人才的数量、文化程度、专业素质等方面数据，国家及地方有关部门可以根据人事档案进行统计分析，进而作出准确的人才预测，制订出长远的人才培养计划。

4. 人事档案是推行和贯彻国家公务员制度的重要依据

人事档案记载着个人的自然状况、社会关系、历史和现实表现，没有个人档案的出具，就无法保证今后机关工作的严肃性。在推进干部交流轮岗、健全干部激励机制、加强干部宏观管理、完善国家公务员制度等方面，都离不开人事档案。

5. 人事档案是人力资源管理部门对求职者总体与初步认识的工具之一

人事档案中对一个人从上学起一直到现在的经历、家庭状况、社会关系、兴趣爱好以及现实表现都记录在里面。人力资源部门从人事档案中可以了解到个人在以往的教育、培训、经验、技能、绩效等方面的信息，可以帮助人力资源部门寻找合适的人员补充职位。

6. 人事档案是维护个人权益和福利的法律信证

在当今的社会活动中，有许多手续需要人事档案才能办成，它是维护个人权益和福利的信证。公有企事业单位招聘、录用人才需要人事档案作依据；社会流动人员工作变化时需要人事档案作依据；民生及社会保险工作中需要人事档案作保障；报考研究生和出国都需要人事档案；职称评定、合同鉴证、身份认定、参加工作时间、离退休等，都需要档案作为信证。

7. 人事档案是研究和撰写各类史志及人物传记的重要材料

人事档案以独特的方式记载着相关人的成长道路和生平事迹，也涉及社会上许多重要事件和重要人物，是难得的史料。它为研究党和国家人事工作、党史、地方史、思想史、专业史、编写人物传记等提供丰富而珍贵的史料，是印证历史的可靠材料。

二、人事档案管理工作的原则

人事档案管理原则是在人事档案工作实践中逐步形成起来的，在市场经济条件下，人事档案管理还应坚持以下这些原则。

（一）集中统一，分级负责管理人事档案

集中统一、分级负责管理人事档案既是人事档案的管理原则，也是人事档案的管理体制。“集中统一”是指人事档案必须集中由组织、人事、劳动部门统一管理，具体业务工作由直属的人事档案部门负责，其他任何部门或个人不得私自保存人事档案，严禁任何个人保存他人的人事档案材料，违反者要受到追究。“分级管理”是指全国人事档案工作，由各级组织人事部门根据其管理权限负责某一级人员的人事档案材料，并对人事档案工作进行指导、检查与监督。

（二）维护人事档案真实、完整与安全

维护人事档案真实、完整与安全，既是人事档案管理中需坚持的基本原则之一，又是对人事档案管理工作最基本的要求。所谓“真实”，是指人事档案管理中不允许不实和虚假人事材料转入人事档案。所谓“完整”，是指保证人事档案材料在数量上和内容上的完整无缺。所谓“安全”，是指人事档案实体安全与信息内容的安全。

（三）便于人事工作和其他工作利用

人事档案工作的目的是为了提供利用，这也是衡量和检验人事档案工作的重要标准。必须将这一原则贯穿到人事档案工作的各个环节中去，成为制定方针措施和安排部署工作的依据和指南。

（四）坚持人、档案统一和适度分离

人、档统一是指个人的管理单位和人事档案的管理单位必须相一致，这样做有利于个人的有关材料及时收集、整理归档，也便于档案的利用，这就要求人事调动或管理权限变更时，档案应及时转递，做到人档一致。这种“档随人走”的做法一直被视为中外人事档案管理的一大差异及我国人事档案管理上的一大优势，是人事档案的相对集中与传统人事档案管理原则与体制的核心特征——人员的超稳定相连的必然结果，这一原则在过去是唯一的，是必须坚持的。但在特定条件下也可以分离，但一定要适度。例如，借助计算机技术和网络通信技术将分管于不同处所的某人的人事档案在信息的查询与利用这两方面实现集中，这样既可满足人事工作对人事档案的需求，同时又可解决现代社会条件下人们对保管人事档案实体的要求。

三、人事档案管理模式

在计划经济体制下，我国人事档案工作只有封闭式这一种管理模式。随着社会主义市场经济体制的建立与发展，国家人事制度的改革，国家公务员制度的推行，流动人员的大量产生，使得开放式这种新管理模式应运而生。所以，现在我国人事档案管理中主要有机构内部封闭式和社会化开放式两种管理模式。

（一）封闭式管理模式

封闭式人事档案管理模式是指人事档案由单位内部设置的人事档案室（处、科）按照干部管理权限集中统一管理，主要是领导或组织上使用，一般不对外使用。这种模式有利于本单位人事档案的收集和管理，有利于人事档案的保密，便于本单位领导及时使用其人事档案，但利用服务面较小，档案信息资源开发与发挥作用受一定的局限，比较封闭和内向。

（二）开放式管理模式

开放式人事档案管理模式是指人事档案不是由本机构管理，而是由人才交流中心和社会上的有关机构管理。这一管理模式具有以下几大特点。

1. 社会性

人事档案是人事管理的重要组成部分。开放式的管理模式由人才交流中心和社会有关机构管理，这使得人事档案管理与服务对象也具有了社会性。

2. 广泛性和丰富性

开放的人事档案管理使得管理机构社会化，这就扩大了人事档案的来源，广泛的档案资料来源又使得人事档案内容更为复杂、丰富多样。

3. 多样性

企业招聘人才，或者是各类毕业生就业，都会涉及人事档案的利用。利用者这种对人事档案的多样化需求以及多样化利用，使得人事档案也呈现出多样性，这主要表现在内容多样化、载体多样化、传递方式多样化这几个方面。

4. 开放性

科技的飞速发展，尤其是互联网、信息技术的飞速发展，强化了人事档案管理手段与方式的现代化特点。人事档案管理一改单一的管理方式，实现了开放式的交流，实现了网络化管理与服务。

四、人事档案规范化管理的途径

为了实现人事档案规范化管理的目标，我们认为应该寻求以下途径。这里主要是从宏观的角度而言。

（一）建立健全人事档案法规体系和制度

与人事档案相关的法律、行政法规、行政规章以及规范性文件，就是人事档案的法规体系。在我国，目前已经初步建立了以《中华人民共和国档案法》（以下简称《档案法》）为代表的一整套人事档案管理法规体系，极大地推动、促进了我国人事档案的规范化管理。因此，要建立健全人事档案法规体系和制度，强化管理执法力度，依法治档，确保人事档案规范化管理工作落到实处。

此外，还要加强人事档案法规的制度建设，这也是科学、规范管理人事档案的重要举措。

（二）积极开展人事档案工作目标管理活动

根据党的组织路线、人事劳动工作政策和国家档案工作的方针、政策、法规及规定的要求，以及人事档案事业发展现状和近期发展规划，设计人事档案工作的基本内容和等级标准，按照规定的办法和程序进行考评，认定等级，这就是人事档案目标管理。作为人事档案现代化、科学化管理的有效措施，人事档案目标管理要以邓小平理论和党的基本路线为指导，以人事档案的法律、法规为依据，努力提高管理水平，提高档案的利用率，从而更好地为建设社会主义物质文明和精神文明服务。

（三）建立高素质、高能力、德才兼备的管理干部队伍

建立一支政治素质高、业务能力强、知识面广、德才兼备的干部队伍，是人事档案规范化管理目标得以实现的保证。所以，要重视对人事档案管理工作人员的培训和再教育，强化工作人员的知识与能力，充实管理干部队伍，并保持队伍的连续性和稳定性。

五、人事档案管理方法

尽管人事档案类型多样，但各类人事档案都有共同之处，由此形成了人事档案管理的一般方法。各类人事档案都包含收集、鉴定、整理、管理、保管、提供利用等基本环节，这是人事档案管理方法的共性。

（一）人事档案的收集

所谓人事档案收集工作，就是指人事档案管理部门通过各种渠道，将分散在有关部门所管人员已经形成的符合归档范围的人事档案材料收集起来，汇集成人事档案案卷的工作。

人事档案收集是人事档案部门取得和积累档案的一种手段，是人事档案工作的基础，是实现人事档案集中统一管理的基本途径，也是人事档案发挥作用的前提。

1. 人事档案材料的收集范围

档案材料收集归档规定的精神，主要涉及以下范围。

首先，从内容上看，各类人事档案需要收集的基本材料包括履历、自传或鉴定材料、政审材料、入党入团材料、纪检案件材料、司法案件材料、奖励材料、考核及考察材料以及职务任免调级材料等。

其次，从载体形式上来看，各类人事档案需要收集的基本材料主要包括以纸张为载体记录个人信息的档案和记录人事档案或者人事档案信息的光盘（光盘塔）、磁盘、数据磁带等。

需要注意的是，下列材料不属于收集之列。

第一，不真实的材料，如来源不明、虚假材料，以及自相矛盾、含糊其词的材料。

第二，手续不全的材料，如正在处理、悬而未决或未经审核、签字盖章的材料。

第三，经过区分，应属于文书档案、诉讼档案等其他档案的材料。

第四，应属于个人保存的材料，如独生子女证、日记、私人信件、病历及各种奖状、证书等。

第五，重份材料。

2. 人事档案材料的收集来源

人事档案材料的收集来源，具体来讲主要有以下两大方面。

（1）单位形成的人事档案材料

主要包括：组织、人事、劳动部门，党、团组织和政府机关，纪检、监察、公安、检察院、法院、司法部门，人大常委、政协等有关部门，科技、业务部门，教育、培训机构，部队有关部门和民政部门，审计部门（或行政管理部门），统战部门，卫生部门等。

（2）个人形成的人事档案材料

主要包括以下几方面：第一，干部档案中，相对人形成的人事档案材料有：自传及属于自传性质的材料、干部履历表、干部登记表、自我鉴定表、干部述职登记表、体格检查表、干部的创造发明、科研成果、著作和论文的目录，入党入团申请书、党员团员登记表等。第二，学生档案中，相对人自己形成的人事档案材料有：学生登记表、毕业生登记表、学习鉴定表、体格检查表、学历（学位）审批表、入党入团申请书、党员团员登记表等。第三，工人档案中，相对人自己形成的人事档案材料有：求职履历材料、招工登记表、体格检查表、职工岗位培训登记表、工会会员登记表、入党入团申请书、党员团员登记表等。

3. 收集人事档案材料的要求与方法

第一，收集人事档案材料的要求主要包括保质保量、客观公正、主动及时、安全保密等。

第二，收集人事档案材料的方法主要有针对性收集、跟踪性收集、经常性收集、集中性收集、内部收集、外部收集等。

4. 人事档案的收集制度

人事档案材料的收集，是一项贯彻始终的经常性工作，不能单纯依靠突击工作，应当建立起必要的收集工作制度。

（1）归档（移交）制度

归档制度，是关于将办理完毕的人事档案材料归档移交到人事档案机构或档案专管人员保存的规定。其内容包括归档范围、归档时间、归档要求。

（2）转递制度

转递制度主要指对于调动工作离开原单位人员档案转到新单位的规定。原单位的人事档案部门，应及时将本单位调入其他单位工作人员的人事档案材料，转递至新单位的人事档案部门，以防丢失和散乱。

（3）清理制度

人事档案部门根据所管档案的情况，定期对人事档案进行清理核对，将所缺材料逐一登记下来，有计划、有步骤地进行收集。

（4）催要制度

人事档案部门在日常工作中应当经常与有关单位进行联系，主动催促并索要应当归档的人事档案材料。

（5）及时登记制度

为了避免在收集工作中人事档案材料的遗失和散落，人事档案部门一定要做好档案材料的收集登记制度。

（6）检查制度

根据所管辖人事档案的数量状况，人事档案管理部门应在每季度、半年或一年对人事档案进行一次检查核对，如果发现缺少的材料，应当填写补充材料登记表，以便补齐收全。

5. 收集人事档案材料的注意事项

人事档案的形成规律和特点决定了人事档案的收集与其他档案有所不同，所以，在收集人事档案材料时应注意以下几方面问题：

（1）持续收集

人事档案的收集工作应持续进行。这是因为在个人的生命历程中，一个人出生、成长、读书、就业会产生相关的关于其学历、工作经历、职务职称、考核、奖励（或惩罚）等直接反映其个人自然状况、个人专长和社会地位、社会活动情况、政治信仰等方面的材料。这些材料随着个人的成长和持续的社会活动而不断增加。因此，必须连续不断地对其收集、补充，才能保证人事档案的完整、齐全，反映个人学习、工作、品质和才学的全貌。

（2）定向收集

人事档案应根据其来源进行定向收集。这是因为人事档案材料的形成情况比较复杂，有的是在个人活动中形成的，有的是在各部门人事活动中形成的，这就造成相关材料分散在部门和个人手中。所以，在收集人事档案材料时，应根据个人经历和社会实践活动的实际情况，向经常产生人事档案资料的一定单位和部门实行定向收集。

（3）定时收集

定时收集是按照一定的时间规律定期向有关部门进行收集。人事档案之所以要根据单位的工作活动规律进行定时收集，是为各单位的工作活动（如人事任免、职称评定、表彰先进等）具有一定的时间规律性，这些活动都会产生大量的人事材料。所以，在收集人事档案材料时，要掌握单位的工作活动规律和人事档案的产生特点，了解和掌握形成干部档案材料源的信息，沟通渠道，建立联系制度，及时收集新产生的人事档案材料。

（4）追踪收集

人事档案材料不是孤立形成的，一项活动、一次事件，都会产生一系列互有联系的人事档案材料。因此，在收集人事档案材料时，应根据人事档案的形成规律、现有档案或掌握的线索进行追踪收集，将一次事件或一项活动中形成的与当事人有关的人事材料收集齐全。

（二）人事档案的鉴定

人事档案的鉴定是指以一定的原则和规定为依据，来鉴别、取舍所收集的人事档案材料的真伪和价值，把有保存价值的材料归档，不应当归档的材料销毁或转送其他部门。作为人事档案材料归档前的最后一次审核，鉴定材料是人事档案管理工作的首要环节，是正确贯彻人事政策的一项措施，对其他各项业务工作具有积极的促进作用，有利于应对突然事变和确定人事档案的保存期限，提高人事档案的质量和利用率，满足社会长远需要。

1. 人事档案鉴定的依据

第一，人事档案的内容。即对人事档案的内容进行鉴别，对其真伪和价值进行甄别和取舍。

第二，人事档案的主体。即对人事档案形成者的社会地位、影响力及其主管部门进行判定，决定其在何处保管以及保管期限。

2. 人事档案鉴定工作的内容

人事档案鉴定的内容，主要包括对收集起来的人事档案材料进行真伪的鉴别，将具有保存价值的材料归入档案；制定人事档案价值的鉴定标准，确定人事档案的保管期限；挑出有价值的档案继续保存，剔除无须保存的档案经过批准后销毁；为进行上述系列工作所做的组织安排。

3. 人事档案签定的程序

人事档案的鉴定一般分为三个阶段进行。

（1）归档鉴定

归档鉴定是对收集到的人事材料进行分析、鉴别和筛选，按照归档要求将有价值的材料归档，将无价值的、重复的和不真实的材料剔除。这是最为关键的鉴定环节，是人事档案质量的保证。

（2）进馆鉴定

进馆鉴定主要是对单位移交的有一定社会地位或社会影响力的人物的档案进行审核。

（3）销毁鉴定

销毁鉴定是指对保管期限已满的人事档案进行审查，决定其是否销毁或继续保留。

4. 人事档案保管期限

人事档案的价值具有一定的时效性。档案的时效性，决定了人事档案的保管期限。人事档案期限可分为永久、长期、短期三种，也可以分为永久与定期两种。对不归档材料的处理主要有四种方法：转、退、留、毁。

5. 人事档案材料的审核

人事档案材料的审核，是指对已归档和整理过的档案，进行认真细致的审查核定作工。审核档案材料是否齐全、完整，是否有缺失、遗漏，有无涂改伪造情况；审核档案材料是否手续完备，填写是否规范；审核档案材料中有无错装、混装的现象，审核档案材料归档整理是否符合要求等，以确保人事档案材料完整齐全、内容真实可靠、信息准确无误。

6. 人事档案的销毁

人事档案的销毁，是指对无保存价值的人事档案材料的销毁，是鉴定工作的必然结果。销毁档案，必须有严格的制度，非依规定的批准手续，不得随意销毁。凡是决定销毁的档案，必须详细登记造册，作为领导审核批准以及日后查考档案销毁情况的依据。

7. 人事档案鉴别的方法

人事档案的鉴别，是人事档案管理部门对收集起来准备归档的材料进行审查，甄别材料的真伪，判定材料的保存价值，确定其是否归入干部档案的工作。

第一，判断是否属于人事档案。在收集来的材料中，常会出现人事档案与文书档案、司法档案、科研档案相互混淆的情况，鉴别时应首先将它们区别开来。对其中有保存价值的文件、资料，可交文书档案或转有关部门保存。不属于人事档案，比较重要的证件、文章等，退给本人。无保存价值又不宜退回本人的，应登记报主管领导批准销毁。

第二，判断是否属于本人的档案材料。人事档案是以个人为单位整理立卷的，归档的每一份材料都应确属其人，要避免张冠李戴的错误。我国同名同姓的人很多，在鉴别时发现有同名异人、张冠李戴的，应及时清理出来。另外，除了区别同名异人外，还应注意一人多名现象，判明其学名、曾用名、化名、字、号、笔名等，尽量将同一个人的档案集中。

第三，检查材料是否齐全、完整。应检查关于某一事件、某一活动的材料是否齐全，如政审材料一般应具备审查结论、调查报告、上级批复、主要证明材料、本人的交代等。处分材料一般应具备处分决定（包括免予处分的决定）、调查报告、上级批复、个人检讨或对处分的意见等。上述材料，属于成套的，必须齐全；每份归档材料，必须完整。

第四，检查材料是否真实、准确。人事档案的内容必须真实、准确，能够实事求是地反映个人的实际情况。鉴别时对头尾不清、来源和时间不明的材料，要查清注明后再归档，凡是查不清楚或对象不明确的材料，不能归档。对那些虚假材料，一经发现，应立即剔除。

第五，审查材料是否处理完毕，手续完备。归入人事档案的材料必须是已经处理完毕的材料。凡规定须由组织盖章的，要有组织盖章。审查结论、处分决定、组织鉴定、民主评议和组织考核中形成的综合材料，应有本人的签署意见或由组织注明经过本人见面。任免呈报表须注明任免职务的批准机关、批注时间和文号。出国、出境审批表，须注明出去的任务、目的及出去与返回的时间。凡不符合归档要求，手续不完备的档案材料，须补办完手续后再归档。

第六，鉴别时，发现档案中缺少的有关材料，要及时进行登记并收集补充。

（三）人事档案的整理

人事档案的整理工作，就是依据一定的原则、方法和程序，对收集起来经过鉴别的人事材料，以个人为单位进行归类、排列、组合、编号、登记，使之条理化、系统化和组成有序体系的过程。人事档案整理工作的内容主要包括：分类、分本分册、复制、排列、编号、登记目录、技术加工、装订。

人事档案整理工作的范围，主要包括对新建档案的系统整理和对已整理档案的重新调整两个方面。

1. 人事档案整理的要求

整理人事档案时，必须按照因“人”立卷、分“类”整理。具体整理过程中，需要做到两方面：第一，分类准确，编排有序，目录清楚；第二，整理设备齐全，安全可靠。

2. 人事档案的正本和副本

正本是由全面反映一个人的历史和现实情况的材料构成的，由主管部门保管，是相对人的全部原件材料，具有较高的保存价值，其中双重管理的领导干部的档案，一般都要长久保存。副本是正本的浓缩，是一个人的部分材料，由正本中的部分材料构成，为重份材料或复制件，由主管部门或协管部门保管。人事档案分建正本和副本，有利于干部人事档案材料的分级管理。

3. 人事档案材料的编目

人事档案的编目，是指填写人事档案案卷封面，保管单位内的人事档案目录、件、页号等。人事档案目录具有重要作用，可以固定案卷内各类档案的分类体系和类内每份材料的排列顺序及其位置，避免次序混乱，巩固整理工作成果。人事档案卷内目录一般应设置类号、文件题名（材料名称）、材料形成时间、份数、页数、备注等著录项目。

4. 人事档案的复制与技术加工

（1）人事档案材料的复制

人事档案材料的复制，就是采用复印、摄影、缩微摄影、临摹等方法，制成与档案材料原件内容与外形相一致的复制件的技术。人事档案材料的复制范围，主要指建立副本所需的材料。人事档案材料的复制，应该符合一定的要求，忠实于人事档案原件，字迹清晰，手续完备。

（2）人事档案材料的技术加工

人事档案材料的技术加工，就是对于纸张不规则、破损、卷角、折皱的材料，在不损伤档案历史原貌的情况下，对其外形进行一些技术性的处理。加工方法包括档案修裱、档案修复、加边、折叠与剪裁等。

（3）人事档案材料的装订

人事档案材料的装订，是指将零散的档案材料加工成册。经过装订，能巩固整理工作中分类、排列、技术加工、登记目录等工序的成果。

（4）验收

验收是对装订后的人事档案按照一定的标准，全面、系统地人事档案保管是采取一定的制度和物资设备及方法，保存人事档案实体和人事档案信息。

（四）人事档案的保管

1. 人事档案的存放与编号方法

人事档案的存放与编号方法主要有以下几种。

（1）姓氏编号法

将同姓的人的档案集中在一起，再按照姓氏笔画的多少为序进行编号的方法叫姓氏编号法。编号时需要注意：每一姓的后面要根据档案递增的趋势留下一定数量的空号，以备增加档案之用；姓名需用统一的规范简化字，不得用同音字代替。

（2）组织编号法

将人事档案按照该人员所在的组织或单位进行编号存放的方法称为组织编号法。这种编号方法的具体过程如下。

第一，将各个组织机构或单位的全部人员的名单进行集中，并按照一定的规律（例如按照职务、职称、姓氏等）将各个组织的名单进行系统排列。

第二，依据常用名册人员或编制配备表的顺序排列单位次序，并统一编号，登记索引名册。

第三，将索引名册上的统一编号标注在档案袋上，按编号顺序统一存放档案。

（3）拼音字母编号法

拼音字母编号法是按照人事档案中姓名的拼音字母的次序排列的编号方法，其基本原理就是“音序检字法”。排列次序一般有三个层次：先排姓，按姓的拼音字母的顺序排列；同姓之内，再按其名字的第一个字的拼音字母的次序排列；如果名字的第一个字母相同，再按这个名字的第二个字的首字母进行排列。

（4）职称级别编号法

职称级别编号法是将不同的职称级别和职位高低进行顺序排列，然后依次存放的编号方法。这种编号存放的方法，就是将高级干部、高级知识分子和其他特殊人员的档案同一般人员的档案区分开来单独存放。具体操作过程与组织编号法基本相同。

2. 人事档案保管设施与要求

根据安全保密、便于查找的原则要求，对人事档案应严密、科学地保管。人事档案部门应建立坚固的、防火、防潮的专用档案库房，配置铁质的档案柜。库房面积每千卷需 2030 平方米。库房内应设立空调、去湿、灭火等设备；库房的防火、防潮、防蛀、防盗、防光、防高温等设施和安全措施应经常检查；要保持库房的清洁和库内适宜的温度、湿度；人事档案管理部门，要设置专门的档案查阅室和档案管理人员办公室。档案库房，查档室和档案人员办公室应三室分开。

（五）人事档案的转递

人事档案管理部门必须随着该人员主管单位的变化及时将其人事档案转至新的主管或协管单位，做到人由哪里管理，档案也就在哪里管理，档案随人走，使人事档案管理的范围与人员管理的范围相一致，这就是人事档案的转递工作。人事档案的转递工作是人事档案管理部门接收档案的一个主要途径，也是一项基础性的工作。

1. 转递工作的基本要求

第一，人事档案转递过程中必须注意档案的安全，谨防丢失和泄密现象的发生。

第二，必须在确知有关人员新的主管或协管单位之后才能办理人事档案转递手续。

第三，及时要求人事档案的转递应随着人员的调动而迅速地转递，避免档案与人员管理脱节和“无人有档”“有档无人”现象的发生。

2. 转递工作的方式

人事档案转递工作的方式分为转入和转出两种。

（1）转入

所谓转入，就是指人事档案随着人员的调动而从原单位转到新单位。作为人事调动过程中的一个重要环节，人事档案的转入要办理如下转入手续。

首先，审查转递人事档案材料通知单。

其次，审查档案材料是否本单位所管的干部或工人的。

再次，审查清点档案的数量，看档案材料是否符合档案转递单开列的项目，是否符合转入要求，有无破损。

最后，经上述三个步骤后，确认无误，在转递人事档案材料通知单的回执上盖章。

（2）转出

人事档案的转出主要有零散转出和整批转出两种。

所谓零散转出，顾名思义，就是少量转出，即日常工作中频繁少量人事档案材料的转出。作为转出的主要方式，零散转出的操作是由机要交通来完成的。

所谓整批转出，就是将批量的人事材料转出。这种转出方式一般是由专人、专车送取。

第四节 科技档案的管理工作研究

一、科技档案概述

科技档案是指在科技和生产活动中形成的，具有查考利用价值，已经归档保存的图纸、图表、文字材料、计算材料、照片、影片、录像带、磁带、光盘等各种类型和载体的科技文件材料。科技档案具有专业性、成套性、多样性、现实效用性、科技成果性。

（一）科技档案的类型

科技档案种类繁多，大体说来可以分成如下六大类。

1. 工业生产技术档案

工业生产技术档案是在工业产品的设计、研制、生产活动中形成的科技档案。工业生产技术档案内容丰富，形式多样，涉及的专业面很广。不同专业领域和不同部门产生的工业生产技术档案，在内容构成上有很大的不同；工业生产技术档案的基本特点是以产品型号成套。

2. 农业生产技术档案

在农、林、牧、副、渔等行业的生产、技术活动中形成的科技档案就是农业生产技术档案，它具有周期长、地域性强的特点。

3. 基本建设档案

在基本建设工程的规划、设计、施工和改建、维修活动中形成的科技档案，就是基本建设档案，简称基建档案。基建档案的种类有很多，按照不同的分类方法可分为不同的类型。例如，以工程对象性质为分类依据，可将基建档案分为三类：工农业生产基建档案、军事国防工程基建档案和民用工程基建档案；以内容为分类依据，可将其分为施工档案、竣工档案、工程规划与设计档案。

4. 设备档案

设备档案是各种机器仪表和仪器仪表的档案材料。设备档案是在各个专业、各种不同企业和事业单位都存在的科技档案。

按设备来源，设备档案可分为自制设备档案和外购设备档案两种。设备档案的基本特点也是以型号成套的。

5. 自然科学研究档案

自然科学研究档案是指科技研究部门、高等院校、生产建设单位在自然科学技术研究活动中形成的科技档案，简称科研档案。科研档案按科研性质可分为基础科学研究档案、技术科学研究档案和应用科学研究档案三种类型。

6. 自然现象观测档案

自然现象观测档案是在对地质、地貌、水文、气象、天文、地震等自然现象观测和研究活动中形成的档案，主要包括地质档案、测绘档案、水文档案、气象档案、天文档案、地震档案等。自然现象观测档案的显著特点是包含有大量的数据和图表。

（二）科技档案工作的原则

科技档案工作的基本原则具体应包括如下几方面。

1. 科技档案要实行集中统一管理

科技档案实行集中统一管理，表现在如下三个方面。

在一个单位内部，科技档案应集中管理，不能为个人或部门占有；

科技档案工作应制定统一的管理制度；

国家科技档案工作按专业分级实行统一管理。

2. 科技档案工作要达到完整、准确、系统与安全的要求

所谓完整，是指科技档案应齐全成套，不能残缺不全。

所谓准确，是指科技档案忠实地记录了科技、生产活动的原貌，其记载

的数据、过程和结果不应有差错和出入。

所谓系统，是指要保持科技档案之间的有机联系，不能杂乱无章，任意分割。

所谓安全，是指创造良好的保管条件，尽可能延长科技档案载体的寿命，并保证其信息内容的安全，严守国家科技机密，不失密、泄密。

3. 科技档案工作应促使科技档案信息的有效利用

科技档案作为科技、生产活动的记录和成果，蕴藏了大量的、有价值的科技信息，是科技和生产活动参照和借鉴的科技信息源。科技档案的利用必须及时，应在其形成后的短期内提供利用，这样才能发挥充分科技档案的作用。

二、科技档案的收集

科技档案的收集工作包括两个方面的内容，一是对科技文件材料的归档保存；二是专业科技档案馆对需要长久保存的科技档案的收集。

（一）科技文件材料的归档

科技文件材料归档制度的核心内容是确定科技文件材料的归档范围，即具体划定哪些科技文件材料应当归档，哪些不必归档。确定科技文件材料归档范围的标准与普通档案大致相同，即看它是否具有保存或利用价值。凡是直接记述和反映本单位科技、生产活动，具有现实和长远查考价值的科技文件材料，都应列入归档范围；反之，不得擅自归档。

与普通文书不同，科技文件材料没有固定的归档时间。应根据科技文件材料的不同类型和特点、不同的形成规律和利用需求来确定合适的归档时间。一般来说，有随时归档和定时归档两种。随时归档适用于机密性强的科技文件材料和外来材料（外购设备的随机图纸、文字说明、委托外单位设计的文件材料等）。定时归档又分为按项目结束时间归档、按子项目结束时间归档、按工作阶段归档和按年度归档。凡是需要归档的科技文件材料，由科技业务部门和有关科技人员收集齐全，核对准确，并加以系统整理，组成保管单位，方可归档。

（二）专业档案馆对科技档案的收集

1. 决定专业档案馆收集范围的因素

不同级别、不同性质的专业档案馆收集科技档案的范围不同，在确定专业档案馆的进馆范围时，应考虑专业档案馆的性质和任务、档案的价值、现实利用的需要等因素。

2. 专业档案馆收集科技档案的方式

专业科技档案馆对科技档案的收集方式不同于综合性档案馆，实行相关单位主送制和科技档案的补送制。

（1）相关单位主送制

即对不同种类及不同项目的科技档案，按照国家有关规定，分别确定报送单位，主送单位报送档案中的不足部分由其他有关单位补充移交。实行相关单位主送制。可在保证馆藏完整性的前提下，避免馆藏档案的大量重复，提高馆藏质量。

（2）科技档案补送制

建立补送制的目的，是为了及时反映进馆档案所涉及的科技、生产项目的发展、变化情况，保持馆藏科技档案的完整性和准确性。

3. 零散科技档案的收集

科技档案部门保存的一些科技档案由于管理制度的漏洞而存在残缺不全的现象，有关某一项目的部分科技档案散落在各业务技术部门或个人手中，影响了科技档案的完整性和成套性。对此，各单位应在科技管理工作的业务整顿、科技成果的清理鉴定等工作中，组织必要的技术力量，对各种零散的科技文件材料进行清理、核对、收集，并作必要的补测、图纸补绘工作。

三、科技档案的整理

（一）科技档案的组卷

科技档案的组卷应遵循如下要求。

第一，科技档案的组卷要遵循科技文件材料的形成规律，保持案卷内科技文件材料的系统联系，并要便于档案利用和保管。

第二，产品、科研课题、基建项目、设备仪器按其部件、结构、阶段等分别组卷。

第三，与产品、科研课题、基建项目、设备仪器关系密切的管理性文件，应列入产品、科研课题、基建项目、设备仪器类中组卷。

第四，要保证案卷内所反映问题的科技文件材料的齐全完整。

第五，案卷内科技文件材料必须准确反映生产、科研、基建和有关管理活动的真实内容。

第六，案卷内科技文件材料的制作和书写材料必须易于长期保存。

（二）科技档案的排列

第一，产品按设计（含初步设计、技术设计）、试制、小批量生产试制、批量生产、产品创优等工作程序排列，也可按其产品、系列、结构（部件或组件）排列。

第二，科研课题按准备阶段、研究实验阶段、总结鉴定阶段、成果申报奖励和推广应用等时间阶段排列。

第三，基建工程按依据性材料、基础性材料、工程设计（含初步设计、技术设计、施工设计）、工程施工、工程竣工验收等排列。

第四，设备按依据性材料、设备开箱验收、设备安装调试、设备运行维修、随机图样等排列。随机图样也可单独组卷。

第五，管理性科技文件材料按问题、时间或重要程度排列。

第六，案卷内科技文件材料排列要求文字材料在前，图样在后。

（三）科技档案的编号

科技档案保管单位之间的排列是通过卷、册、袋、盒的编号来定其次序的。科技档案编号是科技档案类别代号及其保管单位顺序号的组合体。

科技档案类别代号由科技档案种类代号及该种科技档案的分类类目代号组成。科技档案种类代号一般是以科技档案种类名称的第一个汉字的汉语拼音声母作为该类科技档案的代号。若第一个汉字的汉语拼音声母同另一类科技档案的相同，则可选用第二个汉字或其他具有代表性含义的汉字的汉语拼音声母作为代号。

（四）科技档案的登录

科技档案经分类和排列后，要将它按保管单位登记到目录簿上，以固定其排列次序和位置，巩固科技档案整理的成果，揭示其内容和成分。科技档案的登录一般需填写科技文件材料目录、科技档案保管单位登录簿和科技档案总登录簿。

四、科技档案的鉴定

科技档案的鉴定就是对科技档案的价值进行鉴别，对科技档案的质量进行核查，根据科技档案价值大小来确定其保管期限，将有价值的档案加以妥善保存，将失去保存价值或保存价值不大的档案剔除销毁。

（一）科技档案鉴定的内容

科技档案的鉴定不是一次完成的，而是分阶段进行的，每个阶段的鉴定工作有不同的内容，具体如下。

第一，归档时的鉴定包括：核查归档材料的完整性和准确性，保证归档的科技文件材料的质量；决定科技文件材料的取舍，剔除无保存价值的科技文件材料；根据有关规定和要求，判定科技文件材料价值大小，确定其保管期限。

第二，结合业务整顿或技术普查进行的鉴定包括：清理库存的档案，对尚未确定保管期限的档案进行鉴定；对已经鉴定的进行核查，重新审定其保管期限；剔除某些保管期限已满，完全失去了保存价值的科技档案。

第三，进馆后的再鉴定包括：对已过保管期限的科技档案进行审查，将确实再无保存价值的档案剔除销毁；对仍有保存必要的科技档案，予以延长保管期限；对保管期限划分不当的科技档案，重新划定保管期限，酌情延长或缩短原定的保管期限。

（二）科技档案价值鉴定的要素

影响科技档案价值鉴定的首要因素是科技档案所反映的项目的性质，其次是科技档案自身的特点和状况，以及科技档案的利用需要与利用率、所反映的实物状况等。

1. 项目性质

科技档案是围绕一定的科技项目产生的，是特定项目生产与科技活动的历史记录和成果反映。因此，项目性质就成为影响科技档案价值的主要因素。项目的性质可从项目的技术水平、项目的级别、项目的社会影响、项目的经济指标等方面来考虑。

2. 档案自身的特点和状况

档案形成者的科学成就、知名度、形成单位的地位和性质都是影响科技档案价值的重要因素。

（1）档案内容

凡是反映科技、生产活动的主要过程、基本面貌和重要成果，记录了某种事实的各种技术报告、设计文件、工艺文件、依据性文件和原始性文件，都具有重要的保存价值。

（2）档案形成时间

分析时间因素对科技档案的影响，要从科技档案的性质、种类及利用需求等方面综合考虑。

（3）档案来源

它是指科技档案的形成者对价值的影响。档案形成者的科学成就、知名度、形成单位的地位和性质都是影响科技档案价值的重要因素。

（4）档案的质量状况

科技档案的质量要求是：科技文件材料完整、准确，书写材料优良、字迹工整、图样清晰，签署手续完备，外形完好，等等。

3. 档案的利用需要与利用率

不同的科技档案所具有的功能不同，社会利用需要不同，对其价值大小起制约作用。此外，科技档案在保存期间的利用率也可以作为鉴定科技档案价值的一个标准。一般情况下，科技档案的利用率越高，其保存价值就越大。

第六章 档案工作的现代化

第一节 档案工作现代化的意义、内容及影响

中华人民共和国成立以后档案工作在党和国家的重视与关怀下得到迅猛的发展。建立了具有国家规模的社会主义档案事业，妥善地管理着大量历史档案和中华人民共和国档案，为社会主义革命和建设做出了重要贡献。但在管理方法和手段方面与世界先进水平相比还有很大的差距，不能适应档案工作的发展，满足不了“四化”建设总任务提出的需求。因此，档案工作迫切需要现代化。

一、档案工作现代化的意义

（一）档案工作实行现代化的原因

1. 只有现代化才能解决档案工作面临的各种复杂问题

档案工作有这样一些矛盾，传统的工作方法不好解决：第一，档案数量越来越多。档案增长的速度很快，需要大量的库房和各种设备，档案数量的增长与保管工作的矛盾越来越突出；第二，查找档案困难。浩瀚的档案材料仅依靠传统的工作方法和落后的技术装备很难迅速、准确查找出利用者所需要的档案材料；第三，服务工作量大。社会上各方面都需要利用档案材料，而档案馆受各种条件限制，只能接待一部分利用者，无法满足广大利用者的要求；第四，设备简陋。无论是库房建筑、档案装具、库房内温湿度的控制，以及许多保护技术方面的问题，都因为缺乏先进设备而难以解决；第五，档

案资源不能充分开发。由于管理方法和手段落后，档案的作用不能充分发挥。

2. 只有现代化才能使档案工作为“四化”建设做出更大的贡献

采用当代先进的科学技术来装备档案工作，实现科学管理，才能在为“四化”建设服务中做出应有的贡献。

实现档案工作的现代化是“四化”建设对档案工作的要求，全党全民的总任务，是实现四个现代化。在实现现代化赶超世界先进水平的过程中，无论是经济建设、科学研究还是机关工作方面，利用档案材料是必不可少的条件。要赶超，必须摸清国际国内的动态，了解过去和现状以及今后发展趋势，才能确定赶超的目标和方向。这就要求档案工作能迅速、准确、全面、系统地提供“四化”需要的档案材料，而传统的管理方法则无法满足。只有采用现代化手段，在几分钟、几十分钟内可以把馆（室）藏档案材料查找一遍，及时提供出来，才能满足“四化”建设的需要。所以，实现档案工作现代化是适应我国四个现代化、赶超世界先进水平所要求的。

3. 实现档案工作的现代化是档案事业发展的需要

随着社会主义事业的不断发展，档案的类型和数量急剧增长给保管和使用带来一系列问题。“四化”建设的发展，无论是科学技术工作者或机关干部都要求对入藏档案处理得仔细，能及时地、无遗漏地把所需档案材料提供出来并迅速传递到每个需要利用的地方。手工管理的落后状态，已无法解决档案工作面临的种种难题，影响档案事业的发展。因此，改革落后的管理手段已成为刻不容缓的任务。而科学技术的发展，特别是电子计算机和缩微技术广泛应用于档案工作，又为实现档案工作的现代化提供了可靠的物质基础。

综上所述，档案工作的现代化是客观发展的要求和档案事业发展的必然趋势，其结果将给档案工作带来巨大改变。

（二）实现档案工作现代化的可能性

1. 档案工作的发展具备了实现现代化的条件

我国档案工作经过几十年的建设，已初步建成了一个以机关档案工作为基础、以各级各类档案馆为主体、以档案教育科学研究和宣传出版为条件、以档案事业管理工作为组织中心的国家规模的档案事业，为档案工作的全面发展和实现现代化提供了最有利的条件。

2. 科学技术的发展为档案工作现代化提供了物质基础

电子计算机是档案工作现代化最理想的工具，可以建立起计算机检索的网络系统，实现档案检索的自动化。此外，缩微技术、复印技术、声像技术的广泛应用，以及科学技术的不断发展为档案工作现代化提供了物质条件。

（三）档案工作现代化的含义

档案工作现代化有三方面的含义：一是档案工作技术现代化，采用先进的技术装备武装档案工作，实现工作手段的现代化；二是档案工作组织与管理的现代化，运用现代化的科学理论和科学管理的方法、手段来研究和处理档案工作的组织管理问题，使档案管理工作更趋于完善；三是干部知识化，建设一支具有现代科学技术知识和业务知识的专业骨干。现代化的技术装备与掌握现代化技术的人以及科学管理，构成了档案工作现代化的三个要素。

二、档案工作现代化的内容

档案工作的现代化，有三方面的含义：

（一）档案工作技术现代化

档案工作技术现代化是指档案的记录、存储、整理、加工、查找、报道、交流、传递都用当代先进的科学技术装备起来，实现工作手段的现代化。它涉及广泛运用电信设备、电子计算机技术、印刷技术、复制技术、缩微技术、声像技术等。比如，广泛使用计算机进行档案的检索、编目、库房管理、阅览管理、各种统计工作，并把电子计算机与现代化的缩微技术和通信技术有机结合起来，实现管理自动化。

第一，档案工作电子计算机化。利用电子计算机建立档案检索、编目、统计、借阅、库房管理，对档案材料进行收集、登记、报道，以及财务、人事、行政管理、办公室自动化等，各方面都可以使用计算机。

第二，电子计算机与现代通信技术相结合形成档案信息传递网络化。

第三，档案储存缩微化。档案使用缩微设备将重要档案摄录在缩微胶卷或平片上，具有体积小、成本低、携带方便、查阅快速、保存期限长等优点，给档案的保管和使用带来方便。

第四，复印技术在档案工作中的应用。档案馆（室）设置复印机用于档案的收集、存储和提供利用等方面，可以大大提高工作效率和服务质量。

第五，声像技术及其他技术在档案工作中的应用。随着科学技术的发展，声像技术以及各种先进技术和设备在档案工作中的广泛应用，都为提高工作效率、减轻劳动强度等方面创造了良好的工作条件。

（二）档案工作组织与管理现代化

只有对现代化技术进行适度的管理，才能将先进的科学技术转化为生产力。档案事业的建设和档案工作的组织与管理以系统论、信息论、控制论等现代化的科学理论为指导，运用管理科学的原理，遵循档案的客观规律，研究和处理档案管理工作的各种问题。做到管理方法科学化，管理机构高效化，管理工作计划化，档案工作标准化，使档案管理与组织工作更趋于完善。

它的主要内容包括：

1. 管理思想现代化

管理思想现代化是指以科学理论为指导，根据档案工作的客观规律和档案的特点，进行合理组织、控制的科学管理方法。

2. 管理方法科学化

就是由单纯用行政领导和宣传教育的方法，演变为行政领导、法律、经济、宣传教育、咨询、顾问方法的综合，提高管理的功效。

3. 管理机构高效化

在档案管理机构内人尽其力，物尽其用，人、财、物的流通过程畅通，信息系统健全，传递及时、准确，档案工作能为社会做出更大的贡献。

4. 档案工作标准化

标准化是科学管理的重要内容，没有标准化就没有科学管理。科学管理的水平越高，标准化的程度也越高，标准化水平是衡量技术水平和管理水平的尺度。

（三）干部知识化

由于设备的现代化和管理的科学化，需要建设一支具有现代化科学技术知识和业务知识的专业干部队伍。他们不仅具有较高的政治素养和愿意为社会主义档案事业献身的进取精神，还应懂得电子计算机的基本理论和基本技能，能够进行技术操作和管理，在档案专业上有较深的造诣和较丰富的文化和历史知识，才能适应档案工作现代化的需要。

总之，现代化的技术装备、掌握这种技术的人、科学管理构成了档案工作现代化的三个要素，也就是档案工作现代化的主要内容。

三、档案工作现代化带来的影响

（一）现代化将给档案工作带来巨大的变革

建立计算机检索系统，将大大提高检索速度和服务质量。利用计算机和现代化设备对档案进行收集、储存、加工，档案馆（室）将成为重要信息部门之一；缩微技术与电子计算机技术的广泛应用，将给档案的保管和提供利用带来极大的方便；计算机与现代通信技术结合，使档案传递网络化；现代化将使档案工作人员的工作条件与工作方法发生巨大的变化。

第一，利用计算机检索档案，将极大提高档案的查找速度，有较高的查全率和查准率，可节约利用者查阅档案的时间，提高服务的质量。

第二，利用计算机和现代通信设备，将使档案信息的处理、报道、传送的时间大大缩短，档案馆将从保管史料的基地发展为名副其实的科学研究和各方面利用档案史料的中心和档案信息的中心。

第三，缩微技术与计算机的广泛运用，将给档案的保管带来极大的方便。档案的体积大为缩小，以计算机输出缩微胶卷（片）的形式提供档案材料，确保档案原件不受损坏，使之“益寿延年”，传给子孙后代。

第四，建立计算机检索终端，提供快速复印和复制服务。利用者从电视屏幕上查阅所需要的档案材料，立即就能获得所需要的复制本，给利用者使用档案创造了极为方便的条件。

档案工作的现代化，使档案工作以崭新的面貌出现，提高了为“四化”服务的效率和质量；档案资源能得到充分的开发和合理的利用，必将对社会主义事业的发展产生积极的影响。

（二）建设具有中国特色的档案工作现代化

1. 把计算机化、缩微化与标准化有机结合起来

以检索为突破口，建立起各种计算机检索系统，最终使其网络化。开展档案缩微使档案微型化，并把缩微与计算机紧密结合，使档案缩微库成为巨大的外存储器。标准化是现代化的重要内容，贯穿在各项工作中。

2. 大中小型机械化相结合

实现档案工作现代化需要购置大中型机械设备来武装档案工作，但对于价格低廉、适合中小型档案馆（室）使用的设备也要大力推广。同时，原有的设备也应开展革新和挖潜，相互有机结合，更好地发挥效益。

3. 处理好传统技术与现代化技术的关系

传统技术应当不断改进，使之日臻完善，并把传统技术与现代化技术有机结合起来，使档案工作在近期内提高工作效率和服务质量，有利于加速档案工作现代化。

4. 选择实现现代化的最佳途径和方法

档案工作现代化，不同的部门可采取不同的途径，机关档案工作现代化应纳入本机关现代化管理的范畴，成为其中的一个组成部分。档案馆的现代化是档案工作现代化的主体，要统一规划，以典型引路。

5. 统筹解决档案工作现代化的共性问题

比如，现代化建设投资、人才培养以及制定各种标准等。

6. 充分发挥档案事业管理机关的组织领导作用

档案事业管理机关负责统一规划并组织实施，及时解决各种问题以推动档案工作现代化。

第二节 档案工作技术现代化

档案工作技术现代化是以计算机为核心，包括缩微、复印、声像等新技术的装备广泛应用于档案工作。

一、档案工作计算机化

在世界范围内，大家公认电子计算机是实现档案工作现代化的理想工具。根据国内外的经验，档案工作可以应用各种类型的计算机（大型机、中型机、小型机、微型机）和各种外围设备处理档案工作的各种业务，具体应用于：档案的接收、编目、检索、借阅和归还、辨认到期档案的销毁、统计、修复和消毒、档案部门的日常工作等等。各级档案部门应从实际出发，逐步建立起以下自动化系统。

（一）计算机检索系统

它是档案工作计算机化的重点。因为检索在档案馆（室）的业务工作中占有重要的地位。国外好多大型档案馆已建立起计算机检索系统，我国也正在进行实验。检索系统是将每份文件或案卷的外形特征包括档号（全宗号、案卷目录号、案卷号）、分类号、缩微号、题名（标题）、责任者（作者）、文件种类、文本、文件编号、保管期限、密级、主题词、内容提要、附注等著录项目填写在统一格式的计算机输入卡片上，即将档案原件转化为档案二次信息输入到计算机内，以一定的格式储存在磁性载体上，形成数据库，需要时利用计算机进行高速检索。其最显著的特点是高效率和多用途；计算快，可以每秒几十万次、几百万次、千万次、上亿次的运算速度查找档案。对一个利用者的提问，一般只用一二秒钟就可以做出响应，检索一份文件或一个案卷只需若干秒，查找一个专题的档案材料，少则一二分钟，多则十分钟左右即可检索完毕，查全查准的可能性大，只要标引准确，凡输入到计算机内的任何档案材料都能无遗漏地查找出来；检索途径很广泛，能够一种输入多种输出、一次输入多次利用、一处加工多处使用、一种方式加工多种方式应用。计算机依照工作人员的指令，可以将输入的著录项目自动分别编为按时间、作者、专题、主题、文件种类、文件编号、保管期限、密级排序的目录或索引。用多种载体输出，打印在纸张上的有卡片式和书本式目录；用胶片、磁带和穿孔纸带输出，制成机读目录；缩微胶卷与平片，或在屏幕上显示，能灵活地满足利用者使用档案的多种需求。

随着计算机处理功能的提高以及与电信设备的结合，检索系统从成批检索发展到联机检索和网络化。所谓成批检索，就是根据用户的提问和要求按批量集中地由专职检索人员进行检索操作，然后把检索结果提供给用户。成批检索的缺点是：用户不能与计算机对话、修改提问困难、不能立即得到检索结果；联机检索就是把以计算机为主的中心处理装置和分散在各地的终端用电话线路直接联系起来，由终端装置输入提问并直接得到答案。联机检索实现了人机对话，可以随时修改检索提问，立即从终端得到检索结果。近年来又产生了由各自具备独立功能的计算机检索系统用电信线路相互联结，形成巨大的计算机检索网络。每一个档案检索系统是计算机网络中的一个节点，每个节点又可以与许多终端互联，利用者可以使用任何一个终端设备检索到网络中任何一个检索系统的档案材料从而使计算机检索发展到更高级的阶段。

（二）计算机借阅管理系统

它一般应具有借阅、预约、查找、统计等功能。借阅功能是识别借阅人是不是本馆（室）的合法借阅者。如果是，则应查明要借什么、是在馆（室）内阅览还是外借、借期多长，凡准许借用的则作好借阅记录并存储下来，自动计算出归还日期，每日外借的档案能打印出催还的通知。预约功能是指预约登记、预约排队、检查同一利用者是否重复预约或是否有人已经提前预约，能够显示全部预约者名单，告诉预约者何时才能借到所需要的档案材料。查找功能是能够直接查找档案，回答该档案是否在库房中，是否被借去或正在整理、鉴定或修复。假若库房内有，即打印出借阅单，随同档案传送到阅览室。统计功能，可以统计利用者人数、借出档案总数、利用效果、拒借次数等，具有上述功能的借阅系统已在国外的档案、情报、图书部门中出现。

（三）计算机统计系统

统计是档案工作的一个重要组成部分，基本任务是对档案工作发展情况进行统计调查。统计分析、提供统计资料、实行统计监督，以计量化的管理，发掘数学方法在档案管理中的应用。建立统计系统，应符合国家档案局制定的统计报表的要求，除了必须将档案机构、人员、馆藏、库房、利用、编制等各方面的基本数字输入计算机存储外，各档案馆（室）还应有更具体的统计，比如单份文件的统计，案卷数量或存放箱、柜、架的长度统计，以全宗为单位和整个档案馆（室）保存档案情况的统计，各个业务环节现状、利用人次和效果、利用目的、类型、拒借率、馆外未接收档案状况的统计，每年有多少档案要进馆等，档案管理机关应对各档案馆（室）档案的构成，档案利用情况，档案人员及其素质，档案经费，档案馆（室）建设，档案的增加和销毁等，凡是有用的统计数字要输入计算机存储起来，使用时可根据指令制成各种统计报表，及时打印出来，成为领导和业务部门进行组织管理和决策时的依据和参考。

（四）计算机库房管理系统

它包括两方面的功能，一方面计算机可随时把库房的情况反映出来，诸如库房内存放的是什么档案材料，各类档案材料存放在库房何处，每个全宗的案卷和文件数量，每个柜、箱、架上是什么档案，档案保管状况，是否被调阅，库房空间的安排等。另一方面的功能是对库房进行自动化管理，库房内的各种自动装置在计算机发出的指令下，对档案搬运、上架，库房空气和温湿度调节，创造保管档案适宜的人造“小气候”，以及自动控制取暖、照明、防火系统、报警装置，确保库房的安全。建立库房管理系统，也需要将入库档案的各种数据、库房设备的各种数据输入计算机存储起来，建立完善的控制系统，需要时可随时打印出库房档案的清单和各种统计报表，实现库房的自动化管理。

（五）计算机行政管理系统

运用计算机进行档案工作的财务管理、人事管理、行政管理、设备管理、情况分析和报告、预测和规划、决策、办公室自动化等。

此外，计算机还可以在档案编制、出版、缩微胶片、声像档案管理等各方面应用。

二、档案缩微化

档案缩微化是档案工作现代化发展的新趋势。由于社会主义建设事业的发展，档案数量与日俱增，给保管和利用带来一系列问题，而缩微技术的应用是解决这些问题的有效办法。

近年来，缩微复制技术在档案部门得到广泛应用，在世界范围内产生了档案缩微化的趋势，成为档案存储的重要发展方向。它不仅能解决档案材料存储的空间，而且在计算机处理档案信息工作中不断扩大信息存储量，提高档案利用服务的自动化水平。它的突出优点是能够保持档案原貌，大大缩小档案的体积，节约存储空间，规格统一，便于保管和提供利用；有利于保护档案原貌，延长档案使用寿命；保存时间长，不易损坏和变质，成本低廉，节省人力、物力。如果实行档案缩微化，普通缩微度为1/10至1/40，超缩微可以缩小成百上千倍。人们按照缩微的密度推算，一个保存档案达几十万卷的档案馆，将档案全部缩微后能够放在一只手提箱内。近年来，技术发达的国家在光学信息存储技术方面有新的突破，运用激光打点的记录方法，把缩微密度提高到更高的程度。

档案缩微制品能不断更新换代，使其无限期保存下去。通过实验证明，缩微品可保存长达几百年，比纸张的寿命要长得多，还可以不断复制，达到永久保存的目的。现在由于摄影技术的进步，摄影机与胶卷、平片价格的降低，冲片过程完全可以由自动化的机器接管，档案工作人员经过训练就可以自由操作。每个档案馆（室）都可以根据自己的需要，进行档案缩微工作。

缩微化与电子计算机相结合，是档案工作现代化的重要内容。电子计算机依靠存储器存储量有限制，价格也比较昂贵，假若把档案的原文全部存储起来是很不经济的，一般只把档案的二次信息输入计算机，而缩微复制可以把档案原件全部缩微，既能节约资金又便于管理。从某种意义上说，缩微档案库实际就是计算机的外存储器。所以，缩微技术与计算机结合，二者相辅相成，互为补充。从长远观点看，为了解决档案数量的急剧增长和载体的不断老化而带来的保管和使用上的矛盾，采用档案缩微化势在必行。技术发达的国家，都在大力进行档案缩微化工作。法国建立了全国性的档案中心，并接收了缩微档案的正片250余万米，计划将全国档案馆和省级档案馆的双份缩微档案的正片接收一份保存下来。我国的档案馆（室）从20世纪60年代初期开始缩微工作，购置了大量设备，培养了一批从事缩微工作的人才，积累了许多经验，已初步具备档案缩微化的条件。

三、复印技术在档案工作中的应用

近年来，复印技术发展很快，复印的种类和方法很多，如重氮复印法、热敏复印法、兰图复印法、电子扫描复印法、静电复印法等等。其中，以静电复印法占主导地位。

静电复印技术在国内外相当普及，成为通用的办公用具，档案馆（室）大多备有复印机为利用者复制档案。它具有速度快、效率高、使用方便、价格低廉、保持档案原貌、复印份数不限、不需要阅读器就可以阅读等优点，是档案收集、存储、交流和传播的一种重要手段。从20世纪80年代开始，我国档案馆（室）广泛应用静电复印技术开展复印业务，使利用者不必手抄档案材料，节省了时间和人力；对于珍贵档案、利用频繁的档案，用静电复制品提供利用，既能保护原件又方便工作，很受利用者的欢迎。

目前，复印技术发展的一个特点是复印设备的系列化和自动化，即印刷品复印、缩微、缩微品放大再复印等工序配套成龙，实现自动化生产，工作效率大大提高，因而受到各行各业的普遍重视并得到了较广泛的应用。

四、声像技术在档案工作中的应用

随着科学技术的发展，近几十年来，出现了录音带、录像带、电视片、电影片、幻灯片、唱片等新型档案材料，完全脱离了白纸黑字的印刷和书写形式，这些新型的档案材料已正式列入档案馆（室）的收藏范围，它们在档案馆（室）藏量中所占的比例越来越大，总有一天，这些以磁带、胶片为载体的档案材料甚至会达到与以纸张为载体的档案相抗衡的地步。目前，在档案馆（室）的阅览室内，不仅可以借阅纸质档案，还可以戴上耳机听录音档案，在荧光屏前看录像、电视、电影等。声像档案具有能闻其声、观其形的特殊效果，给人以直接的感觉认识，有助于对事物的形态、性质、现象、过程更深刻的理解。但它往往不能用肉眼直接阅读和观看，必须借助于特别器材才能利用，为了适应上述档案材料日益增长的需要，档案馆（室）也要相应地增加设备和专用库房，档案人员也必须掌握保管这些档案的知识，学会操作使用，进行科学管理，才能发挥应有的作用。

综上所述，档案工作技术现代化主要体现在档案工作计算机化、档案情报信息传递的自动化、网络化，档案存储的缩微化以及复印技术、声像技术在档案工作中的应用。

第三节 档案工作管理现代化

一、管理思想现代化和管理方法现代化

（一）管理思想现代化

实现管理现代化首先要树立先进的管理思想，学习科学的管理理论，继而采用与之相适应的组织结构、组织行为、管理方法和管理手段，才能达到预期的目的。

管理的重要目的之一，是提高有效性。所谓管理的有效性，就是档案工作组织达到既定目标的程度，它以档案工作获得的成效来衡量。档案工作的成效要从社会效益、经济效益、历史效益、现行效益等方面去综合衡量，不能仅强调其一方面，要把几方面有机结合起来，全面地看档案工作为党和政府、经济建设、科学研究和“两个文明建设”提供服务的数量和质量，具体地说就是现代化管理的效用是否符合人民利益、社会进步和建设社会主义事业的需要。

实现管理思想上的革命，要善于学习和借鉴国外先进的管理经验和管理方法，做到“洋为中用”。全体档案工作者，特别是领导干部更应努力学习。只有通晓管理并具备一定的专业知识，才能把档案工作管理好。

（二）管理方法科学化

管理方法是人们为了使被管理系统的功效不断提高，在管理活动中为达到目的所采取的手段、措施、途径等。管理方法科学化，就是由单纯用行政

领导和宣传教育方法演变为行政领导、法律、经济、宣传教育、咨询顾问等方法的综合。

中华人民共和国成立以来，按照社会主义事业的需要，从中央到地方建立起档案工作组织系统，通过下级服从上级的行政手段，实现自上而下的业务指导和监督，实现对档案和档案工作的集中统一管理，维护档案的完整与安全，使整个档案工作系统在统一目标、统一意志、统一行动下开展工作，卓有成效地发挥管理职能，各级档案事业管理机关负责领导、决策、计划、组织、指挥全国和地方的档案工作，通过行政组织、行政层次、行政手段以及指示、规定、指令性计划、制定规章制度等方式和方法对各地各单位的档案工作进行干预，因事、因时、因人灵活处理各种复杂的问题以加强和改善对档案和档案工作的管理。在运用行政方法的同时，辅之以宣传教育的方法。通过政治思想工作，用马列主义、毛泽东思想教育广大干部，启发和提高革命觉悟，自觉地、积极地贯彻和执行档案工作的法令、方针政策、规章制度，完成各项任务，取得巨大的成就，建立起一个门类齐全、具有中国特色的社会主义档案事业体系。

行政方法是执行管理职能的根本手段，任何管理部门离不开它。但是，在管理工作中行使单一的行政手段和宣传教育方法是不够的，还需要与经济方法、法律方法、咨询顾问方法等结合起来。

经济的方法就是在档案工作中讲究经济效益、经济效果，把劳动集体和个人的物质利益与其工作联系在一起，运用经济杠杆的手段来进行管理。经济效益包括向社会提供有用的产品和有效的服务。档案工作的经济效益，主要是以向社会提供档案材料在经济、政治、科学文化等方面效果的大小来衡量其优劣。在注重经济效益的同时，必须重视经济效果。在当代社会里，能提供经济效益的事情很多，关键在于代价如何，得不偿失的事不能干。经济效果，就是投入的劳动消耗（包括物化劳动消耗和活劳动消耗）与产生的经济效益（包括产品的使用价值和提供的有效服务）之间的比例关系。讲求经济效果，是以最少的劳动消耗获得最大的经济效益。也就是说以最少的人力、物力、财力和时间耗费去最好地完成预定目标和任务。过去，档案工作在局部地区曾一度出现的高指标只是虚名，不讲实效，对档案反复整理、反复鉴定，检索工具不断报废，馆藏档案的利用率很低。这种不惜代价、不讲成本的做法，都是忽视经济效益和经济效果而造成的。档案工作在管理方法上要建立一套计算和考核经济效果的指标体系，无论是档案的收集、整理、鉴定，或者是检索工具的编制、档案装具的设计和创作、档案库房的建造、各种现代化设备的购置等都要讲求以较少的“投入”，产出较多的“效益”。

法律的方法，也就是人们常说的“法治”。广义的法律方法是指档案管理系统所制定的法律法规或类似法律的各种标准和规章制度。我国档案工作，曾制定过一系列的规章制度并发挥了其应有的作用，但在“文革”期间被废除，近年来又得到恢复和加强。总的看来，档案工作“法治”还比较薄弱，档案法律还不尽完善，标准化起步较晚。而档案工作的组织形式以及信息、人、财、物的沟通方式都亟待用法律的方式固定下来。这些问题只有通过明确贯彻以《档案法》为中心的一系列法规、法令以及各级政府颁布的有法律规范性质的条例、章程、标准和规划来实施管理。只有加强法制，使档案管理中大系统与子系统的关系、职责、权利、义务做到有法可依、有章可循，才能正常地发挥各自的职能并自动有效地运转，保证管理系统的稳定性，促进档案工作的发展。

咨询顾问的方法也是有效的管理方法之一。档案工作的各级领导机构可以建立自己的智囊团、顾问团、参谋班子，任务是向领导献计献策，为制定档案工作方针、政策和规划进行设计，对发展提出预测和评价。在档案管理、干部培训、业务信息等方面，提供必要的事实与情报，起咨询和服务作用。根据档案部门的特点，需要发挥各级档案学会与高等院校在这方面的作用。学会与高等院校聚集了档案工作各方面的专门人才，他们熟悉档案专业，掌握的信息量大，不受行政束缚，可以敞开思想对各种咨询课题发表意见，供各级领导决策时参考。重视和充分利用智力资源将会助推档案工作的发展和理论研究水平的提高。

二、管理机构高效化

管理机构是发挥管理功能完成管理目标的工具。档案管理机构的功能，是对档案工作进行预测和计算、组织和报道、监督和控制、教育和激励、挖潜和革新。具体任务是组织本系统全体人员适当安排各种关系，有效地运用每个组织成员的才能，充分发挥组织系统的力量，达成档案工作的总目标——科学地管理档案，便于党和国家各项工作的利用。实现这一目标，必须充分发挥组织机构的高效能。因此各级档案组织机构应当目标明确、任务清楚、渠道通畅、稳定适应，实行计划管理、信息管理和工作责任制。

（一）目标管理

整个档案这个大系统，在服从于、服务于党的总路线、总任务的前提下，确定档案事业长远奋斗的总目标和近期目标。各省、市、地、县的子系统（包括档案局、馆、室）应有具体目标。总目标要落实到各个部门短期和中期的目标里去。全国大系统的总目标是衡量任何一个档案局、馆（室）工作成效是正功、无功、虚功、负功的标准，也是档案工作各级组织机构的视线。全体档案工作者的视线都应集中在大系统的总目标，并为之努力奋斗。

在总目标的指导下，各局、馆、室的具体目标通过计划落实到任务。每个组织机构的任务要落实到每个人，确定每个人的任务。各组织机构的任务是个人任务的总和，个人任务是各组织机构任务的构成单元。组织中的每一个成员都必须了解个人的任务应该如何配合整个组织的任务，也必须知道整个组织任务对个人的意义。由目标落实到任务，每年要接收多少档案、编制哪几种检索工具、制定哪些标准和规章制度、设备添置计划等等。将这些共同的任务落实到每个管理单位和个人，互相配合，努力完成。

（二）建立责任制

任务明确后，还必须使组织机构中的每个管理单位及每个成员明确如何完成任务，清楚自己的职责。这就需要建立责任制。建立责任制的目的就是明确规定责任范围，让每一个管理单位和每个人都担起应负的责任。它对于提高工作质量、克服管理工作中的官僚主义、开创档案工作新局面有着重要的意义。档案干部责任制的内容，根据一些地方的实践经验，可实行分级、分人、分工负责，定职、定责、定权、定考核标准，定期总结评比、表扬先进。

（三）建立健全信息系统

档案组织机构是由若干事物组成的一个有机整体，是一个不间断的流通过程。功效的发挥在一定程度上取决于流通过程的畅通。这个流通过程可分为两个方面：一是人员和财务的流通，称为物质流；一是信息的产生、传递和处理的流通，称为信息流。管理部门的职责就是通过信息流来控制物质流。管理人员通过调查研究、情况的汇报、意见的交换、命令指示的下达等各种方法了解情况，联系工作，指引人力、物力、财力的沟通。档案部门的信息系统还不够健全，只有纵的信息系统，而横的信息系统不够完备，因受保密的限制，档案系统内和系统外的有关部门和相关学科之间很少往来。

处于封闭和半封闭状态。由于信息传递不灵，渠道不够畅通，使档案人员的思路和眼界不够开阔，影响工作效率和系统功能的发挥。只有健全信息系统，采取多种渠道，增强纵向和横向的联系，进一步健全调查研究和统计、汇报制度，建立馆（室）际之间、档案学与情报、图书等相关学科之间的信息网络，洞察县内外、省内外、国内外的档案和档案工作情况及相关学科的发展动态，及时将收集的信息整理、加工，为档案事业的发展作为借鉴依据。只有充分运用信息这个工具才能提高组织机构的效率。

（四）实行计划管理

计划管理是社会主义档案事业科学管理的重要原则，也是提高组织机构效能的有力措施。档案事业的计划管理是根据社会主义经济有计划、按比例发展的客观规律提出并受它制约的。档案事业既不能超越经济基础所提供的条件，也不能长期落后于经济发展的水平。档案事业的建设和发展必须按照一定的计划进行，既要有全国性的大计划，也要有地区性以至一个档案馆(室)的小计划。缺乏计划就无法开展档案工作或进行档案事业的建设。因为计划管理比目标管理更为具体，也是把目标管理落到实处的前提。计划的种类可分为短期计划和长期计划、专题计划和综合计划、业务计划（管理计划）等。

（五）保持组织结构的相对稳定性

组织机构必须具有相对的稳定性，才能充分发挥效能。过去档案组织机构的变化过于频繁，时裁时并，一直处于不稳定状态。特别是在“文化大革命”中，大肆破坏档案机构，使其元气大伤。所以，档案机构若要发挥高效能，全国大系统与各子系统必须相对稳定，无论是局、馆、室都应是实体单位。只有稳定，才能够以昨天的成就为基础规划未来，从事本身的建设，保持本身的连续性。稳定不是不变，而是在稳定的前提下，根据情况的变化和工作的开展随时做局部调整以适应新形势、新要求。

此外，档案组织机构的设置，还应本着行政管理机构要精、业务机构要充实的原则，用最少的人力搞行政管理，把主要的人力特别是学有专长的人员集中到业务机构，搞好业务建设，实现组织机构的高效化。

第四节 档案工作标准化

档案工作标准化，是指在档案工作领域内，由档案事业主管机关或会同标准化的主管机关以及各有关部门共同协商对档案工作的管理、原则、方法、质量、概念、设施等，制定出科学的、统一的规则和技术规范，并予以贯彻执行进而修订的全部活动过程。总括地讲，就是科学地制定、贯彻、修订各项标准，使档案工作逐步走向规范化、统一化。这是提高档案工作水平和服务效率、实现档案工作现代化的重要条件之一。

一、档案工作标准化的主要内容

档案工作标准化是我国档案工作现代化的一项基础性工作，也是档案学中一个比较新的研究领域。目前对它所研究的内容、范围，还没有统一的认识，尚在探索之中。这里仅提出以下几个方面：

（一）档案工作专业名词术语标准

任何一门专业要阐明其内容，都要使用特定的术语，并且赋予每一个名词术语以特定的含义，作为彼此交流的共同语言，以便研究和讨论问题。档案专业的名词术语都有特定的内涵，不能任意加以解释。但是档案学毕竟比较年轻，许多名词术语还在探索中。基本的“档案”这一名词的概念讨论过多次，至今在具体表述上仍有不同看法；档案的种类也是众说纷纭、莫衷一是。由于名词术语的含义不清，给档案学理论研究和档案工作实践带来混乱，影响档案学和档案工作的发展。如果通过制定档案专业名词术语标准，把最常用的一些名词术语和概念明确起来，有一个比较明确的解释，这对统一档案界的认识、繁荣和发展档案科学都有着重要的意义。

（二）代号代码标准

代号代码又称标记符号，它是利用文字符、数字符、颜色、图像来表示一个具体概念。档案工作中的许多著录项目都采用统一的代号代码或缩写形式来加以准确的表示，代号代码的使用，对于档案工作有重要的意义。比如，分类号、档号、档案馆代码等，在档案的整理与编目、科学管理与提供利用、实现档案工作标准化和现代化方面，都具有重要的作用。使用代号代码代替文字，简单明了、易读、易记、易认、易于输入计算机、易于传播和利用，好处很多。档案工作的代号代码标准，主要包括档案馆代码、档案工作的名词术语缩写代码、档案类型与档案载体代码、档案著录的代号代码等。

（三）档案著录标准

制定档案著录标准，是为了建立健全我国统一的档案检索体系，开展档案的报道与交流，充分发挥档案在社会主义建设事业中的作用，经过艰苦努力，已完成国家标准《档案著录规则》的制定工作，并经国家正式批准，于1986年1月1日起施行。

（四）标引语言标准

标引语言标准是指档案的标引和检测语言标准。标引语言标准主要包括档案分类表、档案主题词表、档案分类标引规范、档案主题标引规范等。目前，已完成档案分类表、档案分类标引规范送审稿，争取成为国家标准。

（五）档案收集、整理、鉴定标准

收集、整理、鉴定是基础性的工作。制定这方面的标准，对于提高档案工作的质量、效率和水平都具有重要意义。过去虽然制定了《关于文书档案保管期限的规定》等规范性文件，但数量有限，尚需制定案卷质量标准、案卷封面编目标准、档案整理与分类标准、档案销毁标准等等。

（六）档案统计、提供利用标准

档案统计和提供利用工作也应实现标准化。档案统计工作标准，可包括机构、人员、档案馆（室）基本情况的统计、档案工作情况的统计。在统计时间、周期、项目、格式等方面都应标准化。档案提供利用的标准，包括利用范围、手续、保密、阅览、展览、档案外借等标准。

（七）档案工作现代化建设方面的标准

这一方面的标准涉及的面比较广泛，包括计算机、缩微设备以及其他有关设施的一系列标准。如计算机程序语言、计算机接口标准、磁带交换格式标准、缩微复制技术规格标准、档案保护技术设备标准等等。

（八）档案装具和库房建筑标准

目前，全国档案部门的档案装具、档案库房自行设计和建造的状况亟待改变。应在充分调查研究的基础上制定出技术先进、经济合理的档案装具标准、档案库房建筑标准。制定库房建筑标准，应考虑到我国各地区的气候差异，在符合保护档案的前提下因地制宜地制定库房建筑标准细则。

（九）档案的制成材料与书写材料的标准

档案的制成材料与书写材料的优劣，是决定档案能否长期保存的一个重要因素。档案的制成材料与书写材料，无论是纸张、胶片、磁带、磁盘以及各种字迹图片材料全部是物质的东西，不断地发生变化。要想延长档案的寿命，必须解决耐久性问题，制定适合档案使用的纸张、墨水、圆珠笔复写纸、胶片、磁带等各种记录和书写材料的标准。

二、档案工作标准化现状

（一）国内档案工作标准化概况

在世界范围内，档案工作标准化与情报、图书工作标准化相比，起步较晚。早在 1947 年成立了国际标准化组织第 46（文献工作）技术委员会，下设七个分委员会，负责制定图书、情报方面的国际标准。档案部门直到 20 世纪 60 年代末才开始注意标准化工作，当时提出要研究、制定有关缩微照相、档案馆建筑和设备、档案整理与分类、档案复制方面的规范性文件并取得了良好的研究成果，大都用英文、法文出版。

国际档案理事会专业小组较早参加了标准化活动的专业团体缩微胶卷委员会的工作，编辑出版了《档案和手稿的缩微胶卷标准目录实践介绍》，国际档案理事会执行委员会对此评价较高。

近年来，由于国际档案理事会的倡议，各国档案部门都开始参加了国际或国内的标准化组织，并做了一些工作。

（二）我国档案工作标准化的现状

中华人民共和国成立以来，我国先后颁发了《机关档案室工作通则》《技术档案室工作暂行通则》《县档案示范工作暂行通则》《省档案馆工作暂行通则》《机关文书档案保管期限表（试行草案）》等文件，为档案工作标准化奠定了基础。但在“文化大革命”中，许多规章和标准被废除。十一届三中全会以后，随着档案工作恢复、整顿的完成，中共中央办公厅、国务院办公厅颁发的《机关档案工作条例》，国家档案局发布的《档案馆工作通则》《文书档案保管期限表》等重要规章条例为进一步开展档案工作标准化提供了有利条件。

档案管理应用计算机技术的迫切需要，决定首先建立档案著录、分类法与主题法标引、名词术语三个标准化工作小组，着手制定档案工作标准。

第七章 大数据环境下档案管理探析

第一节 档案信息资源的整合

随着移动互联网的快速发展，微博、微信以及各种音频、视频等信息发布的方式也越来越多样化，信息发布速度更快、更方便，使信息的增长速度飞快，把全球的数据加起来就形成了一个数量级非常庞大的数据集，这标志着人类进入大数据时代。在海量数据的包围下，人们获取信息很便捷，然而想要获取有用的信息还是需要一定的时间和精力，档案行业也同样如此。

大数据时代的来临使档案信息资源发生了翻天覆地的变化。但是档案信息资源难以避免地受到馆藏类别以及地域的制约，已经无法适应与满足信息时代公众对档案信息资源的需求。所以，在一体化信息资源管理系统中纳入档案信息化建设，将封闭而又单一的档案信息资源，转化成类别丰富、综合开放的档案信息,实现档案信息化以及档案信息资源共享显得尤其重要。因此,实现档案信息资源的挖掘与整合就显得非常重要。

一、大数据环境下档案信息资源整合的必要性

大数据时代，庞大的纸质档案信息资源和海量的数字档案资源的不断增长，给档案管理部门带来了巨大的挑战。但是，档案馆运用大数据挖掘技术和分析方法,开展档案信息资源整合,挖掘潜藏在档案信息资源中的深层价值,恰好可以解决这一难题。因此，实现大数据时代背景下海量信息的整合，是档案部门迎接挑战的有效方法。我们将从新时代的发展趋势、提高档案信息

资源服务质量的需要和实现档案信息资源数字化这三方面来进行必要性分析。

（一）新时代的发展趋势

随着社会信息化的发展，数字化与网络化建设的不断完善，档案信息资源的记录载体、记录方式、管理方式也随着时代的进步而发生着变化，档案信息资源的管理也应朝着网络化、数字化的方向发展。

随着人类的进步和发展，大数据时代的来临，人们在计算机系统存储的数据信息也越来越多，这些数据是人们工作、生活和生产活动等的原始记录，能够为人们提供重要的利用价值。档案信息资源整合将是挖掘档案信息资源潜在信息价值的有效措施，是实现档案信息资源、共享化的必然选择，也是适应社会信息化进程的需要，更是档案事业发展的必然趋势。

除此以外，实现档案信息资源的整合还是解决传统档案资源管理模式带来的弊端的需要。长期以来，档案保管机构各自为政，造成档案资源长期分散，而这种分散性已然不适应大数据时代集中性的需求，于是便产生了对档案信息资源进行整合的诉求。档案信息资源数字化、信息化后，体现的明显特征是相对完整性、集中性，这就出现新的诉求——档案信息资源整合。尤其是现代电子计算机普遍应用，所生成的文件档案信息越来越具有电子特征后，我们进行整合时不得不考虑到未来发展趋势问题。例如，科技部、财政部、农业农村部等有关部门协调成立的国家科技文献资源网络服务系统，教育部主持推进的全国高校信息保障系统，由文化部（现为文化和旅游部）、国家图书馆牵头的中国数字图书馆工程以及各地数字档案馆的建设等，这些工程建设是对信息完整性、集中性需求的体现。

（二）提高档案信息资源服务质量的需要

在现代政府以公民需求为导向信息管理的核心下，充分利用信息技术提供高效、高质的档案信息服务，是未来服务发展的方向。在这种背景下，档案馆被推向了信息公开的前台，意味着档案信息资源开发具有了政治合法性和迫切性。社会信息资源整合程度的提高与公众信息意识的觉醒为档案信息资源的整合创造了良好的社会环境与氛围，同时使档案资源的整合成为一种必然趋势。

近年涉及老百姓切身利益的民生档案数量与日俱增，与之相对应的是人民群众利用档案的需求也不断增加，因而迫切需要一种能够集中保管和统一利用的档案管理机制的出现与创新。整合档案信息资源为公众提供了一个双向主动式档案信息服务手段。除此之外，一方面是档案信息资源提供服务的频次、速度、要求越来越高；另一方面是档案信息资源服务的范围、空间、形式越来越广，社会的需求永远是激活档案信息资源整合和开发的力量源泉，推动档案信息资源整合的动力是适应时代发展和档案信息资源服务对象多元化的需要，档案信息资源整合的建设会使档案服务社会的力度、方式、手段实现新跨越。

总之，实现档案信息资源的整合，可以提高人们利用档案信息资源的检索效率，可以改善档案网站、档案馆以及档案室的服务质量。

（三）实现档案信息资源数字化

大数据环境与过往的信息环境最大的区别，不仅是巨量的数据资源的诞生，而且是大数据能够对信息、数据等进行筛查、分析和处理。大数据的处理包括了大数据采集、大数据处理、大数据统计分析与大数据挖掘等方面。大数据具有数据挖掘和分析、内存计算和流处理技术等处理技术。大数据的存储包括分布式文件系统、非关系型数据库（NOSQL）、数据仓库等存储技术。大数据的应用技术包括云计算及其编程模型MapReduce、大数据获取技术、大数据存储技术、大数据分析技术、大数据可视化技术等。

在大数据时代，档案馆既要开展纵向层次的整合，又要开展横向功能的整合。档案馆可以通过综合利用大数据的存储技术、处理技术以及应用技术实现数字化档案信息资源的功能，如实现数字化档案信息资源的交换与共享功能、安全存储功能等。

一方面，云计算技术的具体应用说明大数据技术能够实现档案信息资源的交换功能。例如，档案“云平台”的构建。支撑云、公共云、业务云三个平台共同组成了档案信息资源整合的“云平台”。其中在业务应用层，可以通过大数据的存储处理技术完成档案信息资源的采集、编目、存储等工作。数据整合处理层通过对档案信息资源的分类等工作加工，编研不同的档案成果，形成不同的数据库，如特色档案、现行文件等。

另一方面，大数据技术在档案信息资源共享平台充当着非常重要的角色。通常来说，档案信息资源整合共享平台有着采集功能、审核功能、信息管理功能、信息共享功能、安全保障功能。其中，采集功能主要是负责收集档案信息，既可自动采集，又可人工采集。大数据的获取技术可以通过档案信息资源的数据分析，从而更好地获取可以用的档案信息资源。审核功能主要负责对其质量的监控，通过层层严格的筛选和鉴定，删除不合格的档案信息，动态存储可利用的资源。此外，仍可以通过大数据的智能过滤技术提前对档案信息资源进行筛选和加工。

大数据技术可以促进档案信息资源共享功能的实现。首先，公众可以通过档案信息资源整合共享平台，在线访问和查询档案馆藏信息资源，使档案信息资源充分地发挥自身的价值，服务大众。其次，档案信息资源整合共享平台可以打破地域限制以及“信息孤岛化”的状态，促进各大档案馆之间的联系，实现更大范围内的资源共享。

二、大数据环境下档案信息资源整合的策略

我们将从档案实体整合与数字档案信息资源整合两方面提出应对措施。首先，谈一下档案实体的整合。

（一）从内容层次开展档案实体整合

档案实体整合是一个个体层次的整合过程，丰富的馆藏是档案信息资源整合的基础。档案实体整合包括综合档案馆自身管理制度、管理程序、馆藏系统信息的整合，还包括县级区域内各种实体信息部门的整合，将区域内各个独立、分散的部门档案资源进行综合整合。

1. 现有馆藏整合

档案馆不再仅仅是一个实体保管机构，还是今后实现档案资源共享的主要源头和基地。传统的档案实体一般以案卷形式保管在库房，档案馆应对其馆藏数据清楚掌握，做好基础的编目工作。目前，档案馆的实体整理工作一直在做，但是结果不尽如人意。档案馆应根据档案整合功能特征从档案馆管理制度化、归档程序化、馆藏数字化、信息网络化、控制智能化方面进行管理。还应做好现有馆藏各种载体标准、海量存储整合工作，有选择地将原始馆藏中有特色、有较高利用价值的档案数字化，积极将已接收进馆的文件建成编研成果数据库，使传统档案信息与现有档案信息共同发挥作用，如建立电子政务档案、城建档案、指纹档案、民生档案等特色数据库。

2. 开展区域档案信息资源整合

以往，单个部门多自己保存自己形成的档案，然而单个部门的条件往往

有限。如果把一个区域县级的部门档案整合在一起会节约很多人力、物力。在区域整体规划中设立县级单位为档案管理中心，各级档案信息形成部门向县档案馆移交，建立一个以档案部门为主体、各专业主管部门配合的区域管理模式，实现档案资源集约化、人员素质现代化、业务建设标准化、管理工作规范化、利用服务优质化。

（二）从技术层次开展数字档案信息资源整合

在大数据的时代背景下，档案数字资源具有数量庞大、增长迅速、多源异构等新特点，在给人们带来丰富信息的同时，也给数字档案信息资源的整合带来了一定的困难，如数据存储问题、安全保障体系的建设等问题。接下来，我们将从以下几方面对大数据时代下数字档案信息资源的整合策略进行探讨。

1. 建立统一的档案数字信息资源整合标准体系

在大数据时代，档案数据的多样性已成为常态，要实现档案数字资源的整合就需要协调相关利益方建立兼顾适用性、稳定性和国际性的档案数字资源整合的标准体系，完成对不同协议、标准、规范的整合。这包括档案信息化过程中涉及的各类数据组织方式和网络通信协议的整合，各相关业务系统中使用的数据标准和协议规范的整合以及采用的各类存储、应用标准的整合等。唯有如此，才能确保整合工作遵循相同的标准，方便档案数字资源的存储和迁移，实现档案数字资源的交流与共享。

2. 实现由馆藏中心模式向服务中心模式的转变

前面我们提到过大数据时代的信息挖掘技术，如云计算、Web 2.0 文本挖掘技术等。这些大数据技术可以通过对复杂关联的数据网络中出现的趋势进行预测，为人们的行为决策提供有益指导。这就要求档案部门改变过去单一的“供给式”思维模式，关注大众的利用需求，构建起以社会利用需求为导向的档案数字资源体系。比如，档案网站导航、索引等人性化服务的提升都可以更加方便用户。时刻关注用户需求的变化，进而实现由馆藏中心模式向服务中心模式转变，不断提高档案服务与用户之间的匹配度。

3. 构建适应大数据要求的档案数字资源分析系统

毫无疑问，构建适应大数据要求的档案数字资源分析系统依然要用到大数据信息挖掘技术。接下来以“云计算”技术为例加以说明。

云计算技术具有资源虚拟化、高可扩展性、高可靠性、按需付费等显著的特征。它适应了大数据时代分布式存储与海量数据并行处理的需求，实现了计算机资源的服务化，是大数据时代档案数字资源整合的基础平台和支撑技术。

首先，各档案部门应根据国家统一规划以及自身基础设施建设与档案数据库资源的匹配程度，灵活选择适合的云部署方案。处在档案数字资源整合关键节点的部门应架设私有云，其他部门可根据自身情况将关键数据存放在私有云上，同时以动态申请公有云的方式弥补自身计算能力、存储空间等的不足。其次，云计算能统一各应用环境之间的业务逻辑、组织结构和表达方式等，消除信息孤岛，从而建立集成的档案数字资源管理平台，促成档案数字资源深层次整合与知识开发的实现。最后，云计算能实现对档案应用的整合，并以服务的形式向用户发布，同时支持用户利用各种终端设备随时随地访问所需的云服务。这些都将最大限度地发挥档案数字资源整合的优势，提高档案服务的效率和便捷程度。

（三）从服务层次开展档案信息资源整合

众所周知，档案馆开展档案信息资源整合一方面是为了加强对档案信息资源的管理，另一方面更为了提升档案馆的服务效能，方便公众查找和利用。笔者将从构建档案信息资源整合共享平台和主题档案数据库两种途径进行说明。

1. 构建主题档案数据库

在大数据时代，基于公共服务的视角下，档案馆既要做好档案的征集、保存、管理等基础性工作，又要积极实现档案信息资源的共享，满足公众多样化的需求和高标准的期望。

首先，档案馆可以打破“条块”机制的束缚，和各级档案馆分工合作，形成资源互补，最大限度地发挥资源优势。同时，依托档案馆形式各异的馆藏资源，根据一定的标准进行资源挖掘与整合，推进档案的数字化工作，建立编研成果数据库，做好检索与服务工作，从而提升检索效率，完善服务质量。

其次，广大公众既可以是档案的利用者，还可以是档案信息资源收集者。档案馆可以通过广泛的宣传，如通过网络宣传、发放宣传手册等方式调动大众贡献档案信息资源的积极性。档案馆还可以开展形式多样的主题展览展示，展览从公众手中征集的档案信息资源，增强公众的自豪感和使命感，使公众更加积极地贡献自己珍藏的档案信息资源。

除此以外，档案馆还可以构建联机检索数据库，将档案馆的数字化档案信息资源分门别类，然后实施联机检索，方便公众打破地域限制，检索其他档案馆的馆藏档案信息资源。沈阳市档案馆的检索数据表明公众对民生档案、家庭档案以及社会保障等相关档案的查阅最频繁。因此，档案馆在进行档案实体资源整合的时候，可以按主体建立编研成果数据库，比如建立社保档案、婚姻档案、民生档案等主题档案数据库。

2. 构建档案信息资源整合共享平台

在大数据时代背景下，档案馆数字化档案工作的开展，催生了海量的数字化档案信息资源，且公众对档案信息资源的需求也日益增多，实现档案信息资源的整合与共享是时代的必然趋势。

档案信息资源共享平台是一种基于互联网技术，整合了采集、审核、存储、发布、共享利用功能的软硬件集合。通常来说，档案信息资源整合共享平台有采集功能、审核功能、信息管理功能、信息共享功能、安全保障功能。

首先，公众可以通过档案信息资源整合共享平台，在线访问和查询档案馆的馆藏信息资源，使档案信息资源充分发挥自身价值，服务大众。其次，档案信息资源整合共享平台可以打破地域限制以及“信息孤岛”，促进各大档案馆之间的联系，实现更大范围内的资源共享。

（四）从安全层次开展档案信息资源整合

在大数据时代，个人计算机、手机等移动设备，微博、微信等社交 APP 产生的多种类型的信息构成了海量的大数据资源。这些数据涉及个人、企业、国家等人类生产生活的方方面面。然而，这些海量的数据资源面临着黑客攻击、恶意泄密等安全威胁，尤其是档案馆存储的档案信息资源有的涉及国家或者企业的机密。因此，在大数据时代，档案馆加强数字化档案信息资源的安全保障体系的建设就显得极其重要。

1. 加强访问安全的建设

首先，加强访问安全的建设。访问控制是实现档案信息资源受控共享、保障档案信息资源被合规访问的有效措施。访问控制是档案馆网络安全防护的重要渠道，起着关键性的作用。通过访问控制技术能够合理地控制和认证用户访问权限，保证非法用户无法窃取资源。常用的访问控制措施有身份认证、口令加密、设置文件权限、控制网络设备权限等。档案馆应建立 IAM（身份识别和访问管理）和隐私保护系统，实现统一身份认证与访问权限控制，达到用户安全集成管理的目标，有效应对档案数字资源整合与大数据应用过程中的安全风险。其次，通过数据加密技术保护档案信息安全。通过SSL（secure sockets layer，安全套接层协议层）加密，实现在数据集的节点和应用程序之间移动保护大数据。

总之，档案馆可以综合运用大数据集成、存储、处理、访问相关技术以及云平台保障技术加强数字化档案信息资源安全保障体系的建设，保障档案信息资源不受非法侵害和恶意泄密。

2. 加强存储安全的建设

为了实现档案信息资源的整合，档案馆开始尝试构建档案信息资源整合共享平台，档案信息资源整合共享平台通常包括用户端、各级档案部门、档案控制中心和云端模块。在实施档案信息资源整合与共享的过程中，其存储安全十分重要。一方面，为了保护档案信息资源的存储安全，档案馆在上传数字化档案信息资源到整合共享平台的时候需要进行扫描，防止恶意数据的侵袭。另一方面，档案馆要开展数据加密存储，寻求适用于档案馆存储系统的加密存储技术、密钥长期存储和共享机制。这样既能保护档案馆用户的隐私性，又能保障档案云平台和档案信息资源整合共享平台的信息存储安全。

总之，档案馆在开展档案信息资源整合工作的过程中，一定要格外重视安全保障体系的建设。一方面，档案馆要提升安全防范意识，从档案存储物理系统到档案信息资源本身，多方位实施安全防范与控制。另一方面，档案馆要构建风险预警与防控机制。例如，在档案“云平台”的构建过程中，开展风险识别、风险控制等工作，监测与维护存储资源的安全。

第二节 档案信息资源的挖掘

在大数据环境下，伴随着互联网技术的飞速发展，各类社会媒体的普遍应用，档案信息资源具有来源多元、内容丰富、信息散布、数据繁杂等特性。档案信息资源的数量急剧增长，种类越发繁杂，数字化、信息化程度不断提升，使用传统的管理手段已经难以处理新形态的档案信息资源，树立大数据观念下的档案信息资源挖掘新思维、构建大数据技术指导下的档案信息资源挖掘新技术显得越发必要。

目前，云计算、语义处理技术和可视化技术等新型大数据应用技术已经趋于成熟，并已应用在档案管理领域。深入探究这些技术在档案信息资源管理中的应用，总结经验和不足，有利于档案工作更好地开展。以大数据技术指导档案信息资源挖掘工作，对档案信息资源的价值进行深入分析和系统全面地提取，对未来档案服务工作有着非常重要的作用。

一、大数据技术在档案信息资源挖掘中的具体实践

大数据技术对社会生活的各个方面造成了冲击，深入影响着人们生产和生活的方式。在档案信息资源的具体挖掘流程中，以语义处理技术、云计算技术和可视化技术为代表的大数据技术正得到日渐广泛和深入地应用，并取得明显的效果。

（一）语义处理技术在档案信息资源挖掘中的应用

1. 应用必要性分析

在大数据背景下，档案信息资源的总量呈现急剧增长的态势，且其结构形态也表现出越发复杂的特点，多媒体类档案占据着越来越大的比重。在此背景下使用人工方法对档案信息资源进行采集、开发和利用的难度越来越大。语义处理技术在大数据挖掘的过程中为机器提供了可以理解数据的能力，使用自然语言处理技术对原始档案信息资源进行处理，构建数字化档案信息资源跨媒体语义检索框架，为深入挖掘档案信息资源提供技术支持，可以在语义理解的基础上提高档案信息资源挖掘算法的语义化程度和性能，最终实现对海量、繁杂档案信息资源的快速挖掘、智能提取，提升挖掘质量和挖掘效率。

2. 语义处理技术在档案信息资源挖掘中的具体应用过程

语义处理技术的主要作用是对原始的档案信息资源进行自然语言处理，以便机器更好地“理解”使用者的目的和需求，从而实现对档案信息资源更为精确地提取。自然语言处理是基于计算机科学和语言学，利用计算机算法对人类自然语言进行分析的技术，属于人工智能领域的一个重要方法。自然语言处理的关键技术包括对自然语言的词法分析、语义分析、句法分析、内容分析以及语音识别技术和文本生成技术等。在档案信息资源挖掘过程中，这些技术可以使计算机对原始档案信息资源有深入地理解和认识。这些技术有利于档案信息资源挖掘者系统地掌握档案信息资源的内容概要，对档案信

息资源进行内容检测，依照关键词义、语义对档案信息资源进行系统分类整理，对原始信息进行深入挖掘检索、质量检测。利用这些技术还可以实现自然语言所表达的内容信息不同形态之间的转换，有利于档案信息资源的丰富拓展以及清晰表述，对档案信息资源挖掘效率的提升意义重大，同时为智能检索技术的应用奠定基础。

自然语言处理技术主要包括两大类，即机器翻译技术和语义理解技术。机器翻译技术，即使用计算机实现对自然语言内容的认识和提取，并以文本或其他形式输出，可把一种类型的自然语言翻译成另一种类型的自然语言。语义理解技术则强调把检索工具和语言学进行有机结合，通过对关键词专用检索工具的开发以及对原始信息的前文扫描，弄清其词义、句意之间的相互关联，从而在语义层次上实现检索工具对检索目标词汇的理解。在自然语言处理技术中会用到汉语分词技术、短语识别技术、同义词处理技术等，对原始语言信息进行系统区分、鉴定和提取。

总的来说，在档案信息资源挖掘过程中，语义检索技术方法主要有两种：语义分析法和分词技术。前者目的在于在资源挖掘中对检索关键词进行语义分析，对关键词进行拆分，并查找拆分后关键词之间的关联以及搜索与关键词含义存在关联的其他关键词，最终实现对查询者目的的解读，搜索出最符合使用者要求的结果；而分词技术则是当档案使用者对档案信息资源进行查询时，将其查询词条按照相应标准进行划分，然后按照对应匹配方法把划分后的字串符进行处理，实现对目标资源提取的一种技术。将语义处理技术应用于档案信息资源挖掘工作中，有利于提高档案信息资源的检索质量，使检索结果更符合使用者需要，可以更确切、高效和准确地实施档案信息资源挖掘工作。

目前，语义处理技术已经在档案信息资源的开发利用中得到了实践。例如，维基百科、百度百科等无须付费的新型资源库本身覆盖了范围很广的信息资源，且这些资源易于获取、成本低、更新速度快，将其应用于档案管理领域，使之逐渐成为档案信息资源挖掘和自然语言处理的语义知识库和语义知识来源。从这些语义知识库中，可以对近义词、相关词、上下位词和同义词进行智能分析、自动抽取，从而大大增加了对档案信息资源进行语义分析的智能化程度，可以提高在档案信息资源挖掘工作中提取目标资源的效率和准确度。

（二）云计算在档案信息资源挖掘中的应用

云计算（cloud computing）是分布式计算的一种，指通过网络“云”将巨大的数据计算处理程序分解成无数个小程序，然后通过多个服务器组成的系统对这些小程序进行处理和分析，并把得到的结果返回给用户。在云计算发展早期，简单地说，其就是简单的分布式计算，解决任务分发，并进行计算结果的合并。因此，云计算又被称为网格计算。通过这项技术，可以在很短的时间内（几秒钟）完成对数以万计的数据的处理，从而拥有强大的网络服务能力。

云计算是继计算机、互联网后的又一次IT革命，云计算是信息时代的一个大飞跃，未来的时代很可能是云计算的时代。虽然目前有关云计算的定义有很多，但总体来看，云计算的基本含义是一致的，即云计算具有很强的扩展性和高可用性，可以为用户提供一种全新的体验。云计算的核心是可以将很多的计算机资源协调在一起，使用户通过网络就可以获取到无限的资源，同时获取的资源不受时间和空间的限制。

在档案信息资源的挖掘过程中，首先要完成档案信息资源的采集，然后进行档案信息资源的预处理，即对档案信息资源进行价值分析和去噪处理，以实现档案信息资源的高效挖掘、优质开发。在此过程中，云计算技术广泛应用于构建档案信息资源整合共享平台，以拓宽档案信息资源的采集渠道；提供高效且廉价的档案信息资源处理工具，以降低档案信息资源的挖掘成本，并提升档案信息资源的价值密度。构建基于“云平台”的云档案系统，从而实现对档案信息资源更全面系统地开发与利用。

1. 应用必要性分析

云计算的应用必要性体现在以下几个方面。首先，可以平衡档案信息资源挖掘基础设施建设。目前，由于地区经济发展不平衡、经费投资差别大，我国档案信息资源开发挖掘工作在基础设施建设上存在较大差别。一些发达地区在档案信息资源挖掘基础设施的建设上投入大量资金，确保了工作需求得到满足，但是有些经济欠发达地区的基础设施建设存在较大缺陷，没有足够的设施和技术对档案信息资源进行挖掘、开发。在这种情况下，通过云计算的基础设施服务来统筹规划档案机构的挖掘工具、管理服务器、存储器等基础设施，通过建设营造云计算环境，向分布的档案机构提供基础设施服务支持，这样不仅可以节省档案信息资源挖掘基础设施建设的资金，还可以平衡不同经济状况地区的档案信息资源开发状况，使挖掘技术力量较弱的档案部门同样可以开展档案信息资源开发工作。其次，可以拓宽档案信息资源采集渠道。在档案信息资源挖掘工作过程中，最基础的部分是对海量档案信息资源的采集。广域的数据采集对于档案信息资源挖掘成果的系统性、全面性至关重要。通过云计算构建“档案云”平台，实现档案信息资源共享，对各档案机构、企事业单位的档案信息资源进行统筹规划，合理存储、调动、分配档案信息资源，消除以往的档案信息资源“孤岛”，将其融合为一个档案信息资源的“海洋”。分散的档案机构在进行档案信息资源采集时，不仅可以对自身馆藏资源进行采集和处理，还可以通过档案信息资源整合共享平台，综合考虑云平台中档案信息资源的关联性，拓宽采集渠道，深入探索档案信息资源价值，实现更为高效、优质的挖掘和开发。

云计算存储空间大、计算能力强、安全性高，现在通过云计算实现数据共享的技术条件已经成熟，并在档案信息资源管理领域有所应用。随着档案信息资源的大数据特征进一步明显，云计算必将在档案信息资源的挖掘和开发领域发挥越发重要的作用。

2. 云计算在档案信息资源挖掘中的具体应用过程

云计算应用体现在三个层次，分别是基础设施服务、平台服务和软件服务。目前，云计算在档案信息资源挖掘过程中最直观的应用是构建云档案平台，完善数字化的云档案管理系统，实现档案信息资源和档案基础设施的共享，以拓宽档案信息资源的挖掘渠道，扩大档案信息资源的采集范围。此外，云计算是对海量数据进行分析和处理的关键技术，也是进行大数据分析及应用的基本平台。在档案信息资源挖掘过程中，云计算的 MapReduce 处理技术可以对海量的档案信息资源进行预处理，以关联原则和聚类分析的方法，对档案信息资源分批处理并对其进行价值分析，确保档案信息资源的优质挖掘。

（1）构建云计算平台以拓宽档案信息资源采集渠道

云档案平台的构建是档案信息资源挖掘的前提，构建云档案平台之前必须建设平台必需的资源设备体系，具体包括作为云档案平台服务器端的服务器设备、互联网设备和档案信息资源的存储设备和构建云档案平台必需的现有档案信息资源，这些由云平台的构建者统一实施建设，以完成构建平台的硬件准备。此过程就是构建一个把档案信息资源、档案处理软件资源和档案信息存储资源有机整合的资源池，把档案机构现有的大量相同类型的资源构成同构或接近同构的资源池的过程。通过上述工作将不同的档案机构间或同一档案机构中的异构档案信息资源进行处理，使之整合成同一结构类型的档案信息资源，为实现档案信息资源共享、广域信息采集奠定基础。之后所构建的云档案平台的管理系统，负责对该平台中存储的海量档案信息资源进行统筹管理，同时协调支配云平台的各类任务，使云档案平台得以正常运行、高效操作，并保证平台的安全性。在此环节中，云平台管理系统负责管理档案信息资源、各项具体应用任务、云平台的安全性监管和用户的使用情况管理等。通过构建管理系统实现档案信息资源的共享，以形成档案信息资源广域采集。基于以上操作，最后通过云档案平台的服务系统实现档案信息资源的共享，以统一标准实现档案信息资源的整合之后，构建成一个规格确定的档案云平台，在技术上能将分布在不同档案部门的数据库和一站式检索界面结合起来，最大限度地实现档案信息资源共享和业务协同。同时，建立平台的服务接口，建立查询、访问档案信息资源的服务区域，从而实现档案信息资源的共享。在此过程中，云平台还可以创建其信息数据采集接口，注重对网络档案信息资源的采集和移动互联网 APP 数据的采集，利用强大的储存能力和对档案信息资源的处理能力，对档案信息资源进行收集。云档案平台的构建实现了档案信息资源的扩区域整合，把档案信息集中统一存储在后台数据库中，为海量档案信息、资源的安全存储和高效共享提供了存储空间和管理工具，为档案信息资源的大规模系统采集提供了基础，为档案信息资源的挖掘开发提供了条件。

（2）云计算可以对挖掘对象进行价值分析、资源整合，提升挖掘精确度与效率

云计算的 MapReduce 处理技术在档案信息资源挖掘的数据预处理阶段可发挥重要作用，主要应用于对海量档案信息资源进行价值分析以及对原始档案信息资源进行数据清洗，以实现档案信息资源的高效挖掘。不同地域的档案机构在进行档案信息资源的深层次开发利用时，通过信息资源共享平台采集到的档案数据是凌乱复杂的，不具有应用价值的档案信息资源普遍存在，

同时由于多信息资源采集渠道导致存在大量重复档案信息资源。MapReduce应用算法可以对档案信息资源价值进行评估和处理。在档案信息资源挖掘工作的数据预处理阶段，对采集到的大量档案信息资源进行同构化处理后，将其分割成几个部分，在此过程中每一部分都会有相应的键—值对应关系，将这些档案信息资源交予不同的Map区域进行处理，此时在不同的Map区域对最开始的键—值对再次进行处理，形成中间结果更细化的键值对，继而由Shuffle进行清洗操作，把所有具有相同属性的Value值组成一个集合，将此集合呈至Reduce环节进行价值合并，Reduce部分将这些Value值进行搜集，把相同的Value值合并在一起，最终形成较小的Value值集合。MapReduce对海量档案信息资源分而治之，并使用“物以类聚”的分析方法，分析档案信息资源之间内在的特点和规律。根据档案信息资源属性间的相似性对其分而治之，再根据其价值点之间的相似性对其实现价值聚合，可以在档案信息资源挖掘中实现资源清洗和价值分析整合，提升挖掘效率。

（三）可视化技术在档案信息资源挖掘中的应用

1. 应用必要性分析

在大数据背景下，档案信息资源种类、结构更加复杂，数量也更巨大。在档案信息资源挖掘过程中，需要对诸多海量的、多元化的、结构复杂的档案信息资源进行直观展示，使档案信息资源的管理者和使用者可以清晰洞察档案信息资源背后所隐藏的信息，并将这些信息转化为可以对自身生产生活发挥实际作用的知识。对档案信息资源进行挖掘首先必须对原始资源有清晰、直观地认识，随着档案信息资源总量的增大，这一过程愈发困难。对于档案信息资源的开发者和挖掘者而言，海量的档案信息如同一个口很大的黑洞，必须对这些资源进行逐一认识、排查，发掘其所隐藏的价值。当原始挖掘对象的总量很大时，还需要对原始信息资源进行检索，在传统的档案信息资源检索条件下，为了浏览所有结果，用户只能不断翻页。在档案信息资源的挖掘过程中引入可视化技术，把档案信息资源以及其内部不可见的语义关系以图形的形式进行直观呈现，同时在使用计算机对档案信息资源进行处理时更加注重人机交互的过程，以更系统、高效地对档案信息资源进行发掘，准确提取其潜在价值，使之发挥更重要的社会效用。

2. 可视化技术在档案信息资源挖掘中的具体应用过程

信息可视化的定义为使用计算机技术，使复杂的数据信息以交互的、可视化的形式体现出来，以增加人们对其认知程度。可视化技术的主要研究重点在于它倾向于对复杂的数据信息进行综合分析，将其转化为易于理解的可视化图形，以直观的视觉方式展现数据中隐含的信息和规律。人类从外界获取的80%信息来自视觉系统，因而可视化的主要任务在于建立起符合大家普遍认知的、易于理解的心理印象。信息的可视化技术已经发展多年，现在越发成为人们分析抽象、复杂数据的重要工具之一。

在档案信息资源挖掘领域，信息可视化技术也可以发挥类似的效力。首先构建一个完整的档案信息资源数据集，即档案信息资源可视化界面，对该数据集中的档案信息资源进行全面的认识。其次放大目标所在的档案信息资源领域并剔除不需要的档案信息。最后结合用户的具体需求向用户展示具体细节，通过用户的具体操作和实践过程探索在档案信息资源可视化分析中使用者的行为，以此对可视化系统的实现提供指导。同时，注重档案信息资源的关联性和系统性，向用户展示档案信息资源数据项之间的相关性。在上述过程中须注重对历史操作数据的搜集和整理，要重视保存并整理在与使用者进行交互过程中产生的历史记录，这样可以对可能遗失的相关信息资源进行复原，也可以对类似的工作进行复制和重复以及细化更深层次的档案信息资源可视化处理与挖掘工作。与此同时，注重使用者、档案信息资源和档案管理者三者之间的交互，以实现档案信息资源可视化的操作。

档案信息资源的可视化描述是对其进行高效、准确挖掘的前提。这一过程的主要内容是构建反映档案信息资源具体内容的图符、多纬度空间描述图、特征库、知识组织体系和相应的数据压缩格式。对于档案信息资源，尤其是以文本形式存在的文书类档案信息资源，可以根据这些档案形成的时间先后将其进行图形化显示，将它们的特性以图形形式表示出来。当前可应用于档案信息资源挖掘工作中的文本信息可视化技术有很多种，如标签云技术，即将原始档案信息资源的原始属性根据词频规则，总结规律，根据该规律对其进行排列，用大小、颜色、字体等图形属性对原始档案信息资源的关键属性进行可视化表述。除此之外，还有图符标志法，这种可视化方法可以把专业的、复杂的档案信息资源以十分直观且易于理解的形式向挖掘者和使用者进行展示。在档案信息资源挖掘过程中，通过可视化技术了解挖掘对象的属性和关联性，对采集的海量数据进行去噪处理，有利于管理者和使用者更清晰地认识这些信息资源，从而实现档案信息资源准确高效地提取。

二、大数据技术应用下档案信息资源挖掘工作的发展趋势

大数据技术深刻地影响着档案信息资源的挖掘过程，在社会信息资源日新月异的大数据背景下，未来的档案信息资源挖掘工作也必须适应时代发展的潮流。在大数据技术得到深入应用的前提下，档案信息资源的挖掘工作逐渐呈现出新的发展趋势，主要体现在挖掘主体协同化、挖掘对象社会化和挖掘方式标准化三个方面。

（一）挖掘主体协同化

在大数据时代，档案信息资源外延的扩大化以及跨媒体的语义处理技术在档案信息资源挖掘领域的应用，未来的档案信息管理工作应当秉承以档案部门为主导的协同合作主体多样化原则。在档案信息资源挖掘领域主要体现在挖掘主体的协同化。在大数据背景下，数据的关联性日渐紧密，档案信息资源与其他类型的信息资源之间也具有越来越紧密的联系，档案机构在从事信息挖掘的过程中与其他社会机构协同合作成为未来档案信息资源挖掘工作的新趋势。各级档案馆可以加强与图书馆、博物馆等文化事业单位的协同与合作，推进信息资源的共享；也可以加强和商业机构的合作与协同，对档案信息资源进行协同开发，注重与档案信息资源的服务供应方、互联网运营商的协同，挖掘档案信息资源中隐藏的商业价值；高校档案机构也可以搭建与政府机构、企事业单位、民间组织进行信息交流的平台，主动推送档案信息服务，与这些机构协同挖掘档案信息资源的价值，获得人力、物力和财力上的支持，使高校的研究成果产生更大的社会效益。

总之，档案信息资源是大数据时代最重要的财富之一，其价值的挖掘和提取对未来数十年社会的发展具有不可估量的意义，档案信息资源的挖掘工作关系到档案信息资源的整合与优化，关系到档案服务工作的前进方向，关系到信息化社会档案信息资源对于社会的服务能力，更关系到我国在大数据时代能否把握历史机遇，实现综合国力和国际竞争力的全面提升。大数据技术虽然已经普遍应用于社会的很多领域，但在档案信息资源挖掘领域中的应用尚处于起步阶段，使用云计算、可视化分析、语义处理技术等大数据技术系统而高效地进行档案信息资源挖掘是当下和未来档案工作的重要内容。广

泛采集、综合分析、整合成果、高效利用，树立大数据背景下的档案信息资源挖掘新理念，使用以大数据技术为基础的档案信息资源挖掘新技术，广泛借鉴国内外先进成果，积极总结经验教训，顺应时代潮流和国家政策的指引，完善相关标准和法规，大力深化大数据技术在档案信息资源挖掘领域的应用，打造多部门协同发展，面向多元化信息来源、统一协调的档案信息资源挖掘体系，为我国的档案事业做出更大的贡献。

（二）挖掘对象的社会化

大数据时代，各类新型数字化媒体层出不穷。这些社会化媒体每天都产生和传递着海量的社会信息资源，而这些信息资源日渐成为档案信息资源的重要来源，如何对与日俱增且价值巨大的社会档案信息资源进行采集、存储，并挖掘其中价值成了档案挖掘工作的难题。大数据技术在档案信息资源挖掘中的深入应用可以解决这一难题，云档案平台的构建可以实现社会化档案信息的跨区域共享和流通，云存储技术可以为体积巨大的社会档案信息资源提供安全可靠的存储空间，语义处理技术可以实现跨媒体的档案信息资源处理。这些都为社会档案信息资源挖掘提供了技术支持。如今档案信息资源的社会化趋势与日俱增，随着“大档案观”理念和档案的“社会记忆”理念的提出与推广，档案信息资源的外延逐渐扩展，关于社会化媒体信息资源的研究也愈发活跃。如今，社会媒体信息资源的急剧增长极大地推动着我国档案信息资源的社会化进程，社会媒体的应用深刻改变着社会民众的档案意识，为档案信息资源的社会化注入潜在推动力。大数据技术为其开发利用提供技术支持和保证，在未来的档案信息资源挖掘中，挖掘对象的社会化已成为必然趋势。

（三）挖掘方式的标准化

虽然云计算、语义处理技术已应用于档案信息资源挖掘领域，并将不断普及，但是想要实现档案信息资源更大范围的资源共享、应用工具的共享和利用，还有很多挑战，最主要的挑战在于挖掘方式的标准化处理。在目前的大数据挖掘工作中，原始档案信息资源普遍存在著录标准、组织标准不统一现象，这给档案信息资源的挖掘利用造成了困难。因此，今后云计算技术、语义处理技术应用于档案信息资源挖掘时将呈现出挖掘方式标准化的趋势。在未来的档案工作中，各级档案机构首先要做好档案信息资源组织标准的构建工作，为跨媒体的语义处理和信息提取创造条件。要注重对现有档案信息资源组织标准的完善和对统一挖掘标准的理解和推广，实现大范围的档案信息资源标准化处理，从而使档案信息资源的挖掘方式实现标准化和统一化。同时，在云档案平台的构建过程中也应该注意标准化建设，需要由国家出台相关政策对云计算服务平台标准进行规范和指导，在具体的实践过程中，严格执行现有的档案数据著录与案卷级、目录级数据格式标准，还应总结问题出台新标准，以实现档案信息资源在未来更大范围内的资源共享、广域采集和标准化开发利用。除此之外，还应当注意在档案信息资源挖掘过程中如何参与制定与执行国际标准，建立起标准化的信息资源接收渠道，形成统一规范的接收协议。实现全球通用的档案信息资源执行标准是新技术在该领域得以普及和推广的重要保障。

建立统一标准，在该标准下对档案信息资源进行采集、整理，进而实现标准化的挖掘和利用。在现实中已经有了初步的探索，比如浙江省丽水市完成了全市范围内的云档案信息共享系统的构建，该系统把市区及下辖九个县区的各数字化机关档案室、档案备份系统和云档案信息资源共享系统整为一体，采用统一标准进行处理，大大提升了档案信息资源的挖掘效率，也为我国未来在全国范围内推行档案信息资源的标准化处理提供了借鉴。

第三节 档案信息资源的开发与利用

当前社会是一个信息社会，在该社会背景的影响下，对信息资源的利用不断增强，在档案管理中充分利用信息资源是提高其管理效率的关键。档案信息是一种重要的资源，通过各种手段和控制技术对其进行分析、开发和利用，是当前社会发展的必然结局。在档案工作的管理过程中，档案信息资源的开发和利用是利用相应的手段和分析方式对其进行控制的过程，是档案工作在社会发展中的必然选择。

随着科学技术的不断发展，档案管理已成为当前企业发展的重点。在档案管理的过程中，对各种档案管理方式和档案控制模式进行分析是当前发展的关键，是提高档案管理水平的主要方式。在我国传统的档案管理过程中，由于人们对档案管理的重视不够，使档案管理存在诸多问题。随着当前信息资源利用的不断深入，各种技术手段和管理模式的应用成为发展的主要措施。

推动档案管理在档案管理的过程中，信息化管理模式已成为当前档案管理的主要手段，是加强档案管理工作的主要措施和手段。信息技术的应用提高了档案管理的工作效率，是保证其发展的前提和关键。这是信息时代的要求，也是档案事业发展的必然结果，更是社会发展的主要手段。

一、档案信息资源开发与利用的现状

（一）档案信息资源开发与利用的含义

档案信息资源的开发与利用就是在档案工作领域运用现代信息技术采集、处理、传递和使用信息资源，提升档案工作质量的过程。开发的任务是生成有用信息，通过信息的生产确保信息的供给。利用是实现信息的价值，确保信息能够在各项活动中发挥作用，形成效益。可以说，档案信息资源开发是基础，利用是目的，两者互为因果，相辅相成。

（二）移动互联网环境下档案信息资源开发与利用的特征

在移动互联网环境下，档案信息资源开发与利用有了一些新的特征，把握变化才能更好地适应这一环境。

1. 获取档案信息资源的途径增多

传统获取档案信息资源途径主要包括到馆获取、从档案编研成果中获取、访问档案网站获取。在移动互联网环境下，档案获取途径变得更加丰富，微信、微博、手机 APP 等多种途径可供选择。在这些社交媒体的帮助下档案走进了千家万户。

2. 时间上的碎片化

由空间的移动性导致了档案信息资源利用时间的碎片化。这一特点不仅要求档案信息资源可被随时访问到，还对档案信息资源开发者提出了新的要求。在移动互联网环境下，人们已经进入“读图时代”，档案信息资源展示形式应该与时俱进，图片、小视频是当前更受欢迎的形式。另外，阅读时间碎片化对档案信息资源的内容也产生了一定影响，人们更加倾向于简单娱乐性的内容。因此，档案信息资源开发者应该把握住移动互联网环境下的新特点，提供用户需要的内容。

3. 空间上的移动性

移动环境指的是人或物处在不断变化的空间环境中。一方面，这一特点为档案利用提供了便捷，用户获取和利用档案信息的空间自由度更大。另一方面，这一特点也对档案利用工作提出了挑战：移动空间环境中的干扰因素增加，用户对档案信息的利用呈现碎片化趋势，对档案信息的质量要求更高，移动环境对无线网络、信息传输等的技术要求也更高。

4. 用户主导档案信息资源开发

在移动互联网环境下，网民的“话语权”得到增强，更加有利于表达自身诉求。传统的由“档案馆”主导的档案信息资源开发逐渐向用户主导转变，一些类似于“我需要的档案信息”的调查活动使用户加入档案信息资源开发的“选题”“选材”“编辑”，甚至是宣传推广中。利用者也是开发者，使档案信息资源利用率得以提升。

5. 档案信息资源利用的深度增加

在移动互联网环境下，档案信息资源的利用从简单的“实物利用”向“知识利用”转变。档案的凭证性作用依然重要，但是在移动互联网环境下人们参考档案指导实践活动、利用档案信息进行创作、通过档案回忆历史的例子随处可见。档案信息资源开发利用程度加深。

二、档案信息资源开发与利用的策略

移动互联网环境下的档案信息资源的开发与利用必然要经过功能定位、选题、选材、编辑、公布、推广这几个环节。下面主要针对这几个环节提出相应的策略。

（一）科学定位，明确服务内容

下面从移动互联网环境下档案馆档案信息资源利用功能的服务对象和该定位所决定的服务内容两方面进行策略分析。

1. 大数据思维锁定主要用户群

科学定位首先要解决“为谁服务”的问题。在移动互联网环境下，档案利用者的范围与数量总体在增加。这些利用者大致可以分为两类：一类是原有的档案利用者，这些人在传统环境下就是档案信息资源的利用者；另一类是在移动互联网环境下新产生的利用者，这些人主要通过微博、微信等社交媒体浏览档案信息。我们需要通过分析这些利用者的特点来确定档案信息资源开发与利用的定位。

对档案信息资源开发和利用而言，我们也可以利用大数据思维找到较为精准的利用者。对原有档案利用者，我们可以利用“档案利用登记表”“档案网站统计”收集到的数据分析利用者的共同特征，预测潜在的档案利用者，如对职业、学历、单位等方面的预测。对于移动互联网环境下的新利用者，我们可以对微信、微博等微媒体产生的数据进行分析，进而预测他们的特征。

2. 精确设置服务内容

第一，移动互联网环境下档案信息资源的开发与利用必须体现出档案信息的资源优势。档案相较于其他信息，具有高度可靠性，因此档案信息的真实性是我们的优势。第二，开发对用户有价值的信息，通过调查统计将开发内容的决定权交给利用者，我们可以在微博上展开类似于“你最需要的档案”的讨论，调查利用者需要的内容。第三，发布有趣的内容，人们总是对秘密的事更感兴趣，我们可以开发那些大多数人都有兴趣的档案信息。第四，推出“民生档案”，它们与我们息息相关，许多“老城记忆”类的档案信息不仅阅读量高还引发许多民众参与互动。第五，反映热点的内容，紧跟社会热点不仅会吸引利用者目光，而且会增加利用者转发的可能性，增强用户推广欲望。

（二）精心选择表现形式

在移动互联网时代，人们对信息的要求更高，引人入胜的标题、直观形象的形式、简约友好的界面让档案信息资源的利用更有优势。

1. 引人入胜的标题

在移动互联网时代，大量的信息充斥在人们的生活中，拟好标题是做好编辑的第一步。

2. 简约友好的界面

在移动互联网环境下，用户获取利用档案信息资源的简约化是发展趋势，友好简单的页面是优质服务所不可或缺的。以微信档案公众号为例，一般设有两级菜单，一级菜单下设二级菜单，一般为 3 ~ 4 个，要求菜单名称文题通俗易懂。另外，菜单总体应该尽可能覆盖利用者需要的功能，但又不可太过复杂，影响利用。

（三）合理选择传播途径

目前，移动互联网环境下的档案信息资源传播途径众多，我们要加强顶层设计，运用互联思维使这些传播方式优势互补，通过整体效益实现利用目标。首先我们需要分析用户实现利用的所需的全部功能。从档案信息资源开发成果完成到用户实现利用，主要经过了发布—检索—利用—利用情况反馈几个环节，因此各种服务方式总体上必须实现发布、检索、阅读、反馈四项必要功能以及包含在四个环节中的基础性的咨询功能。

总之，移动互联网环境下档案信息资源的开发和利用是传统档案信息资源开发利用的延伸和补充，是目前档案工作的新领域。技术的发展带动档案信息资源利用需求和利用形式的变化，在当今移动互联网环境下，挖掘档案信息资源，开发档案信息成果，依托移动互联技术分析各项服务方式的特点，并将其对档案信息资源开发利用的价值最大化的发挥，是档案馆顺应时代发展、更好地服务社会实现转型的必由之路！

第八章 档案信息化管理的创新模式

第一节 不同载体的档案进行统筹管理

信息化是一场革命，它引起了档案管理的深刻变革。社会信息化为档案事业的发展提供了一个集理念、方法、技术为一体的大背景，档案事业作为社会文化事业的重要组成部分被列入国民经济和社会发展的总体规划，遵循和服从社会信息化发展的总体要求和战略布局，从而使档案事业的自身发展与国家信息化发展战略相统一、相协调。档案信息化是21世纪现代档案管理区别于传统档案管理模式的重要特征，也是信息社会档案管理业务发展的必然趋势。档案信息化改变了档案工作者的思想观念、档案业务的工作环境、档案馆的组建方式以及档案的载体形式。档案不再拘泥于以纸质、录音和录像为载体，而是多以数字形式形成、传递、移交、鉴定、归档、保管和利用，档案工作借助于计算机实现自动化，开展档案工作，挖掘档案资源，提供档案利用。信息化为档案利用者提供了前所未有的方便性，馆藏档案数字化成为历史的必然，数字化档案信息在急剧增长，以全新的思路、方法和举措来发展档案事业是信息时代、知识型社会赋予21世纪档案工作者的新使命。

在我国，信息化真正在各行各业应用起来并产生有历史价值和凭证作用的电子文件和数字化档案信息，是20世纪90年代以后的事情，有条件的档案馆也随之探索和开展档案信息化的初期建设和简单的案卷目录计算机化管理和查询利用。但从全国来看，依然还有很多档案馆（室）尚未启动信息化或还未真正将计算机和信息系统使用起来，各行各业档案信息化的应用水平也参差不齐，产生和形成的档案有模拟的，也有数字的，使用的载体有纸质的，也有光盘、硬盘和其他数字格式的。应该说，进入21世纪，我们处于一个纸质与电子、模拟与数字共存的状态，处于传统管理向现代管理转变的过渡转型期。档案馆内部存有大量的纸质档案、缩微胶片、录音和录像带等各种载体的实体档案，档案馆新接收的档案既有各种形式的电子信息，也有大量的纸质档案。在这个特殊时期，档案载体形式多元化、管理工作复杂化、技术手段多样化、服务利用个性化成为现实的挑战，而档案管理的组织和队伍却很难随之更新和发展。

因此，随着档案资源和档案信息管理规模的不断扩大，档案信息的管理问题势必引起社会的高度重视，要求档案工作者思考统一的管理思路，兼顾所有载体档案的统筹管理。

一、档案目录信息统筹管理

无论是电子的还是纸质的档案，无论是手工管理还是采用计算机实行自动化管理，整理、分类和编目始终都是档案工作的重要组成部分，档案目录是各级各类档案馆（室）提供档案服务利用的基础信息，也是实现档案检索和提供档案利用的重要依据。馆藏的传统载体档案中，手写档案目录是最常见的方式，而新归档的各类档案会形成各种机读档案目录，或以Excel、Access、Word或以关系型数据库格式存储的数字形式的目录信息，为了方便档案利用者，档案馆（室）必须对已有馆藏和以后归档的所有档案的目录信息进行整合，按来源原则或信息分类方式分别进行整理、分类与合并处理，形成能够覆盖各类档案资源的目录信息，并采用档案管理信息系统对档案目录信息实行统一管理，实现目录信息的资源共享和统筹管理。避免目前一些档案馆的做法：数字化档案采用管理信息系统进行管理，纸质档案采用手工翻本的方式进行检索。在档案馆实施信息化过程中，目录信息的数字化也是很重要的一项任务，不能由于工作量大、过去没有录入就成为历史遗留问题。

档案目录信息统筹管理的另外一个含义是案卷目录和卷内文件目录的关联管理，即尽可能将卷内文件目录也实行计算机化管理，并与其对应的案卷目录进行关联。当检索到案卷目录，就可以方便地浏览其卷内文件目录，提高检索的准确度；当检索到卷内文件目录时，也能够很快地定位到它所对应的案卷目录及其所在的库房存址，以方便调卷。

当然，由于档案馆人、财、物等资源的限制，档案信息化工作也是一个循序渐进的过程，不可能做到一蹴而就，因此，需要根据业务工作需要的紧迫程度，首先解决重要问题。有些档案馆在信息化实施一开始，注重新接收档案的目录建设和全文管理，而将原有馆藏档案的目录和实物数字化作为二期工程进行实施。实力较强的档案馆则将两项工作并行开展，以加快档案数字化处理和信息化利用的效率。无论采取哪种策略和方式，档案信息化最终的效果是将档案馆的档案全部实行信息化统筹管理，既方便档案工作者，又方便档案利用人员，更能为未来档案资源的社会化服务与信息共享奠定坚实基础。

二、目录全文一体化管理

档案全文，一方面是指馆藏档案内容的数字化信息，如缩微胶片、照片以及纸质档案数字化形成的静态图像文件，磁带、录像带等经过模数转化后形成的声音、图像等多媒体文件；另一方面是指各机构使用计算机和办公自动化系统等产生的电子文件归档后形成的数字化档案信息。这些全文信息是档案的内容实体，与档案目录信息相比较，档案全文能够提供更详细、更完整和更准确的内容和信息。然而，很多档案馆在接收电子文件或进行数字化加工后，没有将这些原文信息很好地管理起来，而是将这些数字化全文和图像存储在光盘、磁盘或网络存储器上，与保管纸质档案一样，把它们放在库房中，甚至没有进行分类、编目，根本无法进行系统化管理或提供利用。这完全违背了馆藏数字化和接收电子文件进馆的根本宗旨。我们知道，数字化信息最大的特点是利用的方便性和检索的快捷性，档案馆花费大量的时间、人力、物力和财力开展馆藏档案数字化和接收电子文件进馆的主要目的是为了方便利用，对于使用频繁的历史档案而言，也起到保护档案的目的。

实行目录全文一体化管理是信息化管理中比较有效的一种方式，其工作原理是首先在档案目录中进行检索，缩小范围，然后再检索全文，以便准确定位查档目标。通常采取的方式是，将档案目录信息采取关系型数据库管理系统实行统一管理，将扫描后的图像文件和新接收的电子文件 / 档案以文档对象或文件形式存储在文件服务器或者内容服务器上，并通过一定的访问规则将档案目录信息与这些文件对象进行关联。在检索到档案目录信息时，就可以浏览和检索全文。如果在信息系统中，还需要按照系统设定的用户对目录和全文的浏览、检索权限进行处理。

目前，很多档案馆在接收电子文件时，采用“目录全文关联归档”方式。这种归档方式是将电子信息分门别类，整理成方便检索的目录信息，并将电子原文与电子目录进行关联挂接，即将电子信息的目录与全文进行捆绑。具体实现思路就是把目录信息与电子全文信息分开存放，将电子信息进行分类、编目，形成档案目录信息，将目录信息存放在关系型数据库中，将电子全文存放在文件服务器或数据库的二进制存储对象中。因此，在实现电子信息归档时，必须做好分类编目、原文整理以及梳理它们之间的对应关系。同时与之相配套，需要建立“电子信息背景应用环境”自动下载中心，以确保电子文件/档案的可读性。

文件中心可以是一个将所有欲归档的信息集中到的一个逻辑管理中心，其物理位置可能是分布式存放在每一个业务系统内部，也可能是存放在档案馆的一个专门的服务器上，网络的使用已经模糊了电子信息的物理位置，只需要按照要求使工作人员方便管理、方便访问就达到目的。

在实际利用工作中，并不是所有有价值的档案都会被所有的档案利用者频繁查找，如工程设计或建筑系的人员需要经常查询的是工程图纸类的档案信息，而很少关心财务类的档案，而建筑专业的利用者基本上只查看此类档案的应用软件和浏览工具。正是基于档案利用者的这个根本需求和特点，因此“目录全文关联归档”方案是方便可行的，不需要像“脱机存储法”那样，针对每一类电子文件信息都记录它们的应用背景、环境信息，使存储介质中储存了大量的冗余信息，造成资源浪费。但是，为了满足和方便利用者查看其他类电子档案信息，如单位领导可能会查看各类综合档案，“目录全文关联归档”方案采取提供“电子信息背景应用环境”自动下载并提示装载的手段，以满足对那些想查看数字档案信息，但其客户机上没有安装运行环境的网络用户的要求。

实施“目录全文关联归档”，要求档案工作者要转变传统的工作方法，从档案利用者的需求出发，分析档案被利用的范围和特点，遵循档案管理的原则和标准，对部门形成的数字化档案实行即时归档，即将“目录全文关联归档”的思想贯穿于电子档案形成的全过程。档案馆（室）的工作人员也要充分利用现代化管理手段，通过网络开展指导、鉴定、归档与管理工作，将工作重点转移到分析档案利用者的需求、开发档案资源的编研与开发、监控电子文件的形成过程，将工作模式从“被动接收”转变为“主动挑选”，将真正有价值的、值得保存的电子文件转化为未来社会需要参考和利用的档案资源。

档案信息的“目录全文关联归档”方案，充分体现了档案工作者在电子文件归档过程中采取的“主动服务、一体化管理”的全新理念，也保证了归档以后的电子信息能够获得科学有序的管理和提供利用。这种方案已经被很多档案馆所采用，并且推广应用于馆藏档案数字化处理后的目录信息与电子图像信息的管理中，这是目前我国档案信息化工作过程中值得借鉴和采纳的、行之有效的解决方案。

三、档案工作的“双轨制”

各行各业信息化的大力开展，必将形成了大量的电子文件和电子档案，但这并不等于档案馆以后就不再接收纸质文件。由于电子档案的法律依据、永久保存和安全管理等方面还存在这样或那样的需进一步探究和明确的问题，而实践经验告诉人们，优良的纸质档案可以保存上千年。因此，在未来相当长的时间里，电子档案和纸质档案将长期共存，二者之间的共存、互动与消长构成了信息时代人类记载历史的特殊方式。“双轨制”将成为21世纪档案工作的主流模式。

“双轨制”是指在文件形成、处理、归档、保存、利用等过程中，纸质文件和电子文件二者同时存在，两种载体的文件同步随办公业务流程运转，同步进行归档、同步进入归档后的档案保管过程。实行双轨制的机构，在文件（包括收文、发文和内部文件）进入运转程序时就以电子和纸质两种载体并存，业务人员要对同样内容的两类文件进行并行办理。由此看来，“双轨制”的核心是从文件的产生开始就以两种载体形式记录各项社会活动的信息。这些记录中有保存价值的将作为档案进入归档阶段，将纸质和电子的记录同时移交到档案馆（室）。实行这种从头至尾的彻底双套做法是各行各业信息化应用的初级阶段，特别是在《中华人民共和国电子签名法》发布之前，电子文件的法律效力无法认可，电子文件的安全性、真实性和完整性很难得到保障。《中华人民共和国电子签名法》经全国人大审议通过并正式生效之后，有了法律保护，电子签名具有与手写签字或盖章同等的法律效力，电子文件与书面文书一样具有同等法律效力。从此，借助于网络环境、数字签名、身份认证等技术，确保电子文件从产生、审批、流转、会签、归档等各个过程的原始、完整、有效和可读，实现无纸化办公，成为21世纪人们追求高效率和科学化、规范化、自动化管理的现实需求。在这种形式下是否还需要在文件的运转过程中实行“双轨制”成为大家关注的焦点和热点问题，也是学者们研究的重点。

就网络、电子环境本身而言，尽管它们存在先天的“不安全”和“淘汰快”等缺点，但每一种新的服务器、存储器、数据资源管理系统的出现都会兼容老的版本或者出台新的数据转换或迁移方法，目的是确保原来的电子数据不失效或可读。事实上，很多“读不出来”的“丢失的”数字化的文件和档案，究其原因主要是在计算机硬件环境和软件平台升级的特殊时期，没有及时做数据的转换或迁移工作，当属管理上的失职。当然，每一次转换或迁移都有可能破坏档案文件的原始性，或者丢失一些相关信息，这才是为什么要实行“双轨制”的根本原因。

彻底的“双轨制”需要投入很多人、财、物，在电子文件形成过程的管理上也很复杂。因此，很多单位采取了“双套归档”的做法，一种是将办公自动化系统中属于归档范围的电子文件在归档前，制作纸质复制，归档时将二者同时移交到档案馆；另外一种则是对纸质的文件进行数字化扫描和文字识别处理，形成纸质档案的电子复制。这样，保存的电子文件可以方便网络化利用，纸质文件则主要用作永久保存，有些单位则采用缩微技术，实现档案的缩微化保存。这些做法不可避免会增加档案馆接收档案和管理档案的复杂性，提高档案管理和保存的成本，但这依然是21世纪档案工作的主流方式。随着时间的推移，档案馆保存的纸质档案和电子档案的比例将会逐渐发生变化，但纸质档案将还会在相当长一段时间成为馆藏的主要成分。

因此，各档案馆需要根据自身管理档案的特点和所拥有的资金、人才、网络设备资源等状况，选择恰当的档案接收方式，开展档案的接收和档案信息化管理工作，比如，是全部档案做双套归档还是将重要的部分做双套归档，是在管理过程中随着档案利用的需要做数字化还是全部数字化等。在这一点上，每个档案馆的情况都不完全相同，因此无固定的模式可循。

第二节 文件档案实行一体化管理

计算机的普及，电子文件的产生，各种办公自动化系统的推广和应用，使文档一体化管理真正成为可能。一套新的管理思想、技术和方法将取代过去的管理模式。文件档案一体化管理是文件生命周期理论和全程管理与前端控制思想应用于电子文件管理的典型模式。在网络信息系统中，电子文件和电子档案很难截然分清，各行各业的信息化形成大量的电子文件，在结束其现行业务之后，需要将有保存价值的电子信息进行整理、归档，进入永久保存期，这必然使文档一体化管理模式进入实质性的应用阶段。

一、文档一体化管理思路

文档一体化强调电子文件全过程管理的连续性和信息记录的完整性，目的是确保有保存价值的电子文件，自生成开始到生命周期活动过程结束的全过程，信息能够获得完全的记载和一致的保存。文档一体化管理的思路体现在以下几个方面：

（一）管理过程的互动性

文档一体化最重要的特点是：将现行业务系统的工作与档案工作实现互动与交叉。一方面使档案工作者从文件生成之日起就能够开展鉴定、归档及归档后的管理，通过前端参与和过程控制，加强为社会积累财富的执行力；另一方面也使得开展现行业务活动的工作人员增强了对档案的认知程度，不仅认识到，只有将有价值的文件完整归档并移交给档案部门进行保管才能算相应的工作真正结束，同时还要意识到，在开展现行业务系统的过程中，要责任明确、注意积累，记录电子文件活动全过程中所有重要的和有价值的信息，确保电子文件的真实性和完整性。管理过程的互动性加强了多方人员工作中的交流与沟通，对形成和积累有价值的、完整的、真实记载社会活动记录的电子档案具有非常重要的社会意义。

（二）应用系统的统一性

文档一体化管理模式的实现是文件和档案共同依赖统一的管理信息系统，并运行于同构的网络、服务器、数据库管理平台，采取相同的数据、文件存储格式，不同的是管理文件与档案工作人员对信息系统的操作权限有所不同。在文件的生成、处理、会签、审批等各业务工作处理阶段，业务工作人员拥有对文件的增加、修改、删除等权限，而档案工作者只有查看、浏览的权限。在文件结束其现行期业务工作之后，进入归档阶段时，由电子文件的归档整理人员进行筛选、整理，而档案工作者则开始履行电子文件的鉴定职能和归档前的指导工作。在电子文件归档形成电子档案后，档案工作者则需要开展电子档案的保管，并为档案形成单位和社会提供档案的服务与利用。应用系统的统一性使得在从文件到档案的转变过程中，不再需要数据转换和迁移，保持了文件信息的真实性和完整性，同时也降低工作人员使用信息系统的复杂性，减少了使用过程中的错误发生率。

（三）工作流程的集成性

在传统的文件管理过程中，文件的形成、归档和作为档案保管与提供利用等环节，都将文件生命周期清楚地划分为三个相对独立的过程，即现行期、半现行期和非现行期，并通过现行业务工作部门、机构档案室和档案馆三个物理位置不同的部门分别完成各自的工作。而文档一体化则将文件、档案的管理流程实现了集成，要求在一个统一的系统内，有统一的控制中心，统一的工作制度，统一的且各有特点又互相衔接的工作程序，将档案著录、鉴定、保存和管理等工作贯穿于文件的形成、流转、会签、批准或签发、整理、鉴定、归档、移交、保存或销毁等各个环节，实现各个过程中工作流程的集成和信息的共享，而且能够根据不同的文件与处理要求定义特定的工作流程，实现流程的优化和个性化处理，提高了工作效率，降低了档案接收和保管的复杂性，避免了信息的多次录入和产生不一致信息的可能性。工作流程的集成性体现在以下几个方面：

1. 归档工作与文件处理业务活动的集成

各单位在采用办公自动化系统形成和处理文件时，可以考虑对重要文件贴上归档标记，保证其在处理完毕之后即可存入档案数据库。这个动作将一直被定位为将业务活动最后环节的归档，贯穿于电子文件处理的业务流程的各个阶段。

2. 归档工作和鉴定工作的集成

文件形成之日对重要文件做归档标记，是对文件保存价值的一个初始判断，档案工作人员在开展鉴定工作时，重点考虑带标识的文件。这样既保证了鉴定的质量，又提高了工作效率，使归档文件的质量控制和文件的技术鉴定工作得以同步进行。

3. 归档工作和用户权限设置、数据备份等安全保护活动的集成

归档意味着电子文件管理权由文件形成单位转移到档案保管单位，系统用户对文件的操作权限随之发生变化，另外归档过程中需要对归档电子文件做电子签章、做数据备份，这些工作都可以随着归档工作的结束同步完成。

4. 归档工作与档案整理工作的集成

归档的同时，系统将根据预先设定的档案目录信息著录的规则，实现自动分类、自动著录，然后，在人工参与下进行核对、再确认和添加档案室（馆）保管档案的其他元数据项的内容。

（四）业务处理的自动性

文档一体化是在充分信任的网络、计算机和信息系统的数字环境下开展工作，采用信息技术和基于工作流程管理理念实现的自动化信息系统，不仅提高了工作效率，而且降低了错误发生的概率。同时，在一些业务处理环节增加了系统自动处理技术，如电子文件版本信息的自动跟踪、电子文件处理过程中的责任链信息的记录、基于管理规则实现的电子档案的自动标引等，都大大提高了业务处理工作的自动化程度，减少了人工操作的复杂程度。由于这些自动化的处理过程是通过系统进行身份认证之后自动生成并保存记载的，因而，大大提高了电子文件整个生命周期活动中信息记载的真实性和完整性。

（五）归档工作的及时性

通过对文档一体化应用系统的广泛使用，档案工作者能够随时对归档范围内的、已经完成现行期使命的文件实行鉴定、整理、归档和提供利用等工作。一旦电子文件的形成机构确认该文件已经结束现行期的历史使命，就完全能够实现即时归档、即时鉴定，避免以往通行的隔年归档中存在的各种问题，如丢失、泄密、滞后等。

（六）安全管理的有效性

文档一体化，一方面使电子文件归档过程变得简单、快捷，自动化程度高。另一方面使人们对电子档案原始文件与档案目录数据实现了同步管理，最大

限度地减少了人工的干预，不仅提高了归档工作的效率，更重要的是大大增强了归档过程的规范性和安全性。

二、文档一体化实现方法

文档一体化管理系统的建立离不开计算机与网络技术的支持。现代化的办公系统要求文书与档案工作紧密衔接，实现办公信息的传递、存储、查阅、利用、收集的现代化和自动化。由于受我国文件和档案分开管理传统模式的束缚，迄今为止，办公自动化系统与计算机档案自动化管理系统是两个相互独立的系统。目前，不少名为“文件和档案管理一体化的信息系统”，其实也只是将文件管理和档案管理并列，而非真正将数据集成在一起，仅仅是将办公自动化系统产生的数据自动导入档案管理的信息系统，这绝非真正意义上的文档一体化管理信息系统。文档一体化要求对归档文件的真实性、完整性、有效性要在文件产生阶段就要加以控制，鉴定、编目、著录、标引等工作也要在文件产生和处理阶段进行。因此，研发能够覆盖电子文件全部活动，实现文档状态记录和全过程管理的集成系统，将部分“档案管理工作”前置到“公文处理工作”中的文档一体化计算机管理信息系统，是实现文档一体化管理的关键。

从文件产生到利用的生命周期角度看，文件与档案的关系决定了它们具备实行一体化管理的条件。一方面，现行文件与档案是一个具有内在联系的整体，它们的物质形态、内容主题以及本质结构都是相同的，均是附在有形物质上的信息，其区别仅在于文件是现行文件而档案是历史文件，从现行文件变成历史文件，是一个顺序完成的过程。显然，归档文件与档案只有文件所处阶段的区别而无本质的不同，对处于不同阶段的文件实行一体化管理，是社会发展的根本要求。另一方面，文件形成、处理部门与档案部门只是分别管理处于不同阶段的文件，在文件的产生、流转、审批阶段，文件处于不停的流转过程中，所以需要分散保存和管理，这有利于随时查用和迅速运转。文件分散保存的任务主要由文件产生部门承担。当文件运动周期完成以后，文件就处于“休眠”状态，这时需要集中整理后并归档保存，这样既有利于档案的完整、安全和科学的管理，又有利于向社会各界提供查询利用，这就需要有一个服务机构即档案馆（室）进行统一管理。因此，文件形成与处理部门和档案馆二者都是为了存储、传输和利用文档信息而存在。

从系统学的角度看，文件和档案的管理是一个完整的信息系统，在这个信息系统中，文件质量的好坏直接决定着档案的质量，档案的质量又对未来文件的形成、收集和整理归档产生推动作用，二者的关系十分密切，相互关联又相互影响。因此，把文件和档案纳入一个统一的系统内进行管理，既有利于文件与档案信息资源的系统化优势的发挥，又符合档案馆（室）现代化管理的快速发展需要。

（一）文档一体化系统业务流程

文档管理的实际办公过程比较复杂，本书以公文产生、流转、审批、归档为例说明文档一体化管理的业务流程。有保存价值的电子文件经过整理、鉴定、审核、移交、归档到档案部门管理后，形成电子档案。

（二）文档一体化系统功能结构

通常情况下，文档一体化管理信息系统的功能包括系统维护、收文管理、发文管理、归档管理、文印管理和档案管理。这几个模块相互关联，内部信息集成化共享，真正实现了电子文件到电子档案的自然归档和一体化管理。

1. 收文管理

以电子文件的形式处理和记载上级公文、平级来文，用户可根据公文的登记日期、急缓程度、当前流转状态等过程信息快速有效地找到相关文件，并进行相应的操作，主要包括收文登记、收文流转、文件催办、流程监控、文件发布等过程。

2. 发文管理

处理并转发内部制定的或外来的文件。电子文件起草后，均需逐级通过各主办与会签部门人员的审批和修改，最后提交领导签发，形成正式的公文，然后登记、归档。主要包括发文起草、发文流转（含修改留痕、文件套红）、文件催办、流程监控、发布等主要工作。

3. 归档管理

电子文件的归档大多采用以下两种方式，一是通过机构内部局域网的电子公文传输系统从网上实现自动归档，系统通过归档环节后，电子文件的管理权就移交给档案管理部门，成为电子档案。此时，其他业务人员能够按照系统授予的权限查询电子档案，但不可以修改。档案在归档环节中，系统需要设定各种技术措施如电子签章、完整性验证等手段来确保归档的电子文件是有效的、完整的。这种方式是文档一体化系统内部自动实现的功能，档案管理人员只需要按照系统使用要求进行合理的操作，关于系统的数据备份、安全性等措施需要按照《档案法》和《电子文件归档标准与规范》严格进行管理和实施，在系统设计之初，档案业务人员需要提出充分的需求才能保证文档一体化管理系统功能的完整性且符合实际工作的要求。二是各立卷部门在向档案馆移交纸质档案的同时，上交电子载体存储的各种信息，如磁盘、光盘等。这种方式主要用于一些重要的凭证性或机密性电子文件的移交，归档后的管理也应采取相应的物理隔离措施和安全防护方法，特别是涉密档案不能存储在网络上，防止泄密。

4. 档案管理

根据国家版本的电子档案归档与管理的相关标准，执行档案的移交、接收、审核、保存、管理、查询、统计以及提供服务利用等工作，档案形成机构可根据档案的信息类别或档案来源建立相应的档案信息资源库，并可根据归档年度、归档部门或档案实体分类等建立快速检索机制，方便借阅和提供利用。

（三）电子文件网络化归档的真实性保障方法

电子文件的归档过程包括电子文件归档产生的数字化档案信息（以下简称增量数字化档案信息）的形成、归档、管理和利用四个重要阶段，每个阶段都需要采取各种策略和方法保障档案信息的真实性。

现行期电子文件是增量数字档案的原生信息，这个阶段档案信息真实性保障的主要责任人是电子文件连续被处理的多个现行业务工作者，信息系统中常采用的技术保障措施是电子签名、日志跟踪、计算机处理等，在信息系统中记录和保存电子文件的形成、流转、审批到结束现行期业务全过程的原始信息和变动信息，形成电子文件的多个过程版本，并在终稿完成后，在档案专业人员的指导下，及时开展电子文件的归档工作。电子文件在现行期的任务结束后，其真实性风险因素主要取决于人为原因造成修改或者网络黑客有意篡改系统中记录的原始信息、过程信息和终稿内容。因此，保障真实内容的安全方法是建立电子文件的终稿转存库，实现电子文件从现行期系统中自动转入半现行期的提供利用的信息系统中，加强管理，增强系统的自动化处理功能，采取各种有效措施确保终稿的电子文件不被任何人修改。因此，现行期电子文件所生存的办公自动化系统应采用电子签名技术加强对访问该系统的用户身份的认证，在文件终稿形成并进行发文或归档前加盖电子公章以避免被修改，这正是对《中华人民共和国电子签名法》的具体实施。

进入归档阶段的电子文件，如果采取网络化归档方式，应重点防范网络上非法访问的篡改行为，以及网络传输过程中数据被修改的可能性。这个阶段，建立客户信任的专网传输通道是必要的也是很有效的，利用公网传输的用户可以考虑采用VPN技术实现网络化归档，充分采用VPN的数据加密、身份认证、访问控制、隧道封装技术等，以保障档案信息从信源真实地传送到信宿。对于密级较高的数据，采取介质归档比较稳妥。当然，这个过程中，归档单位对档案人员工作的管理制度和规范化操作要求依然是非常重要的。在这个过程中，档案专业指导人员的重点在于监督执行，并严格控制由于人工原因造成的失误。

电子文件归档后进入档案及其信息的接收、维护和综合管理阶段，档案馆（室）接收的电子文件应具有法律依据，《中华人民共和国电子签名法》规定了电子签名的有效使用方法。因此，档案形成单位在移交电子文件时，需要采取法律上认可的电子签名、电子印章等方法保障准备移交的电子文件的真实性，档案馆（室）在接收档案时应首先验证电子签名、电子印章的合法性，并将归档的信息与电子文件终稿转存库中的信息进行比较，在核实真实完整后，才能正式接收电子档案并将其迁移到档案馆的信息管理系统中，此时还需要在实行物理隔离的档案信息的灾难备份数据库中新增当前的档案信息，然后再开展维护管理和提供利用等工作。

提供利用的档案信息按照《档案法》、国家保密法规和档案保管条例，一般只在网上提供公开档案信息的服务利用，在档案工作人员严格执法和规范化操作的前提下，破坏档案真实性的风险因素主要来自网上非法用户的恶意篡改、病毒攻击等，因此在提供档案信息网络化利用时，除了加强网络安全防范措施外，还需要对公开档案信息采取灾难备份，并定期对网上提供利用的开放信息进行真实性核对。

由此可见，档案馆（室）制定各个阶段电子文件真实性保障的规章制度将贯穿电子文件生命周期的整个活动过程，建立物理隔离的电子文件终稿转存库和档案信息的灾难备份库是保障档案真实性的有效措施，虽然会增加信息化系统的运行成本，但在确保档案信息真实性方面是非常有效的，也是可行的。

三、文档一体化深化应用的要求

实现文档一体化管理是信息时代档案工作的全新管理模式，是适应电子文件、电子档案管理发展的必然要求。文件、档案一体化管理的最佳实践是，在组织机构内部建立功能涵盖电子文件生命周期业务活动的管理信息系统。

文档一体化的实现，使办公业务实现自动化、规范化，档案管理日趋现代化，具有电子文件从起草时就备份、从办文时就修正、办完后就归档、鉴定及整理等工作都能依靠计算机实现互动管理等优点。当然，开展文档一体化管理工作，对档案工作者也提出了更新、更高的要求，要求工作人员不仅要具有丰富的档案专业知识，还必须掌握现代信息技术，熟练地使用计算机及通信设备。

（一）提高认识、统一思想是文档一体化管理的基本要求

文档一体化的实质是将机构各部门相对分散独立的文件与档案统一为一个有机的整体进行管理。这不仅能够加强档案部门对文件管理的超前控制，保证档案的质量，而且能够实现文档数据的一次输入，多次利用，减少重复劳动，节约人力、财力、物力和时间。然而，要想真正实现文档一体化管理，对档案工作者而言，特别是档案部门的领导，必须对文档一体化管理理念有一个全面、客观、科学的认识，并达成共识：使其充分认识到一体化管理的真正受益者是档案工作者自身，认识到新时期文档一体化的必要性和紧迫性，认识到这是时代赋予当今档案工作者的使命，只有这样才能够顺利推行文档一体化管理，加强自觉性，使他们面对困难，不逃避、不退缩，勇于接受新鲜事物，逐步实施和应用文档一体化管理模式来开展各项业务。

当然，信息化工作是一个长期而复杂的系统工程，需要各单位投入必需的经费支持，这就要求各单位应逐渐增加对档案管理部门的投入（包括人才、资金、设备等），落实档案事业经费，高度重视档案信息化建设，把档案信息化作为机构信息化建设的一个重要内容来抓，统筹规划，同步发展，提高档案管理的工作质量和效率。

（二）加强电子文件管理的标准化与规范化

文档一体化管理，使电子文件与电子档案之间的关系更加密切，把二者放在一个综合的管理系统中，作为前后衔接、相互影响的子系统，统一地组

织和控制整个文件生命周期的全过程。由于文件管理与档案管理的这种前后相承的关系，文件管理直接关系到档案管理的存在和发展，只有文件管理做到标准化、规范化，档案管理才能够顺利地展开。如果文件管理无章可循，凌乱不堪，可以想象档案管理各环节也会陷入忙乱无序的状态，这也会影响综合管理信息系统整体功能的效用。因此，必须强化电子文件管理的标准化、规范化，严格规范表达文件内部特征和外部特征信息的各项数据，为更好地推行文档一体化管理服务。作为档案工作者，应严格按照《档案法》和《电子公文归档管理暂行办法》，参考《电子文件归档与管理规范》，对现行文件管理过程提出各种标准、规范和具体实施要求，从而促进文档一体化管理的规范化和标准化。

（三）加强培训和继续教育，提升档案工作者的综合素质

文档一体化管理要求档案工作者不仅具有档案学基础理论知识及专业知识，还必须掌握现代信息技术，熟练运用计算机及现代通信设备来操作网络化管理信息系统，要求档案工作者不断调整自己的知识结构，提高技能，加强综合素质的培养。如果不熟悉计算机，不懂网络知识，根本无法接受文档一体化管理思路，更无法开展电子档案的管理工作，也不可能参与到电子文件管理的全过程中。因此，加强档案信息化咨询与培训，开展现代档案管理专业知识和档案信息化技术知识的继续教育，是档案部门迫在眉睫的任务，也是实现文档一体化管理的前提。否则，进行前端控制，开展电子文档的完整、有效和安全管理就成了一句空话。

第三节 推动馆藏档案的数字化应用

为适用公众网络化查档和档案信息化管理的多元化需求，馆藏档案数字化和开展档案数字化应用系统的建设已成为现代档案管理的一项重要内容，对档案工作者而言，这也是一项全新的任务，需要在充分认识到馆藏数字化重要性和必要性的基础上，采取有效的策略和方法，开展馆藏档案数字化系统的建设和有效使用。

一、馆藏档案数字化的意义和任务

馆藏档案数字化工作主要包括两项任务：一是将传统载体档案目录进行

数字化；二是将档案内容进行数字化。

档案目录数字化的主要工作是对载体档案进行编目，并将目录信息录入到计算机系统中，建立档案目录数据库，利用管理信息系统实现档案目录数据的计算机化管理和目录信息的资源共享。

档案内容数字化的主要工作是将馆藏的纸质、照片、录音、录像、缩微等档案通过扫描、加工、处理（包括去污处理、图像处理、OCR 识别等），转变为文本、图像、图形、流媒体等数字格式的信息，存储在网络服务器中，利用计算机及信息系统提供查询、检索和浏览。

二、馆藏档案数字化的思路与方法

“一切为了用”是开展馆藏档案数字化的主要目的。这就说明了档案馆工作人员不仅要开展档案目录信息的著录、馆藏档案内容的数字化加工与扫描，更需要建立一整套完整的综合业务管理信息系统，加强数字化后的档案信息的利用服务工作。由于馆藏数字化需要花费大量的人力、物力和财力，加之数字化加工过程对档案原件也会有或多或少的损害，所以，不能盲目地赶潮流、追先进、不分先后、不讲策略地将馆内所有档案逐渐进行数字化。

（一）做好馆藏档案数字化的前期基础工作

需要对哪些档案进行数字化、采取什么方法来开展、数字化加工需要购买哪些设备、除此之外还需要做哪些准备工作，以及如何做等，都是馆藏数字化的前期基础性准备工作。

1. 做好可行性论证

一方面要根据档案利用的需要、资金情况、馆内人员知识结构、馆内软硬件平台、馆内信息化应用现状等基本状况，在充分了解和认识馆藏档案数字化系统建设的复杂程度和技术要求之后，做好馆藏数字化系统建设的可行性论证工作，确保系统建设自始至终不被中断，确保数字化后的档案信息能够真正使用起来，见到实效。

2. 选择数字化加工方式

数字化是保管档案过程中所做的一项技术性较强的现代化处理工作，这对习惯了传统管理工作的档案工作人员来说，具有较大的难度。因此，需要提前做好规划，明确系统建设的实施方案。主要包括：馆藏档案数字化系统分几个阶段完成，每个阶段的任务和目标是什么，应对哪些档案做数字化加工和处理，数字化加工处理过程中的安全控制、进度控制、质量控制和成本控制等过程中应采取的方法与策略，数字化后的档案信息如何与现有的计算机信息系统实现集成，如何发布档案信息以提供利用，如何解决备份和长久保存等问题，这些都需要提前做好解决方案，并在档案工作人员和数字化加工协作人员之间达成共识后，才能开始工作。边加工边讨论的方式只能导致工期拖长、见效缓慢、安全性保障难，甚至导致项目失败。

对馆藏结构、馆藏量、馆藏利用量、馆藏档案年度、馆藏档案受损情况、档案存储介质、各存储介质的寿命等综合因素进行深入的分析，围绕档案永久保存特点、用户快速查档和高频查档的要求进行深入的研究，按照档案利用率和档案的紧急保护程度对库房档案进行量化分析，获得按年、季、月进行排序的需要进行数字化处理的档案案卷数量、纸张数量、纸张大小以及声像和缩微胶片的档案数量等，并以此来提出对购买设备的种类、数量和性能的要求。

如果档案馆内有缩微品档案且数量比较大，以后还会有进馆的缩微档案，就需要考虑是否在馆内购买缩微扫描仪，以解决长期的缩微品数字化的问题；如果数量很少而且以后也不会有缩微档案进馆，那么就不需要购买专用设备，可以考虑采用一次性的外协加工方式。录音、录像档案数字化方案也采用同样的分析方法，根据具体情况考虑是否需要购买专用设备并建立数字化加工流水线等事项。

多数档案馆藏以纸质档案为主，因此，建立纸质档案的数字化加工流水线几乎成为必须，当然各档案馆（室）也可以根据自己的实际情况，不购买扫描设备，采取分批分工的外协加工方式，只需要将加工后的数字档案信息进行科学管理、利用信息系统提供服务。这也是一种推荐的馆藏档案数字化加工的解决方案，特别是在数字化加工量比较大时，即便是在馆内建立数字化加工流水线，如果没有聘用足够的扫描加工工作人员，单靠档案馆内部工作人员很难在短时间内完成加工任务，达到良好效果，而专业化外包加工服务能够在保障质量和安全的前提下快速完成任务。

（二）确定数字化加工的协作模式

档案内容数字化工作包括数字化预加工和深加工两步，预加工是能够将纸质档案、照片档案、缩微胶片等转变为电子图像文件，不能将纸质档案上的文字信息进行完全处理，深加工则是利用技术含量较高的 OCR 和语音识别等处理技术获取载体档案中的文字信息，以利于提供全文检索。

馆藏档案数字化工作量大，涉及扫描加工、图像处理、数字信息存储与管理、OCR 自动识别等技术，仅依靠档案部门的力量开展系统建设是很困难的事情。

第一，在系统建设之初就需要开展需求调研与分析，考虑需要购买哪些硬件设备和软件支撑系统以及系统能够实现的自动化程度等，这必然需要开展大量的咨询、诊断和分析等工作，聘请有经验的、开展数字化加工的专业服务机构来协助档案馆开展系统规划是非常必要的。

第二，开展数字化加工，首先要建设一个能够支持加工过程各环节进行数据管理的信息系统，然后再基于该系统有条不紊地开展工作，只有熟练操作和使用各类数字化设备的加工服务人员才能确保速度快、质量高，确保工作的有序开展。

第三，数字化加工完成后，生成的各类电子图像、原文信息、档案目录数据等都需要做关联处理，而且需要以光盘或者网络存储方式进行发布。

信息发布本身又是一个系统，需要专门开发，如果采用成熟的软件将会大大缩短数字化后的档案数据的呆滞时间。目前，市场上开展数字化加工的专业 IT 公司已经在信息系统建设、加工流水线、安全保障等方面开展了大量的工作，积累了较为丰富的经验。借助于这些 IT 公司的力量来开展馆藏档案数字化是一个省时、省力、省钱且相对安全的高效方式。

（三）保障数字化档案信息的真实性

在馆藏档案数字化过程中，数字化档案信息的真实性、完整性保障主要体现在档案实体的扫描加工和档案目录的数字化两个方面。

1. 扫描加工过程中的真实性保障

馆藏数字化档案信息在其形成、管理和提供利用的过程中，制定保障档案信息真实性的规章制度是非常重要的管理措施，各个阶段的安全保障侧重点不完全相同。

在数字化加工的档案信息形成阶段，加强对数字化加工人员的管理是非常重要的，其中最重要的是，不允许将档案带出加工基地。另外，数字化承包商为了保证信誉也需要制定严格的加工基地管理措施，多采用半军事化管理，流程化、自动化，岗位责任制等用以强化管理、反抄袭的管理模式，杜绝档案信息在处理过程人为外泄。在档案信息形成阶段，信息真实性的风险表现为技术上的不成熟因素，如扫描过程信息丢失，图像到文字转换过程中产生错误识别等因素，因此采取较高的技术手段是完全可以保障信息真实性的。由于每个过程、每个岗位都会将数字化后的档案信息与档案原件进行比较，而且参与加工的人员主要从事体力劳动，一般不雇用文化程度较高的人员，他们对档案也不是很了解，甚至无心了解，因而，这个阶段档案信息真实性的保障主要是采取先进的技术手段来减少误差。

在数字化档案信息的管理和提供利用阶段，这与电子文件归档后进入该阶段的管理相类似，同样利用灾难备份库对新形成的馆藏数字化后的档案信息进行备份，并在管理和提供利用的过程中加强网络安全管理，提高档案馆内部管理人员操作的规范性和管理工作的程序化，制订自动核对计划，确保档案信息的真实性。

2. 数字化档案目录信息的真实性保障

数字化档案目录信息一般都存储在数据库文件中，它的安全性主要取决于数据库管理系统自身的管理能力，它的真实性主要取决于档案管理员依法管档的严格程度。这一部分数据是管理人员根据档案原件提取出来的、用来描述档案原件核心内容的元数据信息（也可能是电子文件自动归档过程中通过预先设定的规则自动生成的、描述文件属性的元数据信息），这一部分信息并不像档案原件那样具有凭证性作用，它只是为了方便管理和快速检索而形成的，并且在以后的管理过程中某些信息可能会改变。因此，它的真实性并不像人们对档案原件数字信息的要求那样高，但为了不产生负面影响，要求档案目录信息的著录人员应依据档案管理学理论，按照档案著录的标准和规范严格要求自己，严格保障目录信息的真实性，从而更有效地提高档案的检索和利用效率。

（四）加强数字化档案信息的整合与集成

馆藏档案数字化和电子文件归档后，产生了大量的数字化档案信息，如果只将其刻录于光盘或存储在磁盘中，不提供系统化的档案利用服务，是错误的和无意义的，也不是馆藏档案数字化的真正目的所在。一些档案馆在开展数字化之前就使用了档案管理信息系统来管理档案的目录信息，并在馆内提供档案目录信息的检索服务，也有一些档案馆在开展数字化的同时也建立起电子文件归档系统，收集电子文件并整理其目录信息，还有些是将馆藏档案数字化作为档案信息化的启动工程。但无论是哪种情况，都需要处理好当前档案馆面临的电子文件归档、馆藏档案数字化和对传统载体档案管理的业务关系，将这三项主要工作形成的数字化档案目录信息和档案内容对象实行同步管理，档案有纸质备份的或纸质档案有数字化拷贝的，都需要做关联处理，档案内容的一致性管理。否则，在档案馆分别建立电子文件管理系统、馆藏档案数字化管理系统、纸质档案管理系统，必然会造成系统间数据重复，甚至不一致，从而增加管理的复杂程度。

21 世纪初，我国的各级各类档案馆正处在纸质档案与电子档案并行接收和管理的特殊时期，传统载体档案的目录数字化需要计算机管理，馆藏档案数字化后形成的图像文件需要信息化管理，电子文件归档后形成的电子档案也需要信息化管理。因此，当前档案工作的复杂程度相对较大，需要制定科学的管理制度，梳理管理流程，加强对档案实体和档案数字化信息的集成化管理。只有这样，档案工作的效率才会得到较大程度的提高，档案信息才能得到有效的利用。

（五）保障数字化档案信息的存储安全

数字化档案信息的安全管理是档案信息化应用的前提条件。档案安全管理的重要性是由档案本身和档案管理的性质决定的，档案信息化建设必须充分考虑电子环境、应用系统和档案数据存储等方面的安全问题，正确处理方便、高效使用与安全管理的关系，不能因过分考虑安全而限制了档案信息的网络化传输与使用，这样将大大降低网络化应用系统的使用价值。对于数字化档案的网络化存储系统，一方面要求使用带自动备份功能的专用服务器和数据库管理系统，能够配置备份作业计划并安全执行，如光盘库、磁盘阵列、专用网络存储设备等，对备份信息能够实现数据的迁移和方便的恢复；另一方面也应同时使用安全介质备份，定期刻录（复制）备份信息，实行异地保管。

当然，数字档案的安全保障更需要建立健全管理制度和安全操作规范，实行有效的网络安全管理手段和措施，采用严格的授权管理解决方案。从档案内容的安全管理角度来说，应充分考虑以下基本的安全保障原则：

1. 密级区分原则

对保密档案信息实行物理隔离并将责任落实到人。

2. 内外区分原则

将开发档案信息与受控使用的档案信息进行区分。

3. 用户区分原则

将档案形成人员、档案管理人员和公众用户分别设立不同的使用系统和浏览数据的权限。

4. 系统区分原则

将档案馆内部使用的档案管理信息系统、电子文件归档系统、档案信息发布与利用服务、行政规范性文件管理等系统加以区分，严格控制各自的安全操作权限。

（六）提供数字化档案信息的方便利用

馆藏档案数字化的一个根本目的是方便利用，如果将数字化后的图像刻录成光盘存放在库房中，与纸质档案采用同样的管理方式，那么数字化的效果就很难体现出来。只有真正将档案的数字信息放在网络环境中，提供网络化的高效服务，才能确保投资有收益。

第四节 推动档案资源的社会化利用

在信息社会和知识型社会迅速发展的21世纪，在档案信息化建设与发展的众多方面，无论是技术手段，还是信息资源的有效积累和广泛利用，都必将以档案信息资源的整合、集成、共享、利用作为出发点和落脚点，以传承人类文明，共享信息资源，实现社会的可持续健康发展。

一、档案资源的知识化积累

档案的形成（鉴定、收集、整理与归档）是从个体知识到组织知识，再到社会知识转换的文化积累、动态跟踪的历史记载过程，档案的开发与利用（编研、开放、发布与利用）是人类传承文明、创新发展的进步与发展过程。这两个相互衔接、彼此推动的过程循环往复、推陈出新，构成了人类社会的知识化动增长（Adaptive）和社会化自适应的档案资源不断丰富的过程模型。这表明了档案文化通过“传—承—积累—发展—传”这样一种类似于文化加工厂的生产工序，随人类自身的繁衍而形成民族文化生生不已、无始无终的传承环链。

21世纪初，我国的电子政务与各行各业的信息化已经进入了以知识管理为核心的快速提升和综合运营的重要发展阶段，信息技术的发展把知识管理推到了重要的位置，“以知识为基础的经济社会”的提法更表明了人们对知识和技术在经济增长中的作用有了更充分的认识。可以想象，未来的互联网是一个丰富多彩的“知识网”，是一个储存综合知识的文化资源大仓库。档案作为人类社会活动的原始记录者和忠实承载者，记录了人类社会成果的同时也揭示着人类文化，它是民族文化遗产的重要组成部分。同时，档案在文化传承中占据着举足轻重的地位，发挥着不可替代的作用。档案资源必将会成为未来“知识网”中不可或缺的重要组成部分，世世代代传承着人类的文明。

二、档案资源的共享化利用

社会信息化使档案信息资源面临着一个全新的生存环境与发展空间。档案资源唯有回归社会，得到最大限度的利用，才能体现档案保管的价值和作用。事实告诉我们，实现档案信息资源的集成化管理和共享化利用是档案贴近公众、服务社会的最佳解决方案。

要实现档案信息资源的共享化利用，首先必须在档案基础数据库的建设上下功夫。档案基础数据库是建设数字档案馆和开展档案信息化的基础性工作之一，是实现档案信息资源的集成共享、统一管理、高效检索和方便利用的基础信息存储结构，更是国家信息资源数据库建设的重要内容。今天，我们处于信息技术快速发展的知识经济时代，国家、城市综合服务资源库的建设是社会发展的需要，是加强政务公开、实现便民服务的一项基础性工作。我国已经在人口、法人、自然资源与宏观经济四大数据库的建设方面取得较大成效，档案作为人类社会活动的历史记载，档案资源的开发利用和档案基础数据库的建设是国家信息资源建设的重要组成部分。可以说，档案基础数据库的建设已经成为各级各类档案馆面向社会提供档案资源利用服务的基本职能，成为我国整合档案信息资源、弘扬民族文化、提高民族素质的历史性课题，同时也是档案工作者采用现代化手段记忆当今社会改革、建设、发展的真实过程，支撑社会经济发展的历史性责任和义务，更是政务公开、提高办事效率和促进科学决策的依据。

在我国，目前也有一些省市级档案馆开展数字档案馆建设，制定了符合各地区需求的数字档案的元数据格式规范，建立了档案目录中心，提供部分开放档案信息的检索服务功能，具有典型示范作用。比如福建省档案基础数据库建设，它是基于分布式数据库，在原来单机和局域网络的基础上开发完成，它连接了若干分布式数据库，并建立了档案目录数据库、档案内容数据库等。但是多数档案馆还没有真正建立全面的、系统的、面向公众查档需求的档案基础数据库，而只是建立了一些专门的特定主题的数据库，只能满足一些局部或特定的用户需求，特别是开放的档案信息资源没有实现集成，信息结构不统一，档案数据不系统、不完整、不能共享，更为严重的是，没有形成一个统一的、能够描述数字档案资源的格式规范和建设档案基础数据库的标准方法、实现档案资源的整合、组织与存储的技术方案和行之有效的建设思路。另外，建设档案基础数据库的关键技术如海量、非结构化的数据存储解决方案，基于知识管理的数据仓库和数据挖掘等技术尚未在档案信息化领域得到广泛应用，这些因素都大大降低了档案基础数据库建设的速度和质量，致使各类档案资源难以形成一个统一的资源库整体，限制了档案资源的深层次挖掘和广泛利用。因此，研究档案基础数据库的元数据标准集、数字化档案信息的格式规范以及档案基础数据库的建设思路和方法、各类结构化和非结构化档案数据的组织、存储和检索利用的关键技术、整合方案、提供检索服务和共享利用的有效机制等，将成为当前档案馆信息化建设重要的基础性工作。

三、档案信息服务机制变革

各行各业信息化进程的加快，档案馆信息化应用也逐渐走向更广、更深的领域。档案信息服务将不再拘泥于传统的、单一的方式，将会有所创新，趋向多元化发展。

（一）服务方式由被动性向主动性转变

改变传统的被动服务方式，积极主动地开展档案信息服务。长期以来，在档案信息利用上，总是遵循一种传统的服务方式——“等客上门”。这实质上与信息社会的发展极不协调，不利于档案信息价值的体现与发挥，封闭了档案信息表现价值的众多途径。而档案信息服务方式也必须考虑档案的特性，“送货上门”也是不行的，不符合《档案法》的基本要求。档案信息的主动服务方式应该是“请客入门”。

（二）服务手段由传统型向现代化转变

计算机网络技术、数据库技术以及多媒体技术的发展使得档案信息服务手段发生了巨大的转变。借鉴相关学科数字化发展的研究成果，实现档案管理现代化应借助于数字化综合管理信息系统，把分散于不同载体、不同地理位置的档案信息资源以数字化的形式储存，以基于对象管理的模式管理，以网络化的方式互相联结，从而提供及时利用，实现档案信息资源共享。我国是发展中国家，经济和技术条件的制约决定了档案管理手段转变的长期性，传统的档案馆信息服务技术与服务手段将得到一定程度上的扬弃，将以新的信息传播循环方式提供档案信息服务。

（三）服务内容由单一型向多元化发展

通过网络等信息技术与其他档案馆、信息机构及整个社会信息资源建立起紧密的联系。其信息服务将增加新的内容：诸如档案信息资源网络化组织管理、档案信息资源的网络导航、档案信息的数字化开发与提供利用、档案用户的教育培训等。例如，在档案利用者的教育培训方面，就要在对利用者进行传统档案检索和获取方式的培训的基础上，重点帮助利用者学会如何利用数字化的信息资源、如何选择档案信息数据库、如何从网上获取所需的档案信息、如何操作远程通信软件等。档案信息组织方式、检索方式、采集方式，较之其他类型的文献信息来说，具有复杂多样、技术含量高、对利用者信息能力要求高等特点，而我国熟练使用档案信息的人很少，所以对档案利用者的信息检索能力、信息获取能力、信息筛选能力、信息识别能力的培养是一项档案信息服务的重要内容。

（四）档案资源由封闭性向开放性转变

在网络环境下，档案馆信息服务资源已不再仅仅局限于馆藏档案信息量等指标，而是着眼于档案馆获取档案信息、提供档案信息的能力。所以档案馆在充分开发利用本馆馆藏档案信息外，还必须通过网络检索利用其他档案馆馆藏信息和网上信息资源。

建立档案信息资源的现代化管理系统，将档案信息纳入计算机网络，从而达到最快捷的信息资源利用效果。通过网络等信息技术实现档案信息价值的最大化，并最终取得档案信息服务于社会的最佳效果。这需要一个过程，从单机操作到建立档案管理信息系统网络、联结有关信息机构网站，最终并入国际互联网。从我国现实情况来看，这将有一个长远的过程，然而这必将是档案馆信息服务发展的终极目标。

（五）档案资源由单一型向多样性转变

档案馆提供的单一信息服务的资源是以收藏纸质档案为主要内容。在网络环境下，档案馆综合信息服务模式的服务资源则要朝着多种载体形式并存的方向发展，包括各种电子文件、光盘、多媒体、缩微载体和声像载体等，尤其要增加数字化馆藏资源的建设。网络环境下的数字档案馆所拥有的完整的馆藏含义应该是“物理实体馆藏+数字化馆藏”。我国档案馆在档案信息数据库建设方面的任务是：在保留传统档案文献的同时，应通过协作与协调，在一定程度上对馆藏资源进行数字化，要注意将各馆独特价值的馆藏文献数字化，制成光盘或上网传播，使各馆上网信息独具特色，并在此基础上形成一个档案信息网络。

第五节 档案资源实行多元化保存

21世纪，社会信息化的普及与应用使档案信息的保存与管理呈现多元化趋势，档案的保存方式正从以纸质档案为主的传统载体走向光、电、磁、网络等新型载体，而且随着数字档案信息量的不断增长和扩大，档案的管理和存储势必引起社会的高度重视。

一、介质存储

从古至今，介质存储一直是保存档案的主流方式，不同介质承载的档案本质属性并无差别，都是人类认识世界和改造世界的历史记录，是社会的重要信息资源。人类曾以石器、竹器、纸张、磁带、缩微胶片等作为载体记录档案的内容，而在网络信息时代，由于档案的形成在很大程度上依赖于计算机及其应用系统环境，档案信息以数字形式展现给人类。为了保存这些数字形式的文件和档案，人类发明了软盘、磁盘、光盘等存储数字信息的新型载体，使用这些载体，人们能够方便地存储、迁移、展示和传播档案信息，开展深入的编研开发工作，为社会提供档案利用的多样化服务。与传统档案载体相比较，数字形式的档案载体为公众提供了灵活、方便利用档案的机会，而对于习惯了保管传统载体档案的档案工作者来说，面临的新挑战是，如何将这些新型载体档案进行永久保存和广泛利用。

关于数字资源永久保存问题的研究，国内外已经有很多单位付出了努力，有的致力于提高数字信息载体的寿命，有的则在扩大载体的存储容量、降低存储成本上下功夫。

“双套制”工作策略已被很多单位所采纳，即将有保存价值的电子文件归档时，同时做一套纸质备份或制作缩微胶片，延长档案的保存寿命，将存储在数字信息载体上的档案主要用于提供利用服务和载体备份。“双套制”是过渡时期档案管理的一种可操作解决方案，在一定程度上减轻了档案工作者保存档案的压力，但增加了管理过程的成本。在实际工作过程中，很多单位采用纸质、缩微、数字信息载体各制作一套备份，这样，制作成本、管理成本呈现持续上升的趋势。应该说，随着档案信息量的增大，这种方式很难持续较长的时间。另外，并不是所有的数字档案都能够制作纸质或缩微的备份，只能以数字载体形式进行存储，这就需要加强管理，制定长期保存数字档案数据的管理规范和规章制度。在选择较长寿命存储载体的前提下，定期进行检查，根据需要做数据迁移，并在数据迁移的过程中确保档案的真实、完整和有效。因此，我们期待具有较长寿命和稳定特性的数字信息存储载体问世的同时，更需要提高现代管理的水平，保证工作的有效性。

二、网络存储

数字档案信息的产生是历史的必然，也是社会公众对档案利用渴望的结果。档案记载着历史，传承着文化，档案信息对人类社会的发展与进步起着承前启后的作用。在数字化高速发展的今天，网络已经渗透到社会各个领域的日常运营管理中。具有海量存储性能的网络存储产品及其组织与管理数字信息的软件系统的问世，为数字档案的存储提供了可能。各级机构建立的互联网、专网和内网则为档案的网络化收集、整理、归档、存储、传播、利用提供了基础平台。

网络存储领域最典型的代表有直接附加存储、网络附加存储、存储区域网以及内容寻址存储。事实上，DAS、NAS、SAN 和 CAS 是集数据存储硬件设备和数据管理软件系统为一体的存储解决方案。区别于介质存储的脱机方式，网络存储的主要作用是提供数字信息的在线访问，而数据管理则是解决网络上数据的组织、存取与访问方式，目的是管理数据并提供访问机制。通常采用关系型数据库管理系统（RDBMS）、文件数据管理系统和内容存储管理系统等。

网络存储技术解决方案是将数据存储与数据管理技术紧密结合起来，提供存储和管理的一体化解决方案。所以，存储管理软件与存储器硬件设备在网络存储管理方案中占有同等重要的地位。网络存储未来的重点已经不仅仅是硬件技术本身的问题，而是如何高效地对存储资源进行管理。存储管理应该包括三个基本范畴，设备管理、用户管理和数据管理。

三、备份管理

网络、计算机、信息系统的深入应用和普及，各档案馆（室）的网络系统内的服务器和网络存储设备担负着关键的应用，存储着重要的信息和数据，为领导及业务部门提供综合信息查询的服务，为业务部门提供数据处理、辅助业务处理和数据存取与访问等功能，为网络环境下档案利用者提供快速高效的信息查询、检索和利用等的各项服务。因此，建立可靠的备份系统，保护关键应用及档案数据的安全是信息化应用中的重要任务，在网络、系统发生人为或自然灾难的情况下，保证档案数据不丢失，系统能够得到快速恢复，尽量将损失降到最低，所以，备份也是保障数字档案安全存储的一个重要方法。

一个完整的网络备份方案应包括备份硬件、备份软件、备份数据和备份计划四大部分。

备份硬件通常采用硬盘介质存储、光学介质（光盘和磁光盘 MO）和磁介质（磁带）存储技术。与磁带或磁带机存储技术和光学介质备份相比，硬盘存储所需的费用是比较昂贵的。磁盘存储技术能够提供容错解决方案，但也很难抵御用户的错误和病毒；光学介质备份提供了比较经济的备份存储解决方案，但它们所用的访问时间比较长且容量相对较小，当备份大容量数据时，所需光盘数量大，管理成本增高；磁带具有容量大且可灵活配置、速度相对适中、介质保存长久（存储时间超过 30 年）、成本较低、数据安全性高、可实现无人操作的自动备份等优点，但检索起来不太方便。

备份计划是备份工作中的管理功能，是备份策略的具体描述。规定每天的备份以什么方式进行，使用什么介质，对什么数据，在什么时间进行以及系统备份工作的实施细则等。备份方式主要有全备份、增量备份和差分备份。全备份所需时间最长，但恢复时间最短，操作最方便，当系统中数据量不大时，采用全备份最可靠。增量备份和差分备份所需的备份介质和备份时间都会少一些，但是恢复起来要比全备份麻烦一些。用户根据自身业务对备份窗口和灾难恢复的要求，应该进行不同的选择，以得到更好的效果。

备份数据是备份工作的内涵所在，按照备份计划将网络系统中有用的数据、程序、文件等备份到预先选择的存储介质中，以保证数据意外丢失时能尽快恢复这里，需要重点指出的是，灾难备份与恢复是档案信息化中应采用的重要措施，这是由档案的不可再生性及其原始特殊性所决定的。灾难备份与灾难恢复措施在备份工作中占有相当重要的地位，它关系到系统、软件与数据在经历灾难后能否快速、准确地恢复。灾难主要包括地震、火灾、水灾等自然灾难，以及战争、恐怖袭击、网络攻击、设备系统故障和人为破坏等无法预料的突发事件。尤其在网络病毒传播速度非常快的今天，如果没有一定的应急响应能力，突发事件将给社会带来灾难性的后果。加强灾难备份，建立应急响应措施，就可以做到减少灾难所带来的社会成本和压力。在信息化环境下，灾难备份是应对突发事件、保护信息的相应的防范。尽管灾难备份建设是一项比较复杂、周密细致的系统工程，涉及灾难备份中心选点、灾难备份中心建设、机房建设、基础设施建设等内容，同时还涉及灾难备份系统建设、专业运营队伍建设、灾难备份中心运营管理体制建设和灾难备份中心运营管理等工作。不仅需要投入大量人力、物力和财力，还需要考虑灾难备份系统的实施所面临的技术难度以及经验不足所带来的风险，而且需要考虑长期运营管理方面的资金投入。但作为21世纪的档案工作者，在开展档案信息化建设之初，就必须引起足够的重视。

第六节 数字档案实行安全性保障

从古至今，人类一刻也没有停止过思考和采取各种方法和手段来保障档案的安全，维护档案的历史性和真实性，保护档案的真实、完整与有效。对于传统载体的档案，人们已经探索了上千年，已经逐步形成了保护档案安全、维护档案真实原貌以及档案永久保存的各种技术、手段和方法，如档案馆公共环境的安全保卫制度、档案馆库房的恒温恒湿措施、纸质档案的技术保护、档案的缩微处理等各种有效措施和手段。自20世纪90年代以来，电子文件归档、馆藏档案数字化都逐渐形成了各种数字形式的档案，由于数字档案的网络化、计算机化和数字载体的存储方式的多样化，又对档案的安全保障提出了新的要求，传统的安全保障方法主要适合于存放在档案馆的实体档案，难以满足网络环境下的数字档案的安全保障要求。基于这样的需求和业务发展的需要，人类正在不断地探求和摸索，寻找既能保护现有馆藏档案的安全，又能确保数字档案安全的整体性解决方案。

一、数字档案安全保障的基本思路和方法

网络、计算机、存储器和信息系统是数字化档案信息生存的基础，也是引发安全问题的风险基地。黑客攻击、病毒蔓延、信息窃取、技术落后、制度不健全、管理不规范、措施不到位、治理不及时是产生不安全因素的根源，其中有客观的因素，也有主观的原因。因此，加强对客观侵害行为的防范、对主要漏洞的治理、对安全事故的补救是保障网络畅通、系统稳定、数据安全的重要措施。只有网络和系统安全了，制度规范健全了，组织团队落实了，数字化档案信息的安全才能得以保障。

（一）建立技术保障体系，提高网络与系统的安全性

积极防御、综合防范，创建安全的网络、系统和应用环境，保障数字化档案信息的安全需要从网络、系统、应用、数据等多个层面来分析问题，并提出解决问题的策略、方法和措施。

1. 保障网络安全

启用入侵检测和访问控制的联动服务。网络安全主要包含两层含义，一是基础设施、网络与计算机设备等硬件设备的无故障运行，其安全性关键在于要购买优质的硬件设备并在运行过程中加强管理和维护，确保科学使用，这一点只能靠机构中的人和制度来保障；二是保障合法用户的正常使用，确保网络上信息资源不被非法用户盗窃、更改。防火墙和入侵检测技术是常用的保障网络安全的两种手段，入侵检测技术侧重于监测、监控和预警，而防火墙则在内外网之间的访问控制领域具有明显的优势。如今，面对网络攻击手段复杂度的不断提高及融合能力的逐渐加强，在网络层采取安全技术的集成化应用和安全产品的联动启用措施，全面提高网络的综合防范能力，已经成为人们保护全网安全的重要举措。

2. 保障系统安全

加强升级服务，做到无漏洞运行。几乎所有的操作系统及其提供的应用与服务均已发现有安全漏洞，并且越流行的，其安全问题越多。目前各操作

系统的开发商已经开设了专业通道，提供升级服务的补丁程序下载、安装和检测服务，而且大多是免费的。因此，能否做到系统的无漏洞运行，关键在于人们是否使用正版软件，增强安全意识，并做到及时升级，及时打补丁。对操作系统的安全，除了不断地增加安全补丁外，还需要时常检查系统的各项设置，如敏感数据的存放方式、访问控制机制、密码更新的频度等基础性策略，并充分利用操作系统提供的强大功能，首先建立基于本机操作系统的安全防御与监控系统，保障各客户端的无漏洞运行。

3. 保障档案信息系统的安全

采取防偷窃及基于生物识别的强身份认证措施。档案管理信息系统是特定的应用程序，它的安全主要取决于：是否是合法的用户在合法的权限范围内执行了合法的操作，做好系统用户的安全管理，不给偷窃者以机会。目前，保障合法用户的做法是采取强身份认证、加密和防密码偷窃等技术，如指纹识别、虹膜认证等，都是确保用户身份的高安全性技术措施，生物识别技术已经广泛应用于硬盘加密、数据加密、身份验证等环节。而对于合法用户越权操作与非法操作的情况，主要取决于内部安全管理制度和措施的有效性实施与落实。

4. 保障档案数据的安全

实行隔离、加密、灾难备份等措施。安全管理的最终目的就是保障网络上传输的、系统中存储的、用户访问到的档案数据和信息是真实、完整和有效的，并保障系统操作者能够方便地访问自身权限范围内的数据，杜绝无权用户进入系统。因此，数据加密、硬盘加密、文件系统加密、增加系统存储的复杂性等都成为保障数据安全的有效措施。对于保密和绝密的数据应采取物理隔离，不允许上网操作。而异地备份则是避免地震、火灾等的重要防范措施，更是确保档案信息安全必不可少的重要备份措施，任何档案保管机构都应建立灾难备份系统。

5. 病毒防范

建立网络化的病毒防范体系，实现病毒库的同步升级。几乎有网络和计算机存在的地方，都会有病毒。谈毒色变的主要原因是不了解病毒的工作原理，病毒泛滥的主要原因是病毒库不及时升级。因此，每台计算机上都应安装防病毒软件系统，并及时更新病毒库。而对于网络环境下的一个组织而言，病毒杀不尽的原因则是网络上至少有一台机器有病毒，并在网上扩散传播，因此，购买网络版的防病毒软件，建立网络化的病毒防范体系，实现病毒库的统一管理，同步升级，是防范病毒侵害数字化档案信息的有效措施之一。同时，加强对病毒知识的学习，提高机构中每位员工的主动防范意识和警惕性也是非常重要的保障措施。

然而，各种技术保障措施固然可以为网络、计算机、存储设备、系统服务、应用程序等软硬件系统建立“硬件”防护体系，但要使它们真正起作用，还需要管理制度这样的“软件”防护体系与之协同工作，其中，人是最关键的因素之一。正像木桶原理所阐述的道理一样，网络及信息的整体安全取决于包括操作人员在内的整个网络系统环境中安全性最薄弱的环节，也就是说，如果网络中有一个人不按规范操作、有一台机器留有漏洞、有一个应用程序感染病毒、有一个端口留有后门，都有可能造成整个网络的彻底瘫痪。因此，需要建立健全的安全管理制度和一体化的管理方案，并将措施落实到组织中的每个人、每件设备、每台机器、每个应用、每个服务，才能确保网络、系统和数据的安全。

（二）建立制度保障体系，实现档案安全管理的程序化

保障网络、系统和档案信息安全的永久性措施应该是建立程序化、制度化管理模式并严格执行、落实到位。这同样需要在网络层、系统层、数据层和应用层分别制定相应的政策与规范，并采取必要的措施强化落实，做到制度正确，落实见效。

1. 网络、机房、服务器管理规范

主要包括制定保障网络线路、通信设备、交换机、服务器、主机房内和网络，支持档案管理机构内部档案信息系统运行的网络基础设施的防火防盗管理制度，以及保障该机构局域网内部用户访问内部档案信息资源和访问互联网的操作规范，制定本项操作规范的依据是业务部门的实际需求，制定规范的决策者是CIO，执行者是NA和SA两个重要的角色，任何用户只是按照被分配的权限进行操作，不能越位执行。

2. 数字档案信息安全存储管理规范

根据档案信息的安全级别和保密程度的不同，需要分门别类地制定不同的管理规范，确定不同的存储方案。密级档案信息应实行物理隔离，专人操作，

必要情况下对硬盘采取强安全加密措施。内部处理的档案业务数据在开展网络化共享与维护的过程中，严格区分用户的访问权限，对外开放的数据重点制定防范数据被篡改的策略和方法。制定本项操作规范的依据是《档案法》及机构规定的档案管理制度。

3. 个人 PC 和客户端的安全操作规范

客户端的安全操作规范主要是指客户端的上网制度、客户端的安全配置规范、客户端应用系统的安装、运行和维护方法、客户端及个人用户在使用档案管理信息系统时的操作规范等方面的要求，这将涉及组织中每一位员工，任何人都不能轻视。制定该项制度的依据是整个档案业务管理机构全网安全和信息安全的总体要求。

4. 数字档案应用系统的安全操作规范

电子文件归档系统、馆藏档案数字化系统、档案信息发布与提供利用的网站系统等应用程序是我们访问数字档案信息的重要工具。建立有效的操作规范，确定科学的数据转换与图像处理的技术参数，采取数据加密措施，实施严格的权限管理制度，是制定应用系统安全管理的重要内容。该项制度一旦确定，重要的是需要做到持久执行，并在执行的过程中逐步完善。

（三）建立组织保障体系，促进安全保障的有效性

目前，在我国档案行业，确保网络和档案信息安全的组织保障体系（以下简称为信息管理组织体系）与行政管理和实际业务管理过程中的组织体系（以下简称业务管理组织体系）往往是不同的，其主要区别在于，信息管理组织体系中的成员几乎不参与决策，更无权支配和调配信息化项目的资金和团队成员，日常工作中扮演的几乎都是“救火队”的角色。主要原因是，业务管理和信息化应用没有真正融为一体，两者之间隔着观念和认识上的鸿沟。事实上，理想的管理模式是二者合一，要求机构的领导是既懂业务又熟悉信息化应用的现代化管理人才，要求档案业务工作者也是掌握多项技能的复合型人才，要求机构中的每位员工把信息化和档案业务作为同等重要的基础性工作来开展。

（四）建立安全监控体系，落实安全保障的有效性

档案信息安全运行的法规、制度、标准与规范将随着信息系统的建设和运行逐渐得到发展和完善，但档案信息系统和档案信息是否能够真正获得安

全保障，关键还在于这些安全法规和标准制度是否能够得到有效地执行和应用。因此，在健全网络安全法律法规的同时，还应加大执法力度，加强运行管理与监督控制的力度，为网络与系统的安全运行提供法律保障和运行保障的长效机制。

这一目标的实现不仅需要档案管理部门及所有人员付出努力，更需要国家立法机构的支持，还需要建设、使用和维护档案管理信息系统安全运行的所有参与者不断加强安全意识，执行安全制度，随需求改变和完善安全管理策略确保系统运行和档案信息存储的持续安全。

安全审计、安全监控等都是网络与系统安全运行的监控手段和方法。安全审计和监控的对象主要是网络、服务器和计算机系统的环境安全、实体安全、机房设备的防电磁泄漏、软件安全技术、软件加密技术、操作系统的安全管理、数据库的安全与加密、数据传输的安全与加密、局域网安全控制、计算机病毒的诊断与消除、系统的运行安全，以及整个系统的安全解决方案和安全评估等，都属于将纳入安全审计和安全监控的范围。

安全监控的具体措施包括，各级保密工作部门和机构负责本地区、本部门网上信息的保密检查，发现问题，及时处理；涉密信息网络必须与公共信息网实行物理隔离；在与公共信息网相连的信息设备上不得存储、处理和传递国家秘密信息；加强对上网人员的监督与管理，明确责任，确保在公共信息网上不发生泄露国家秘密的事件。

随着信息安全的专业化发展和复杂程度的提高，保障信息安全的技术与方法难度也在逐渐加大，同时，由于信息安全是个动态的、发展的过程，不可能一步到位。因此，基于成本考虑和技术先进性考虑，信息安全外包成为一种趋势，信息安全服务是信息安全外包的一项最重要内容，也逐渐被市场所接受。

信息安全服务提供包含从高端的全面安全体系到细节的技术解决措施，安全服务分层次和内容进行开展，主要包括信息安全咨询和信息安全策略服务、安全监控和安全审计服务、安全响应和安全产品支持服务等。

因此，安全监控体系的建设，首先应根据各单位执行安全审计和安全监控的能力，选择是否采取专业化服务来开展；其次是要确定安全监控的层次和内容；最后要选择合适的安全监控服务的专业机构或团队来确保安全监控体系的建设与执行。

二、基于电子签名保障电子文件归档的安全

拥有合法电子签名的电子文件原件归档后将形成真正的电子档案。合法有效的电子文件移交到档案馆可以采取介质归档，也可以采取网上归档。具体实现过程包括：电子文件内容的真实性和完整性的确认，归档单位和归档责任者身份认证，归档单位对电子文件执行电子签名，档案馆接收人对电子签名的验证和对电子文件可读性的确认。

电子文件网络化归档的工作流程，整个系统工作的必要条件是归档单位具有第三方认证的电子印章，归档单位和档案馆需要建立能够阅读带有电子签名的电子文件原件内容的管理信息系统，即建立归档文件中心和电子档案中心两个信息系统（归档文件中心与现行业务系统的数据备份系统保持同步工作），电子文件一旦被修改，系统能够识别，而且会将其视为无效文档，并通过各种技术手段保障经过电子签名后的电子文件的安全、完整和可读。

（一）电子文件原件及其完整性确认

档案形成单位所采用的现行业务管理信息系统是电子文件原件及其元数据信息的发源地，系统的安全可靠是确保电子文件真实性的根本依据，档案工作者应按照档案接收和保管工作的要求，在该系统建设之前提出具体的保障电子文件真实性需求，并提前开展档案的指导工作。特别是应在电子文件即将结束现行期使命之前，提示各单位做好备份和归档准备等各项工作。更为重要的是，应将拥有电子签名的电子文件最终文稿及时地转存到归档文件中心，以便及时开展归档工作。

（二）归档单位及归档责任者身份认证

系统中包括单位和个人双重身份认证内容。归档单位的身份确认是通过《中华人民共和国电子签名法》中规定的具有权威性、可信任性和公正性的电子认证服务机构提供（简称 CA 服务机构）并签发的电子印章和证书，进行身份认证的方式分为单向认证和双向认证。电子文件归档采用单向认证方式，实现档案馆对归档单位网上传输的电子文件的合法身份认证，这时档案馆需要从 CA 服务机构的目录服务器中查询索引，获得证书之后，首先用 CA 的根证书公钥验证该证书的签名，验证通过说明该证书是第三方 CA 签发的有效证书，然后检查证书的有效期、检查该证书是否失效或进入黑名单等，

从而确定归档单位的身份有效性。关于归档责任者的身份认证也可以采取上述方法，但一般只需要在信息系统中采取像指纹、密码等有效措施就可以得以保障。

（三）电子签名的实现

归档单位在登记注册合法的电子签名后，拥有CA服务机构发放的签名证书的私钥及其验证公钥。实现签名的过程是：首先确认需要归档的电子文件，然后用哈希算法对电子文件做数字摘要，再对数字摘要用签名私钥做非对称加密，即做数字签名，最后将以上的签名和电子文件原文以及签名证书的公钥加在一起进行封装，形成签名结果发送给接收方，等待接收方验证。

（四）电子签名的验证

档案馆接收到数字签名的结果，其中包括数字签名、电子原文和发方公钥。进行签名验证，首先用归档单位发送过来的公钥解密数字签名，导出数字摘要，并对电子文件原文做同样的哈希算法，获得一个新的数字摘要，将两个摘要的哈希值进行结果比较，结果相同则签名得到验证，否则签名无效。

（五）签名电子文件的可读性保障

归档单位归档时发送给档案馆的和档案馆接收到的都是经过签名的电子文件，经过合法性和完整验证后，电子文件就成为电子档案并由档案馆进行管理，提供对外服务与利用。这就要求档案馆建立的电子档案管理信息系统不仅安全可靠，而且能够阅读和浏览签名的电子文件，目前这一技术已经由很多单位实现，并做成插件形式，可以嵌入到档案管理信息系统中，必要时可以打印出带有印章的档案文件，作为凭证依据。当前市场上流行的模拟纸质文书的数字纸张就是非常典型的应用案例。

电子文件归档过程可以看作是对传统纸质档案的电子化模拟与流程化规范的过程，所不同的是从对文件的收集、整理、鉴定、移交、接收到管理的全过程都采用了网络、信息系统、数字签章和身份认证的电子化与自动化操作模式。这种方式，一方面使电子文件归档过程变得简单、快捷、自动化程度高；另一方面使人们对电子档案原始文件的管理与管理档案目录数据的信息系统实现了同步管理，最大限度地减少了人工的干预，提高了归档工作的效率，更重要的是，也大大增强了归档过程的规范性和安全性。至于网络和信息系统带来的安全风险，是能够通过采取各种现代技术手段得到控制和加强的。事实上，有权威机构统计，70% 的信息安全事件来自管理上的漏洞，应该说采用自动化手段执法比靠人工执法的安全性要高。因此，作为新时期的档案工作者，应该顺应历史的潮流，改变传统的观念，大胆地接收真实、合法、完整、有效的电子文件，做到对历史负责、为现实服务、替未来着想。

三、数字化档案信息安全保障的总体结构

“坚持积极防御、综合防范的方针，全面提高信息安全防护能力，重点保障基础信息网络和重要信息系统的安全，创建安全健康的网络环境，保障和促进信息化发展，保护公众利益，维护国家安全”是国家对信息安全保障工作的总体要求，也是架构数字档案信息安全保障体系的总体指导思想。各档案管理部门应在遵守公共安全、信息安全、计算机安全等法律法规制度的前提下，首先，建立保障数字化档案信息安全运行的组织体系，制定安全管理的规章制度，加强教育和培训，提高所有人员的安全意识，规范操作过程，坚持全员思想上的同步安全原则，开展科学的档案管理工作，杜绝由于人为因素而引发安全事件；其次，根据档案数据、业务流程以及内部网络设备的使用特点，建设各个层次的技术保障措施，设定和执行网络边界区域防火墙、入侵检测、网络管理系统等安全策略，加强内外网络之间访问权限的控制与管理，对内部网络中的计算机和服务器，加强操作系统和应用程序的修补与更新，强化应用程序的安全，合理分配各用户的操作权限，根据需要对存储系统与档案数据采取必要的加密措施等一系列的技术保障措施；最后，在运行环节上加强管理和控制，在内部网络所有层次上落实安全管理制度，实施保障安全运行的有效措施，对保密档案数据实行物理隔离措施，对在线运行系统的档案数据采取异地备份、介质备份等措施，对于开放的档案数据提高防篡改的能力，对当前业务流程中正在处理的数据加强真实性、完整性和有效性的控制。

总之，在数字化档案信息的综合管理过程中，我们需要采用这种多维的分层管理与控制体系，建立保护全网安全的防护体系，加强内部管理，提高安全意识，采取各种措施和手段加强防范，增强攻击者被检测到的风险，降低攻击者的成功率，从而在网络安全、系统安全、应用安全的基础上保障数字化档案信息的安全。

第九章 档案馆安全管理知识体系

第一节 档案馆公共环境与安全监控系统

档案馆的安全是保障档案安全的根本。随着社会的发展，各种新型安全技术和安全保障方法不断涌现，如智能监控、网络安全等技术逐渐在档案馆得到应用和普及。本章重点介绍保障档案馆公共环境安全的监控系统及其相关技术，以及信息网络环境下档案馆的全网安全战略规划和安全运行体系。

档案馆是集中存放档案和提供档案利用的专门场所，环境安全是不容忽视的重要问题。档案馆的周边环境、内部环境、办公设施等的安全建设是保障档案安全的一项最基本的要求。档案馆公共环境安全的主要任务是消除不利于档案保存的各种隐患，确保档案及档案信息完好无损（不丢失、不损坏、不被篡改等），保障档案工作者安全地保存、管理及提供档案的利用服务。

与其他公共环境相比，档案馆公共环境的安全有其独特之处。如：档案库房需要具备防火、防盗、防尘、防潮、防蛀、防高温和防御有害生物、有害气体的条件和设施，需要采取各种技术和手段来构建一个有利于档案保存的适度环境，确保档案的安全。对于珍贵的、保密的档案，还需要采取更加严密的安全措施，制定特殊的操作规程，设置专人保管，存放在特殊的地点等，以避免出现其他意外的情况。同时，为了更好地拓展信息时代档案馆的社会化服务功能，充分挖掘和发挥档案资源的社会效能，建设一个友好的网络安全运行环境，也是新一轮档案馆开展服务创新的迫切需要。因此，档案馆的公共环境安全必须依据它的具体特点和实际应用的需求，采用有效的安全防护措施，确保档案馆的安全，从而保障档案及其信息的安全。

一、安全监控系统概要

随着计算机网络技术、通信技术的应用以及档案系统保护及其自动化技术的发展，保障档案馆公共环境安全的自动化程度也得到了不断的提高，很多档案馆已经或正在采用一些先进的技术、配备必要的设施，利用一些实用的档案安全保护技术，减少档案安全的隐患，确保档案保管和存储环境的安全。安全监控系统是档案馆普遍使用的一种自动化智能安全保障与管理系统，它是借用现代监控技术，以保障档案安全为目标而建立起来的智能化自动防范系统。它采用现代网络和电子技术手段来及时地发现、阻止入侵与破坏行为，将档案馆的门禁管理、防盗防火、防潮防湿等融为一体，是档案馆实现现代化管理的一种有效手段。

档案馆安全监控系统的作用不仅仅体现在档案馆公共环境的安全防范与监控上，它还体现在档案设备的集中管理与控制上。档案馆或其他档案保管机构经过多年的发展，一些控制设备、办公设备、通信设备等常常分散在楼内的各层、各个角落或多个位置需要控制、监测的对象比较多，以前常采用分散管理模式，各种设备的运转状态、事故状态、能耗、负荷的改变不能得到有效地控制、监测。为了合理利用设备、共享设备资源、节省能源和人力、确保设备的安全运行，也需要使用一种新的设备管理系统，把分散的设备、功能及其相关信息等集成在一个相互关联的、透明的、能够实现集中管理和统一调度的控制系统之中，使档案馆内部设备资源达到充分的共享，实现集中、安全、高效、节能、便捷的管理。档案馆安全监控系统也正顺应了这种需要。

当前，基于网络的档案馆安全监控系统提供了数据快速传输、数据的集中处理和统计分析等功能，能够实现对被监控场所的图像数据的实时传输、记录和保存，能够对所发生的报警点启动预设进行相应的处理，实现即时的安全防范。性能优越的档案馆安全监控系统能够使档案馆的无人值守逐渐变为现实，能够实现档案馆真正意义上的“安全防范”，这是未来档案馆安全保障的必然模式，也是档案馆综合安全的发展趋势。因此，在新馆建设和老馆改造时，必须从档案馆的总体布局、内部结构和设备设施等方面充分考虑新的安全环境需求和潜在的、发展的需求，并结合实际应用需求和业务发展状况合理地选用和采取安全监控技术，有效发挥设备与系统功能，以及针对业务发展需要，借用各种现代化技术和手段，建造一个良好的、安全的档案馆公共环境，使档案馆的安全建设与时俱进，不断地适应档案管理和档案工作的各种社会功能的扩展需要，为档案资源的开发利用，奠定环境安全基础。

二、安全监控系统组成及工作原理

（一）系统组成

档案馆安全监控系统主要由两大部分组成：一是安装在库房、门窗、阅览场所等被监控地点的前端分站系统；二是安装在主控中心或者监控室的主站系统。这两部分之间的数据传输是基于档案馆的内部网络系统。

前端分站系统主要由网络数字监控系统以及消防防盗系统组成。网络数字监控系统由前端的各类摄像机、云台与解码器、高速数字球以及视频服务器组成。其工作原理是摄像机把现场拍摄的图像信号，通过视频服务器转换为数字信号，通过网络传输至主站系统的计算机，服务器并保存，服务器上的应用软件经视频服务器发出对云台以及摄像机的控制信号。消防防盗系统由各种探测器（对射红外探测器、被动红外与微波探测器、烟感探测器、门磁开关等）以及控制主机组成。控制主机的报警输出端与视频服务器的报警输入连接，根据每个摄像机设计一个报警防区。各探测器在一个防区回路中串联，当某个探测器报警后系统即认为该防区报警，并向视频服务器发出报警信号，如在设防时间内，系统可以启动多台远程计算机对该报警信号所对应的摄像机进行数字录像，并通过计算机发出报警声音，另外启动本地的警号鸣警。

主站系统由主控服务器、备份服务器以及浏览计算机组成。如果要求不是很高的话，也可采用一台较好的工作站计算机来完成，此计算机上安装监控系统应用程序，完成服务、控制、用户查看等功能。

档案馆安全监控系统可以采用 B/S 或 C/S 运行结构，目前流行的应用软件系统大多采用 B/S 计算模式，将监控系统的所有应用系统和响应服务等都安装在主控服务器上，应用程序提供系统的配置、设定与调度，包括每个摄像机的保存计划，设防与撤防计划等。

档案馆在使用安全监控系统进行浏览查询的过程中，主要涉及报警查询以及数字回放等方面的工作。在这方面，备份服务器提供大容量的硬盘，根据主控服务器的命令进行数字录像并备份保存供以后的查询、利用。如果采用B/S运行模式，网络内的任何一台计算机只要具有相应的权限，都可以成为监控计算机，一般在主控中心或者监控室采用一台带17或者21英寸显示器的计算机就可以满足要求。

（二）系统工作原理

为了使安全监控系统安全稳定地投入运行，为了更有效地使用系统，档案工作人员应该对系统的工作原理有所了解。在安全监控系统接入档案馆内部网络之后，系统通过各个视频监控点，对所要监控的对象进行监控，实时的监控录像并按预先设定的计划进行存储和备份，以备以后的查阅回放。系统测量点测试必要的工作数据，传送到系统中，系统经过分析处理后，以进一步的判断是否做出响应动作，如果需要对相关的设备进行控制，系统将会根据程序的设定，通过相关的控制点对相应的设备作出预定的控制。在档案馆内部局域网中，具有使用权限的档案客户端可以通过网络对监控系统进行访问，服务器端将会提供相应权限的服务功能：在Internet的用户，可以在互联网上通过局域网与Internet的联结实现对系统进行访问，系统将会提供安全的认证服务，确认无误后，系统提供Internet用户端的远程浏览和查询服务。

（三）系统网络拓扑结构

计算机网络与通信技术快速发展，呈现出多种多样的网络结构，成为现有各种工作和未来许多待开发的新业务综合传输和应用的主流平台。那么，档案馆安全监控系统是如何实现与网络的连接，并在其网络环境中平稳无故障地运行？如何选择合适的技巧方法才能为系统稳定的运行带来益处？

按照网络传输的通信信号来分，可以分为模拟信号、数字信号和模数混合通信三种方式。通信是点到点之间的信息交换，为此目的的连线便构成了网络。网络的覆盖规模以及所用协议可以把连成的网络分为局域网、城域网、广域网、互联网。网络拓扑结构大致分为网型、星型、复合型、环型、总线型几种结构。

各档案馆在使用监控系统时，应该根据自身单位的实力和技术条件来选择合适的网络拓扑结构，星型网络拓扑结构因其简单而成为通常选用的一种方式，其具有结构简单、便于管理、集中控制和组网容易等优点，并且它可以同时连接双绞线、同轴电缆及光纤等多种传输介质。星型网络拓扑结构是以中央节点为中心与各个节点相连接组合而成，各个节点与中央节点通过点与点方式连接，中央节点执行集中式通信控制策略；在服务器/工作站局域网模式中，服务器是中心点，存放共享的文件资源；在这种结构里，它的中心点与多台工作站相联，大多采用集线器（HUB）连线，接入也比较方便。综合它的多种特点，时下档案馆安全监控系统的接入多采用此种网络拓扑结构，在多种场合也是非常的合适。

三、安全监控系统功能

从应用角度分析，档案馆安全监控系统主要分为视频监控录像部分与通信控制部分两大功能，进一步还可以细分为：系统传输部分、监控浏览部分、系统报警、系统录像、系统终端等具体部分。

（一）基本功能

安全监控系统采用了电视图像监控及在线自动通信系统技术，它是一套集监控、录像、回放、报警、控制、远程控制和远程监控于一体的数字式图像监视系统。系统可以将摄像机拍摄的图像信号，经过数字化并压缩处理储存于计算机硬盘中。它运用流行的图像压缩技术，以流畅的图像数据压缩比，可以在有限的计算机硬盘里储存图像及视频文件数周甚至数个月。当需要对目标范围在过去的时间段里所发生的场景数据进行了解或恢复的时候，可以通过计算机从硬盘里调用这些有用的视频数据，进行查阅利用，系统提供了非常方便灵活的措施。

安全监控系统可以实现环境的智能监控，系统是一个综合应用计算机控制技术，对环境对象既可实现网络化远程智能监控管理，又可实现当地智能监控管理的科技产品。基于TCP/IP的计算机网络远程控制技术，数据通信的接入设施既可采用局域网又可采用公共电话网，通过TCP/IP传输控制协议可将重要的数据按用户的要求进行多点传送，系统的智能控制可以根据用户的要求将系统中的状态点、测量点、控制点配置成有机的运行控制整体，也可根据要求部分功能进行分散独立的工作，可在无人干预的情况下，按照档案用户或客户的设置要求管理好设备、环境等。当发生告警事件时，系统将触发启动系统报警功能进行相关的事件处理，现场采集的动态图像数据将按系统的描述记录入库处理，以备查阅。数据的采集通道可以每路单独配置输入，系统开发设计时预留的相关接口，可以按照档案用户或客户的要求进行扩展配置，使用非常方便，直观，数据可靠性也很高。档案馆安全监控系统与一般的监控系统一样，只是实现的安防目标不完全相同，所以在实现的手段上，根据部门的特征可能会有一些差别，档案用户可以根据自已对功能的实际需求，结合本部门的实际情况，可以对系统进行适合自已的定制。

一个开放完整的安全监控系统可以灵活地组成单机运行方式，也可以通过 Internet 或者档案局域网，根据相关的用户和密码权限访问控制你所感兴趣的监控对象，包括门禁、视频点、环境的温度和湿度等相关设备。现在一般的监控系统在功能设计上，就可在远程或本地得到目标视频数据、相关的设备运行状况、历史记录和设定相关的控制数据。当需要考虑组建一个系统的时候，对系统所涉及的设备产品，所选用的产品的技术特点要稳定可靠、运行方式要配置灵活、产品的性价比要高、通用性要强，并且要符合国际国内的软件、硬件设计标准。按照这样的原则，系统建成后就可以按照预先设想的要求，实现为档案或其他管理部门提供综合管理应用，甚至是无人值守的管理应用。如果设计得更加完善，还可以为大范围且监控目标分散的场合提供更新层次的系统解决方案。

（二）视频录像功能

档案馆安全监控系统中的视频监控录像部分功能，主要是实现对被监控场所的视频、图像帧信息的监控，通常包括视频录像、视频回放、报警、远程传输访问、云台控制等功能。

1. 视频录像

系统的视频录像功能主要涉及系统的录像能力、实时录像的处理能力、速度、安全、时序、周期等几个方面因素。录像能力指可提供所接录像机的路数、存储空间以及扩展空间。系统的录像能力随视频压缩比、帧速、图像分辨率以及记录的摄像机数量而不同，在 80GB 的硬盘上，一般系统可提供多达 16 路摄像机，基于 CIF 解像度能够达到平均 180 小时的录像能力，并且录像能力可应客户的要求，由制造商给予升级。系统的实时录像处理能力是指系统实现实时录像的最多的路数，以及系统每秒能够处理图像的总帧数。一般情况下，系统设备可以实现 4 路的实时录像，能够达到 100 帧 / 秒的处理能力，随着技术的发展，系统可能会有更高的实时处理能力。另外，系统在录像时视频压缩比、帧速以及解像度一般均可调，所记录的图像是记录保存在系统本机的硬盘里的，如果系统的硬盘空间不够则还可以外接硬盘、DVD-RAM或DAT驱动器来扩展存储空间或实现热备份。而系统的录像速度、时序、周期等在系统的应用软件上，可以根据用户的需求自行设定相关的工作运行数据，在安全方面，系统管理员可以根据对象的类别为不同级别的用户设定不同的等级或安全限制。

2. 视频回放

视频回放是指将录制好的存放在存储系统里的视频图像文件，根据用户的要求进行调用与播放。现在几乎所有的系统在应用软件中都集成了视频回放功能，并且可以查阅数据库信息系统所支持的相关视频片段信息，以及在视频回放的功能中能够让用户实现体验不同的速度播放视频，也可以进行视频图像的捕捉、打印、放大，甚至可以进行视频片段的智能搜索等，很多回放功能已经考虑了实际需求。

3. 事件报警

报警的输入一般采用输入/输出开关状态，通过TTL输入状态的变化来自动检测。系统的视频移动侦测功能在工作时，能够侦测画面中的移动物体。当发生报警事件时，系统将对报警事件自动按发生时序记录存档，同时系统将通过局域网或广域网进行报警信号的传输，在电子地图上会自动弹出相关的报警区域，此时的报警锁定功能则能够自动锁定报警目标，并且跟踪摄像动态的报警目标。

4. 远程传输与访问

通过远程传输与访问功能，系统能够实现监控现场画面、远端遥控云台镜头、远端报警接收以及远程录像回放的功能；也即通过广域网/局域网可以实时观察远端的现场图像，可以远程遥控现场云台镜头动作，可以接收本地监控软件的报警信号，可以回放远端本地监控软件硬盘上的录像资料。

5. 云台控制

云台是用来控制镜头移动的，通过控制云台的转动可以控制摄像机镜头的摄像范围。在网络终端，用户可以通过局域网或广域网来对前端的云台镜头进行控制。在控制权限上，可以通过软件设置多级网络云台镜头分控用户权限。在控制协议上，一般的系统都有多种解码器控制协议，如：KALATEL、

PELCO、PHILIPS、VICON等控制协议，当需要选购系统时，可以选购那种可兼容多种解码器控制协议的系统，这样可以避免因为兼容性问题而发生故障。

6. 其他附加功能

除了以上的一些有关视频录像的功能外，系统还有其他方面的一些功能，比如：视频方面，它所支持的视频制式、所能够显示的图像视频的最多路数以及图像的解像度。视频的制式是视频所支持的一种显示标准，目前，视频的制式有PAL制式和NTSC制式两种，国内一般常用PAL制式，现在一般的系统两种制式都支持，在具体使用时，可以根据需要来选择。而且，所显示图像视频的路数与显示器以及系统的支持能力有关，每个系统都不一样；图像的解像度在单通道图像显示和录像时，一般系统可达到全解像度，在多通道图像录像时，可达CIF解像度。另外，在软件方面，常涉及的监控软件、分控软件以及一些通信应用软件，这些软件在做选择时，应该注意其所能够支持的语言操作系统，一般都应该支持中文操作系统。在报警预录制方面，系统应提供对报警前和报警后画面录像的功能，且报警后的录像时间可以调整，系统还应该有冗余支持的功能，即可提供备份保护功能，在系统遭受意外时，可以防止当前存储系统的瘫痪。

（三）通信控制功能

档案馆安全监控系统，先通过对所监控周围环境的各个重要检测位置的状态信息进行捕获，然后再通过网络将所捕获的现场信息传输到服务器端进行保存、处理、分析，监控系统的应用程序根据预先的程序设置，实施相应的控制手段，执行预设的措施，从而使得监控控制场所避免发生一些不必要的损失。其中，数据信息的通信传输控制是非常重要的，安全监控系统的通信主要涉及软件与硬件设备之间的通信，软件与软件之间的通信以及网络终端设备之间的通信。

第一，在监控系统的应用程序中，需要利用软件实现对档案硬件设备的支持，相关的硬件要配置合适的软件以及模块通信接口，比如：门禁、温度、湿度等方面的设备，除了自身的设备驱动外，对其相应的接口，这些输入输出（I/O）控制应在监控系统应用程序的设计、开发时就已经实现了。

第二，在系统实现时，要规划设计好采集、控制方面的功能。比如：对库房现场的温度、湿度等方面进行的采集、控制及数据处理等。

第三，本地的数据通信可以实时监控各个设备的运行状态，并且要能够实现手动、自动控制各个设备，即可以实时控制各个所连接的设备，实现非现场实时管理。

第四，在监控应用软件与设备管理软件的数据通信应用设计中，要能够实现远程、本地分级权限的访问控制，并且要考虑易用以及友好的交互操作功能界面，系统软件要有中文操作系统的支持以及设备管理软件的支持。

第五，档案馆安全监控系统设备的网络连接通信，要能够实现系统中数据流量的自动处理，在系统报警输出时，要能够实现突发事件预设报警数据的通信处理等方面的功能。

第二节 安全监控相关技术及其应用

档案馆安全监控系统所面向的监控对象是档案信息设备、档案数字化信息、档案库房资源和库房环境温湿度等，可控档案设备设施及资源。在计算机、多媒体及网络通信等现代信息技术迅猛发展的今天，对于图像、声音等多媒体信号的数字化处理，以及远距离传输的技术已相当成熟，目前这方面的技术已经可以实现将管理现场的运行数据、状态传送到远方的监控中心，同时监控中心也可对远方的现场设备进行控制及调节，对异常现象进行处理，实现自动报警等多种应用。

一、视频技术及其应用

（一）视频压缩技术在安全监控系统中的应用

基于 MPEG-4 的新技术标准，在对档案馆安全监控系统进行应用设计时，可以采用 MPEG-4 的图像压缩技术标准，采用硬件实时压缩、实时预览，软件解压回放的方式在系统中进行应用。这样不但可以在系统中实现快速精确定位，而且回放时能照常进行各种录像，不会漏过任何异常情况，还可方便地进行事件检索，如：系统状态、录像事件、日志事件的查询和检索。采用这样的视频压缩技术标准，它可以支持各种宽带、局域网、电话线等远程多路监控数据的快速传输，优于其他视频数据的传输，而且还可以容易构建可选的 4 路 /18 路 /12 路 /16 路的数字监控录像。而在依照系统的设置上，在长时间录像方面，系统也可以根据硬盘的大小配置进行长达数月的连续录像。

（二）视频切换、远程遥控、遥测、报警等在监控系统中的应用

在安全监控系统的应用中有一些比较先进的技术，诸如：视频监控技术、视频切换技术、远程遥控、遥测技术、报警联动技术等，在系统的实现和应用过程中，要注意考虑引进这些先进的技术，使系统在应用中更加具有先进性。

视频压缩技术是 MPEG 组织在多媒体领域内，专门制定的有关音、视频压缩算法标准的技术，它是将音频、视频、图像信号进行压缩并进行存储传送的算法标准。

视频切换技术主要是实现对视频的分配，以及在矩阵中实现切换的功能，它采用一些切换调整技术使得视频干扰降低到最小限度。

远程的遥控、遥测是指，对所需的目标对象设备系统进行远程的控制、检测的一种技术手段。诸如：在本地采集所需的远程设备运行数据，或者在本地控制远端的目标对象等技术。报警联动则是指对象目标在发生报警事件时，相关设备系统对报警事件响应的联动处理。

以上这些比较先进的技术，根据系统设计先进性的设计原则，在档案部门的安全监控系统设计中，管理部门可以根据自身的特点、规模，有选择地引进这些技术，使这些技术在监控系统中加以应用，使得系统在设计上不但具有先进水平，而且具有强大的拓展潜力。

二、网络通信技术及其应用

（一）串行 RS-232 和 RS-485 通信接口的介绍

串行通信接口（Serial Communication interface）在系统通信控制的范畴中一直占有极重要的地位，不仅没有因为时代的进步而被淘汰，反而在规格上越来越向其极限挑战。近年来，串行通信接口应用比较盛行，诸如：RS-232、RS-485 接口以及串行通信的扩展 USB 及 IEEE-1394 接口。在本章所述的（档案）安全监控系统的应用中，一般常用到的是 RS-232 和 RS-485 串行通信接口。目前，这两种接口标准在系统的通信设计中得到了广泛的应用。

RS-232 是美国电子工业协会 EIA 制定的一种串行物理接口标准，它的通信一般有单工、半双工和全双工的通信方式。在通信系统中，为了提高数据传输速率常采用全双工进行数据通信，采用全双工数据通信只需要几条信号线就可以实现，比如两条数据收发线和一条接地线就可以完成全双工通信。RS-232 标准的数据传输速率最小 50bit/s，最大 19200bit/s，它的通信距离受

到两个方面的限制，其一是电容负载的限制；其二是因信号的传送是单端方式传送，因此它的通信距离一般允许在 20m 以内通信。

串行通信接口（RS-232）是计算机的标准配置，通常含有 COM1 与 COM2 两个端口。一般的计算机将 COM1 以 9 引脚的接头接出，而将 COM2 以 25 引脚的接头接出。现在市场上的计算机都是以 9 引脚的接头引出所有的 RS-232 通信接口，在计算机的接口上，RS-232 的接头都是公头，包括一些老的 25 引脚的接头也是一样。通常，在与计算机相连接的设备上，采用最简单的通信接口就是 RS-232，因其不仅实现简单，而且价格上也比较便宜。在目前市场上常见的数码相机、调制解调器等很多计算机外围设备都提供 RS-232 作为与计算机通信的接口。另外，如果我们需要查看 COM 通信端口的运行状态的话，在计算机上，可以通过 Windows XP 系统或其他操作系统进行查看，在属性的对话框上单击“硬件”标题栏，打开“硬件窗口”——单击，“设备管理器”，在打开的“设备管理器”窗口中可以找到这个计算机的 COM 通信连接端口。如果这个通信端口没有异常，可以正常使用，那么在显示的通信连接的 COM 端口的名称前面，就没有表现异常的黄色感叹号或其他的情况。在应用上，此种接口可以连接到调制解调器进行通信传输，在 Internet 的接入上，此种通信传输也比较常见，在接入的 WWW 网上，可以通过此种接口访问浏览各种网络信息，通过它也是接收、发送数据的一个重要通信方式。

由于串行通信的简单易用，在工业领域大量使用串行通信来进行数据传输；可是工业环境通常会有噪声干扰传输线路，在用 RS-232 进行传输时就经常会受到外界的电气干扰而使得信号发生错误。为了解决这个问题，RS-485 的通信方式应运而生。RS-485 接口改进了 RS-232 接口标准的一些不足，RS-485 采用平衡发送和差分接收，具有共模抑制干扰的能力，加上总线收发器具有高灵敏度，能检测到 200mV 的低电压，传输信号能在千米以外得到恢复。在使用方面，RS-485 有很多的优点，诸如：应用 RS-485 可以联网构成分布式系统；RS-485 用于多点互联时非常方便，可以省去许多信号线；RS-485 具有长的传输距离和多站能力等优点。另外，使用 RS-485 接口通信还可以有效地防止噪声信号的干扰。因此，RS-485 的这些应用特性，使此种串行接口的传输方式比较适合工业上的应用，也正因为具有这些特性和优点，使其成为当前用户的首选。

为了方便应用，RS–232 和 RS–485 这两种接口也可以转换。目前，RS–232 和 RS–485 的协议转换器在市场上也已经有了很多现成的产品，在系统的建设应用中可以根据相应的需求进行选用。

（二）通信协议

通信是把数据或信息从一个地方传送到另一个地方的过程。以计算机系统为主体的网络监控通信系统是一种数据通信系统，在计算机与各种监控设备组成的安防系统中，系统的通信共同遵守一种规则，系统按照规则进行数据的传输。而计算机之间或者网络之间的信息数据的传输则要遵守另一种网络通信规则，它便是日常所说的网络通信协议。目前在众多的协议中，TCP/IP（传输控制协议 / 网际协议）是用得最为广泛的一种协议，也是业界标准的一种协议组，它为局域网和广域网环境下的网络通信奠定了基础。

传输控制协议（TCP）定义了两台计算机之间进行可靠的传输，定义了交换的数据和确认信息的格式，以及计算机为了确保数据的正确到达而采取的措施。协议规定了 TCP 软件怎样识别给定计算机上的多个目标进程，如何对分组丢失和分组重复这类差错进行恢复。TCP 允许一台计算机上的多个应用程序同时进行通信,也能对接收到的数据进行分解,分别送到多个应用程序。TCP 使用协议端口号标识一台计算机上的多个目标进程，TCP 连接使用一对主机的端口来标识连接。

网际协议 IP 是 TCP/IP 体系中两个最主要的协议之一，它是一种不可靠、无连接的数据包传送机制。所谓不可靠，指的是 IP 协议不能保证数据包的正确传送，分组可能丢失、重复延迟和不按序到达。所谓无连接，指的是传送之前不需事先建立一条通路，每个分组独立进行路由选择，可能经过不同的路径。IP 提供了三种重要的功能特性：其一，IP 定义了在 TCP/IP 互联网上数据传送的基本单元，规定了互联网上传送数据的格式。其二，IP 软件能够完成路由选择功能，选择数据传送的路径。其三，IP 包含了一组不可靠的分组传送的规则，指明了分组处理、差错信息发生以及分组丢失等规则。

与 IP 协议配套使用的协议还有三个协议，它们分别是地址解析协议（ARP）、逆地址解析协议（RARP）和 Internet 控制报文协议（ICMP）。由于网际协议，IP 使得许多互联起来的计算机网络能够进行通信，所以，TCP/IP 体系结构中的网络层常称为网际层。

（三）数据传输方式

档案馆安全监控系统的组网通信以以太网为主，可以使用 2M、电话线、或利用其他传输设备的数据接口进行组网和数据通信。其中，电话线或利用其他传输设备的数据接口由于传输速率低，不适于图像信息的传输，不推荐使用。在系统的组网规划中，可以考虑采用以太网或 2M 的组网方式方案。

以太网传输方式要求档案部门的网络设备提供以太网接口，以便于所要监控的档案场所的图像、声音及数据经前端机，通过以太网接口上传至监控中心，或者要求档案网络设备已经和监控中心通过局域网相连。被监控场所的图像、声音及数据经前端机，通过以太网经过各级路由器、交换机或 HUB 上传至监控中心。

2M 传输方式（中心 IE 浏览）要求档案部门已有光纤设备，并且能够提供 2M 的接口，以便于被监控场所的图像、声音及数据经前端机上传至监控中心；监控中心通过以太网网桥（2M）将档案部门的上传的图像、声音及数据汇集到中心网络交换器上，与局域网上其他设备连接，供其浏览处理。其中，前端机的主要功能是实现信息采集、控制与传输功能。

第三节 档案馆安全监控系统规划与设计

一、档案馆安全监控系统设计基础

（一）网络接入的安全和权限设置

档案馆安全监控系统的安全性，对于通过网络监控的网络化设备监控系统来说，是非常重要的。档案馆安全监控系统是由工作人员通过 Internet 网络或局域网，在控制终端监视控制系统的运行，取得现场设备运行的状态信息数据，根据所反馈得到的数据，判断系统是否正常运转，进而决定是否改变设备的运行方式。因此，档案馆安全监控系统的安全不但要保障通信网络的畅通、数据的交换无误，而且安全监控系统的管理操作人员的权限和远程终端的接入认证也是一个非常值得注意的地方。为了更好地解决这样的问题，网络计算机安全技术的综合协调应用是一个很好的解决方案。

系统接入网络的安全主要涉及，系统的保密、稳定、实用和完整。保密性是首要的，保证信息数据不被非法地获取利用；系统的稳定、实用，保证合法用户在使用网络资源时得到可靠稳定的使用；而完整性是指，从网上获取的信息的真实完整和反映整个系统软硬件设备资源数据的完整。

安全监控系统的网络接入安全有以下几个方面：首先是数据的加密技术和认证技术，在网络环境下，数据的加解密和身份的认证结合使用，可以使得非法用户即使破解了你的加密口令，也无法读懂所接收的信息，也就是任何非法用户对于加密、解密、身份的认证，即使有单方面的突破，也无法获取所需的信息数据，从而加强了网络的安全性。其次，安全通信技术和操作控制技术的使用，使得系统的安全更加趋于完备，安全通信可以防止传输的信息不被非法者中途截获利用；而操作控制可以解决对相关被控对象的访问控制，使得未授权的用户禁止进入被控对象设备或者进行与自己权限不相符的操作，这样，系统的安全就可以更加完善。

（二）系统数据管理功能

档案馆安全监控系统的数据管理可以采用数据库管理技术，进行日常的数据存储管理以及事务处理，小到日常的事务管理，大到网络上的电子商务，都在广泛的应用着各种数据库。数据库能有效地进行数据的存储管理，按照设计的要求能够完成各种预定的数据处理工作。数据库技术经过几十年的发展，现在已经很成熟，在安全监控系统领域也得到了很好的应用，同样，在档案馆安全监控系统的数据管理中，也同样离不开数据库技术的支持。

目前，主要的数据库有桌面数据库、对象数据库、关系数据库等，在确定了数据库对档案馆安全监控系统的管理目标后，就可以利用已有的开发商开发的通用数据库应用程序，有条件的也可以开发适合自己所需的数据库管理系统，来管理系统的监控数据。一般的数据库应用程序的开发需要经过初步设计、功能实现、运行和维护程序这几个开发步骤。数据库应用程序的开发目标是建立一个满足用户对系统长期需求的产品，在开发的初期，还需要对用户对系统的需求进行系统的分析。另外，开发一个数据库应用程序的周期相对也比较长，所以要根据本部门情况，对系统的实现做具体分析和选择。

系统与数据库的通信可以采用数据库的访问技术与其通信，软件供应商通常提供专用和通用的两种数据库接口，专用的接口因其具有一定的局限性和伸缩性，故通常使用通用的数据库接口，通过采用这些通用的数据库接口，可以通过编写一部分程序代码实现与其通信，甚至可以通过程序的设计实现对多种结构类型数据库的多种操作。除此以外，当然还有很多的数据库访问与通信结构，用户可以参考有关的数据库应用设计方面的书籍。

（三）数据传输信道的选择

鉴于监控系统进行通信传输的信道不同，可以把系统进行的数据传输分为有线和无线的两种信道传输。有线的通信信道有很多种，通常有公用电话网、数字数据网以及有线电视电缆网等。其中，数字数据网（DDN）利用数字信道传输数字信号，与传统的模拟信道相比，具有传输质量高、速度快、带宽利用率高等优点。无线的通信信道通常有电信部门提供的公用无线网络，有GSM（全球移动通信系统）、GPRS（通用无线分组业务）、CDMA（码分多址系统）、SMS（短信业务）等无线传输系统。利用无线信道传输信息的系统，能够满足人们不受时空的限制，随时随地的获得信息的需要；而有线信道通常比无线信道传输数据要快得多，质量也高。有线信道和无线信道相比，其各有优缺点，在系统的建设进行具体设计应用时，应该根据它们的属性特点、应用的需要等综合因素进行选择。

二、档案馆安全监控系统设计原则

档案馆安全监控系统在进行系统构成以及软件设计时，一般应遵循以下原则：

（一）可行性和适应性

档案馆安全监控系统的设计应根据档案部门的特点进行规划，并且要考虑监控系统本身在实施具体监控功能方面的具体特点，在系统的组建或系统实施规划过程中要充分利用计算机网络的现有技术，进行优化系统设计，为档案安全的各个方面提供最大的益处。

（二）实用性和经济性

档案馆安全监控系统的建设应始终贯彻面向应用、注重实效的方针，坚持实用、经济的原则，对于华而不实和功能重复的部分应大胆抛弃。同时在提供的方案中，用户应选取性价比最高的方案。综合档案部门和监控系统的诸多因素，应选取最优的解决方案。

（三）先进性和成熟性

现代信息技术的发展，是现代科学技术发展中最活跃的领域，每一个新技术的出现都对我们工作方式产生极大的影响，对我们工作效率的提高起到极大的推动作用。鉴于此，档案馆安全监控系统设计既要采用先进的概念、技术和方法，也要注意结构和设备的相对成熟，同时这种先进性和成熟性又要充分与中国国情和档案部门系统的工作特点相适应，使得档案馆安全监控系统在设计上不但具有先进水平，而且使系统具有强大的拓展潜力。所以，在投资费用许可的情况下，应当充分利用现代最新技术、最可靠的成果，以使安全监控系统在尽可能长的时间内与社会发展相适应，从长期的观点看，这也是最节省经费的。

（四）开放性和标准化

为了满足档案馆安全监控系统所选用的技术和设备的协同运行能力和长期维护的需要，以及系统功能不断扩展的要求，在进行设计开发时必须要注重系统的开放性和标准性，这种开放性和标准性主要体现在系统和容量的扩展能力以及联网能力的支持上。

（五）可靠性和稳定性

鉴于档案馆安全监控系统在档案部门利用的可靠性与稳定性的需求，组建时必须考虑采用成熟的技术与产品，在设备选型和系统的设计方面都应尽量减少故障的发生，诸如：安全监控录像系统中某些设备存在的"死机"和"漏录"等问题。对于监控系统的设计，在系统的设计过程中，要从系统结构上解决系统的不稳定性，增强系统长时间工作时的自动判断故障和故障自恢复功能。

在考虑技术先进性和开发性的同时，还应从技术措施、设备性能、系统管理、厂商技术支持及维修能力等方面着手，确保系统运行的可靠性和稳定性，达到最大的平均无故障时间。在安全监控系统中数字图像监控、控制等数据的传输技术是系统的核心技术。因此，设备的可靠性和稳定性都是极为重要的。

（六）安全性和保密性

随着科学技术的高速发展和社会进步，各种违法犯罪的手段不断翻新以及各种各样的意外事件常常出乎意料。出于对档案馆安全监控系统的安全考虑，应当予以足够重视，必须采取有效措施，避免系统安全受到损害，包括系统内部和外部的安全。

诸如监控中采用数字录像技术手段改进系统的性能、加强安全等实例。对于安全监控系统的设计，其中部分将采用数字监控录像技术，而包含此种技术的数字监控录像系统是近几年发展起来的新型监控系统之一，其具有功能齐全，操作方便的特点。随着实践应用中的不断改进，在安全性能方面显示出越来越显著的优势。

原有的模拟录像无法对有效图像和无效图像进行甄别，而全实时录像在管理和使用中浪费大量人力、物力资源，尤其数据积累得多时，在大量的录像带中查阅和保存有效的资料不但烦琐，而且容易出现意外情况，而由先进的计算机技术和监控技术结合产生的数字录像监控技术则弥补了这种缺陷。数字监控录像可以在监控画面发生变动或发生报警时（在进行系统联动的情况下），对事发前后用户设定时间段的图像作为事件记录，也可以对经常有人出入或经过等重点部位进行全实时的监控，甚至可以在多路复用（比如同时监控 8 路图像即 8 路复用）数字硬盘录像机中，分别对其中的部分图像进行报警监控而对其他图像进行全实时监控，大大增强了系统设置的灵活性；其先进的检索技术使得用户在极短的时间内找到所需的资料成为可能；在尽量同时监控所有监控点的前提下，大大地减少了设备数量，并且避免了原有模拟系统的多路同时监控时，因为分时监控产生画面跳跃而可能遗漏数据的情况，这种特性极大地提高了整个系统的安全性。

由于涉及档案安全防范的系统数据介入计算机网络，因此从近期和长远两方面考虑，都应注意信息的保护和隔离等安全措施，以及不同用户使用权限的划分。

（七）可扩张性和易用性

档案馆安全监控系统若要考虑今后发展的需要，必须具有在系统产品系列、容量与处理能力等方面的扩充与替换的可能，这种扩充不仅充分保护了原有投资，而且具有较高的综合性价比。

安全监控系统必须充分考虑，以最简便的方法、最低的投资，实现系统长期的使用、管理和扩充的方便性，特别是系统的扩展应简便易行。根据档案部门的特点规模，监控系统在设计时不仅需考虑具备优秀的品质，并且可以在不改变或少量改变现有档案设备的基础上，通过结构扩充达到管理更多的视频、报警等信息的输入、控制、输出、记录和同其他档案系统的联动等更广泛的应用扩展，还可以考虑通过互联网、PSTN、DDN、ISDN、ADSL、卫星、微波等现代化的通信技术达到快速便捷的远程管理。

（八）可维护性

可维护性是衡量当今应用系统成功与否的重要因素。这里的可维护性包含两层含义：

1. 易于故障的排除

基于流行的方案设计，安全监控系统最好采用模块化设计的方法，各子系统均为独立的功能模块，无论主系统或子系统出现故障，对整个系统都不会产生大的影响，可在不影响使用的情况下进行维修、维护，而模块化的设计也使故障的排除大大简化了。

2. 日常管理操作简便

档案馆安全监控系统应该可以方便地设定和操作，软件设置的界面要交互友好，功能强大的同时尽量操作简单，使档案工作人员尽快掌握其使用方法。

（九）防护措施

在防护措施方面，系统应该具有设备自检，故障日志记录及系统自动启动恢复等功能；在运行状态方面，应该可以实时地监控控制监测点的运行状况，若有异常能够产生相应的设备报警。系统若是实行远程监控，在发生故障时，系统应该具备能够远程重启，以及故障远程恢复功能，也可以在软件管理方面设置软件“看门狗”，并且在软件中可以增加实现自动检测主程序运行、软件系统远程升级等功能。

三、档案馆安全监控系统规划与设计

安全监控系统的规划设计是依据一套系统的技术方法，对所构建的档案馆安全监控系统的目标、业务功能、技术规范、性能要求等方面进行周密、细致的规划设计。

（一）系统设计要求

第一，整个档案馆安全监控系统须做到系统的可行性和适应性、实用性和经济性、可靠性和稳定性、安全性和保密性、可扩展性和易应用性。

第二，系统须严格按照有关标准及安全防范系统的基本要求进行设计。

第三，采用安全可靠、先进、实用、经济、可扩展、可升级的原则设计。

第四，中心系统可按照全数字化、高集成化原则设计。

第五，根据现场条件，对器材的防雷、防雨也应作些考虑。总体设计和各分系统设计及器材设备的选型，应符合国家的有关规定，做到最大限度地减少盲区，在现场各种恶劣环境条件下稳定工作，操作维修灵活方便。

第六，在施工方面，应本着急用先上，分期实施的原则，保证整个工程的顺利进行。对管线施工提前安排，对关键部位的设备要做到隐蔽安装，对各分系统设备的安装调试，尽量做到集中精力一次安装调试完工，尽力节省开支，提高系统产品的性能价格比。

（二）系统建设步骤

系统规划设计的步骤可分为档案用户系统的需求分析、系统总体设计、详细设计、系统工程实施、系统测试运行、系统试运行、阶段验收和最终验收等阶段。

1. 需求分析

需求分析是在部门机构的战略分析和现状的评估基础上，按照部门的业务运作模式，制定部门适应未来发展的安全战略，指出安全建设的需求。在档案部门或档案机构，需求分析的任务是要了解档案用户的具体要求，对档案用户目前情况作详细的调研。

通过需求调查对拟建设的档案馆安全监控系统提出各种要求，包括对现有条件、问题、解决办法的分析，最后提出系统的概要设想。

2. 系统总体设计

系统总体设计是在需求分析的基础上，通过计算成本、分析新系统建成后所带来的各种功用，以及对多种方案的评价和比较，进行系统软硬件开发总体设计。在此阶段是要明确和提出安全监控系统工程建设的总目标，所规划的方案既要满足目前需要，又要具有扩展性，以适应发展的要求。

3. 详细设计

包括对系统数据、文件、计算机接入网络、通信、线路等具体内容的详细规划和实施方案的设计。

4. 工程实施

包括监控中心环境、电源环境和布线工程设计等实施内容。

5. 系统运行

包括测试阶段和试运行阶段，测试是看各种软件、硬件设备的配置是否合理，功能服务是否能够如预期的实现，安全性及可靠性是否符合标准要求等。

6. 系统验收

对于系统的验收工作，要分阶段、分步骤地对系统进行验收；对系统的性能、试运行情况要按照要求进行审核，并且要督促落实保修责任，一旦出现问题，可以迅速得到解决。

（三）系统结构设计

根据档案及档案管理部门对安全监控控制系统的功能要求，系统的运行结构可以考虑采用基于B/S结构、C/S结构或者两者相结合的方式，架构网络型集中管理监控的系统，以满足档案用户需求的档案网络数字图像安全监控系统。

基于档案馆网络的数字图像安全监控系统应具有对不同设备进行设置的功能，能够实现对下属所有子站或子设备进行全方位的监视、监听和控制。如果规模比较大，可以考虑分为档案部门的子站监控子系统和档案部门通信控制子系统两部分来分别实现。

档案安全监控通信系统由硬件和软件两部分组成。硬件主要是以本地和远程的终端设备以及硬件系统为主，软件系统是需要能够实现通信、控制、管理等方面的功能，系统的运行采用软、硬件结合的方式进行工作。

1. 硬件部分

硬件部分包括系统所需的监控设备、被控设备、计算机硬件等主要设备，其他的硬件部分可以采用监控部分、通信控制部分以及所需的相关接口电路部分再配以部分硬件的应用程序组成系统硬件。

系统硬件接口方面的编程主要实现以下的功能：①实现硬件系统与终端设备的实时通信；②即时反馈终端设备的在线运行状态；③实现对设备的在线通信控制；④实现系统硬件与桌面应用系统的通信；⑤在桌面的应用系统中实现对设备的在线控制；⑥硬件的集中控制管理。

2. 软件部分

在系统的日常工作中，软件承载着各种管理以及各种对硬件功能的支持，它在系统的运行中起着非常重要的作用。

用户终端使用的应用软件系统主要实现以下功能：①友好的人机交互界面；②与系统设备的通信；③对终端设备的控制；④即时反映设备的运行状态；⑤实现设备的远程控制；⑥系统的管理；⑦优先权限设置、密码访问功能；⑧系统的远程管理；⑨数据管理。

（四）系统设计应考虑的基本因素

在进行系统总体规划与设计时，一般考虑以下一些因素：

1. 系统的构建成本

系统构建成本的一个最关键的原则就是，以尽量少的费用来实现系统的最大功能。系统的成本包括三个方面，一是购买设备的成本，包括硬件、软件以及辅助设备；二是系统的开发安装、人员的培训等应用成本；三是运行成本，指系统在整个存在周期所产生的成本。在三个方面的成本中，首先，一般档案用户比较看重前一种，但实际上应该综合考虑。其次，系统所要实现的性能，应该是档案用户的首选。

2. 系统介质访问方式的选择

由于不同的结构、设备之间以及网络的连接方式不同，对于系统的性能有很大的影响，对于系统介质的访问方式有不同的选择，也就决定了每种连接必须遵守的相应的规则，从而对系统的性能也产生不同的影响。

3. 传输介质和带宽的选择

传输介质是通信发送方和接收方之间的物理通路。系统的线缆连接材质、接口、方法要根据不同的设备和网络的特点加以考虑，如：性能、使用规定、可扩展性等。

4. 系统软件的选择

系统的软件通常包括三个方面：设备支持软件、系统通信管理应用软件、根据自身特点开发的功能模块软件。档案馆用户可以根据自己实际需求和特点选择或者开发适合本单位使用的应用软件系统。

四、档案馆安全监控系统实施过程

档案馆安全监控系统的实施过程包括硬件实施、软件实施、集成调试、试运行和操作培训、交付使用等过程。

（一）系统硬件购买与安装

系统硬件在实现所需功能方面的配置方案，可行性研究；

系统硬件的选型与采购；

系统硬件与控制设备终端的接口控制电路的设计、制作；

系统硬件的安装；

系统硬件的调试。

（二）系统软件的购买与安装

系统软件方案设计，确定需要购买或需要开发的软件方案，包括系统远程访问控制、管理以及与前置机的通信程序，前置机（本地）的资源管理控制，与硬件的通信程序，附加其他的系统与前置机，终端设备的通信、管理的程序等；

系统软件的选型与采购；

系统软件的安装；

软件系统调试。

（三）系统测试和用户培训

软件的测试、硬件的测试；

系统的软硬件集成调试、测试、现场调试；

系统试运行；

用户测试；

用户培训。

（四）系统交付使用

系统测试完成后，系统将交付档案馆工作人员，进入正常运行阶段。

第四节 安全监控系统相关设备与使用

安全监控系统是一个以实现安全为目的的，一种或多种设备组合工作的集成系统，能够实现对目标系统的监测与控制。从应用角度区分，它主要由硬件部分、软件部分以及系统的管理使用部分组成。安全监控系统的硬件部分主要由摄像机、云台、监视器（或显示器）、硬盘录像机几个部分组成，如果系统有远程控制的功能，则还需要计算机、视频服务器等网络硬件设备。安全监控系统的软件部分主要由设备的驱动程序、系统的应用程序以及一些网络通信应用程序组成。系统的管理使用部分主要包括：系统的管理、设备的维护等内容。

视频监控系统一般需要采用摄像机、云台、监视器、硬盘录像机、支架、防护罩、稳压电源这样的一些设备。除了这样的一些设备以外，还需要配备视频压缩应用软件，将这些设备连接组合成一个简单的视频监控系统就可以进行工作运转了。

一、安全监控系统主要设备

（一）CCD 摄像机

CCD 摄像机具有体积小、重量轻、不受磁场影响、抗震动撞击等特点，它在电视监控录像方面发挥着重要的作用，故在监控领域被广泛地应用。CCD（Charge Couple Device）是一种电荷耦合器件的简称，它能够将光线转变为电荷，将其存储或者转移，并能够将存储的电荷取出使电压发生改变，它是一种理想的摄像元件。而 CCD 摄像机能够将接收的光线输入并集中在 CCD 器件的镜头部位，将输入的物体的反射光线改变为画面电信号，完成光电信号转换功能和将画面电信号输出。CCD 摄像机的技术指标主要有 CCD 尺寸、CCD 像素、水平分辨率、最小照度（灵敏度）、扫描制式等技术指标。

（二）云台

云台是固定摄像机，保障摄像机能够在多个自由度运动的一种装置，在系统运转过程中，云台能够满足对固定监控目标的快速定位，并且能够对大范围监控环境实现全景观察。云台从不同的特点属性可以有很多种划分，比如从安装位置可以分为室内、室外云台，从承载能力上可以分为轻载、重载云台等多种划分。

（三）支架

支架是固定云台及摄像机防护罩的安装部件。支架有很多种，根据不同材料有各种各样的支架，有塑料的、金属的、压铸的等；根据结构和使用环境，主要有顶基支架、墙壁支架、墙角支架。当需要选择支架的时候，应该根据安装方式以及承受的重量来选择合适的支架。

（四）图像监视器

图像监视器是显示所监视图像的装置。监视器有黑白的，也有彩色的；屏幕有几英寸到几十英寸的大小；在实际应用中，可以用专业的监视器，也可以用价格比较便宜的带有视频输入端子的彩电来显示图像，现在用计算机显示器也可以代替。在档案馆安全监控系统中，可以考虑采用一般的计算机显示器来显示被监控场所的图像，监视器的样式繁多，可以根据实际情况来进行选择，选择时除了考虑分辨率、大小、扫描制式等技术指标外，对色彩调节等功能操作是否方便也应考虑。

（五）数字硬盘录像机

数字硬盘录像机，是一种集合多种功能于一体的结构紧凑的数字式硬盘录像机。与传统的录像机相比，它带来的好处是无须维护、更换和重新安装录像带，一旦设置好录像机后，除非要求回放视频信号，一般无须再加改动，而且现在很多厂家在其硬件的基础上开发了很多管理软件，增加了其诸多功能并且也方便了利用。目前，在各种监控方面得到了广泛的应用。

二、安全监控设备的选用

选用安全监控设备时应考虑各种因素，一方面是单个设备的技术指标，另一方面还需要考虑多个设备集成运行的综合技术要求。

（一）摄像机选型

一般情况下，在室内多采用半球摄像机，因其安装比较美观，也可以消除人们的一些顾虑；在室外多采用枪型摄像机：现场照度比较差的可以考虑采用带红外的摄像机；若要监看距离比较远的地方，则可以采用一体化的摄像机，也比较经济。摄像机的选择最主要是要保证图像的清晰度。

（二）云台与变焦

摄像机变焦的使用可以控制摄像机镜头的远近，但若要是监看的范围还需更大，则可以通过添加云台来解决，因为云台可以控制摄像机的转动。在具体的应用中，监控人员、一般保安不会时时去转动云台或者控制镜头，这样在回放录像时就不能覆盖所有的区域，这时可以采用多个摄像机交叉的方法来覆盖所有区域。

（三）监控显示观看方式

监控显示观看的方式一般有模拟的和数字的两种。模拟的采用监视器来显示，可以采用多个，比较有利于观看；数字的就是采用计算机的显示器来观看，一般的一个显示器可以监看多达16路到32路录像的摄像机图像。

（四）远程监控

随着计算机与网络技术的发展，远程监控已经得到了应用。但是由于带宽的限制，现在远程监控一般采用网络视频服务器或者网络摄像机，带宽要求在300K/S到1M/S，并且要有固定的IP地址。

（五）录像方式

监控系统的录像方式有模拟的和数字两种。目前，模拟的方式已经基本被淘汰，现在大都使用数字硬盘录像机 DVR 方式来进行录像，选择的时候，可以根据监看环境的重要性和录像数据的保存时间来确定硬盘的容量大小

（六）摄像颜色的选择

摄像机的颜色有彩色和黑白两种，可以选择黑白或彩色摄像机，在选择时可以根据自身的经济能力以及对图像的要求来选择。黑白摄像机比较经济，彩色摄像机比较贵，但是在采集图像的效果上彩色摄像机所采集的图像比较美观、逼真。

（七）品牌的选择

在安防行业内可以供选择的品牌非常多，但也是鱼龙混杂，参差不齐。在选择时一定要选择经过市场考验的品牌和产品，比较好的高端品牌有 SONY、PHILIPS、SAMSUNG 等，中国台湾有一些中等品牌的产品可供选择。

（八）系统的传输

在系统的数据信息传输中，可以选择有线的或者无线的传输方案。有线的速度比较快、带宽比较宽，但不适于移动；而采用无线的方案，使用比较方便灵活，也无须布线，但是速度相对比较慢，数据的传输的可靠性相对较差。有线的通常有视频线、光纤光缆，可以根据需要和实际情况来选择。

三、安全监控系统及其辅助系统在档案馆的应用

（一）入侵检测系统及其应用

入侵检测系统通常应用于夜间和其他非工作时间内的非法入侵的报警，以保证被保护场所的安全。它主要用于防止非授权身份的进入或者企图进入需要保护的场所进行检测，在检测到相应的信号后，发出报警信号进行报警。目前，广泛使用的电子机械类入侵检测系统比较多，它们包含一个平衡电路，当平衡被打破时，系统便引发报警。诸如：窗户贴、绷紧线、入侵开关之类。随着新技术的不断发展，在物体的检测和传感方面也得到了很大的应用，一些新的技术被用来作为对入侵者的检测，现在有光定位系统、移动检测系统、听觉震动检测系统以及相近检测系统等等。目前使用比较多的是红外线传感检测系统，它通过人体发出的热量，通过红外线的检测来发现入侵者。这种系统受温度、湿度的变化影响比较大，因此，这种系统一般只能使用在没有热源的地方。在档案部门这种系统，可以用在库房门窗以及禁止进入的一些安全场所，通过红外线的检测，当有非法入侵者时，系统发出报警，以防止

重要的档案资料发生损毁流失。

在实际应用中，入侵检测系统安装完成以后，应该有专门的档案管理技术人员对系统进行管理维护。当档案工作人员离开工作岗位以后，系统应该被置于设防模式，启动系统工作；在正常的工作时间内，系统应该置于撤防模式，以免误报警。位于远程监控中心的人员应该在工作开始时，将系统置于打开模式。

在其他方面，入侵检测系统可以与其他的系统进行联动，比如与报警系统、运动物体的传感检测系统以及档案监控管理系统中的电视录像监控进行联动工作，当系统检测到有非法入侵时，报警系统报警，并立即启动监控系统对报警点进行预设的处理，这时，档案馆安全监控系统的监视器可以自动切换到报警点摄像机的画面，使得安全保卫人员可以及时地了解情况并做出应对，加强并保证档案管理的安全。

（二）门禁管理系统及其在档案馆的应用

门禁管理系统主要由门禁控制器、读卡器和电子门锁部分组成。若门禁系统需要接入网络，则还需附加计算机和通信转换器。门禁控制器即我们所俗称的门禁主机，而读卡器则是一种输入信息的设备，用于信息的采集；通信转换器用于计算机与门禁系统的数据通信转换，常用的串行通信方式有RS–485、RS–232。

门禁管理系统常用于出入口控制管理。在档案馆内，可用在办公室 / 档案资料室、库房等需要进出管理控制的场所。使用时，持卡的档案工作人员只需将卡在读卡器附近快速晃动一下，读卡器便能感应到有卡并将卡中的卡号信息发送到主机，主机进行验证所刷卡的合法性，然后根据预设决定是否开门。整个工作过程只要在有效的刷卡范围内，均可实现门禁系统的管理功能。此种方式为一般的非接触式刷卡方式，读卡器常安装在门边的墙内外，而不影响其工作，而感应卡具有只读属性、不易复制。它使用安全可靠、寿命长。门禁系统控制器可以通过通信转换器与计算机进行实时的数据通信，可以实现实时监控、数据处理、查询、报表输出等功能，读卡器与计算机连接后，可以实时对地查看所有门的状态、进出门的历史记录，并且可以由计算机发送指令进行门的开关。目前，该系统多用于邮电通信、金融、公安、教育等企事业单位。

门禁所配套的软件管理系统，可以很方便地实现多级管理功能，在中心的控制计算机上，可以设置每张卡的进出权限、时间范围、节假日管理等功能。门禁系统使用感应卡作为电子钥匙开门，它可以通过软件设置管理相当数量的智能卡以及刷卡的方式，比如：卡＋密码、仅用卡、仅用密码，可以通过设置来改变任一种刷卡方式；并且可以通过软件设定门锁的开/闭时间、警铃开/关等功能。目前门禁系统有指纹门禁系统、密码门禁系统、智能卡门禁系统等多种，而其中智能卡门禁系统用都比较多。

（三）库房温湿度实时监控系统及其在库房管理中的应用

档案库房为了保护珍贵的档案资料不受损毁，常常对库房内的温度、湿度进行测量，并采取一定的措施，以保证库房内保持一定的温度、湿度，使档案不受温度和湿度的影响。长期以来，档案库房温湿度的测量大多采用普通的温湿度记录仪，而这些普通的记录测量仪，常因采用人工操作的方式，对温湿度测量数据的偏差太大，对数据的分析、汇总也比较烦琐和不易；此后出现的单片微型计算机，其在库房中的使用，虽然增强了实用性，但是在通用性和灵活性方面还是有所欠缺，精度也不是很高，温度偏差常常可达到3℃左右，湿度的偏差也常在10%左右，不能很好地控制库房的温湿度，所以得不到好的推广；由PLC（可编程控制器）组成的监控控制系统，在档案库房的温湿度实时监控控制方面得到了广泛应用。

PLC可编程阵列逻辑，也是这里所说的可编程控制器，20世纪90年代初期，一些公司向市场推出了可编程控制器产品，因其控制电路设计简化、开发迅速容易、具有图形化开发界面等特点，使其在很多的领域得到了广泛应用，当然在档案领域也不例外。在档案馆内，PLC已经在库房的温湿度的控制中得到应用，从一些档案库房的实际使用效果来看，可编程控制器所组成的系统具有测量精度高、输出稳定、实时状态检测、可远程监控等特点，它为档案保护技术人员进行科学的库房管理，提供了现代化的技术手段。可编程控制器主要由数据采集模块（A/D转换器）、输入输出模块（I/O）以及CPU模块等部分组成。在实际应用中，由可编程控制器组成的温湿度控制系统，主要由计算机、温湿度传感器、接口电路、反馈控制电路以及空调、去湿机等被控环境设备组成。当控制系统开始工作运行后，计算机首先通过数据采集模块获取所测试的场所对象的当前信息，并将其与预设定的数据值进行比较，经过程序算法分析处理后，以确定是否发送控制信号给空调和去湿机等被控设备。系统信号的控制处理主要由程序、预设值以及当前的环境数据来决定，计算机可以通过输入模块实时地监控空调、去湿机等设备的运行状态，在有数据库管理支持的系统中，计算机还可以将库房的温湿度的数据和空调、去湿机等被控环境设备的运行状态值数据，按照设置有规则的存放在数据库内，当需要进行查阅时，可以从数据库中进行调用。在整个控制系统中，数据采集和程序算法处理工作主要由 CPU 模块完成，而计算机上的输出实时控制主要通过计算机与 CPU 模块的实时通信来完成，在设备的控制实现方面，具体的控制是通过 PLC 控制器来实现的。

由可编程控制器组成的库房实时温湿度监控系统，在应用中可以提高库房温度湿度的测量精度，并且能够实时地监测库房设备的运行状况，以及根据设定可以自动 / 手动控制库房温湿度设备，以达到库房的恒温恒湿效果。另外，在远程网络端通过计算机的互相通信，也可以在网络上即时接入计算机设备，远程监控库房环境设备。所有这些，为档案保护技术人员提供了先进有效的保护手段，也为档案库房的现代化管理带来了很好的前景。

（四）电视监控系统及其辅助系统在库房管理中的应用

安全监控系统主要有本地的近距离监控控制和远程的网络监控控制两种。在前面的章节介绍中，主要穿插了本地和远程的系统描述，这两者的建设应用有很多相同的地方。随着网络技术的发展，远程的应用也越来越多，现代技术设备为集中监控系统、远程管理、设备网络化应用打下了基础。在远程监控中心的控制，可以做到远程控制就像在本地设备终端系统中的控制一样方便，在监控中心的管理人员可以在监控控制终端上实现各种类型的对系统的管理操作。

现代安防监控系统发展的最大特点是数字化、网络化、智能化。其中，数字化是网络化的前提，而网络化又是系统集成化的基础。现代监控系统的发展方向是前端一体化、视频数字化、监控网络化、系统集成化和管理智能化。

档案库房的管理涉及多方面的管理，诸如：限制人员的进出管理、防火防盗、库房的温湿度、库房设备故障、电源的故障等。采用传统的安防管理方式，已经不适应档案现代化管理的需要，那么综合现代档案库房管理的特点，怎样将现有的新技术应用到现代档案的保护中来呢？解决方法是，利用本单位现有的网络资源和设备建立网络监控系统，实现对档案库房集中和全方位的监控管理。目前，已经有很多单位解决了这个问题。

第五节 全网安全管理

随着档案信息化的应用与发展，计算机技术在档案管理方面的应用逐渐走向深入，不仅档案的利用效率得到提高，而且档案馆的服务水平也得到提升。然而计算机在带来资源共享、便捷服务的同时，也带来了众多安全问题。在计算机的不同应用以及网络互联中所呈现的安全威胁，使得安全问题变得日益地突出。诸如，资料信息的变更、有害信息的泛滥、网络黑客的攻击等等问题，严重地影响着网络的安全，对于这样的安全问题在网络的应用实践中，档案馆网络计算机应用人员应该做到未雨绸缪，不仅要关注计算机网络的安全，还要提高网络安全防范意识，而且需要采用相关的网络安全技术保障网络系统的安全。

全网安全成为21世纪网络信息安全的重要保障。只有应用层的安全是不够的，需要的是网络七层都安全；只有主机安全是不够的，还要求桌面、服务器、网关等各个节点都安全；只有研究和开发人员安全意识的加强是不够的，还要求全民安全意识的提高；只有被动的防护和事后补救是不够的，还需要主动的诊断、分析和监控。全网安全最大的应用特点是，整个安全解决方案走向系统的集成化和服务的专业化，这也是社会发展的必然。

一、网络安全风险

网络安全风险来自多方面，有网络、硬件设备、操作系统和应用软件自身局限性而存在的安全漏洞，有管理、人为方面的漏洞，也有来自于黑客及其他外来的侵入。

（一）网络安全威胁

网络安全威胁是指对某个组织或者某个人所拥有的网络或者联网的计算机设备以及其中的信息数据进行损害的行为，通常有被动威胁和主动威胁两种。被动威胁只是读取系统中的信息，而不改变系统中的数据，它留下的可供追踪的痕迹很少，一般很难被发现，但是可以通过预防来阻止这样的威胁。而主动的威胁则常常有意地破坏消息服务、修改信息流或者伪造生成一些新的数据，这样的威胁通常比被动威胁要严重，它的严重程度与威胁所造成的危害程度有关，要解除这样的威胁需要通过迅速检测和恢复因入侵而导致的系统故障。

网络受到的破坏和攻击是源自多个层面，可能来自对物理传输线路的攻击，也可能是对网络通信协议和实现实施的攻击；可能是对支持网络运行的软件实施攻击，也可能是对硬件实施攻击。目前，网络安全的主要威胁表现如下：

1. 非法访问

没有预先经过网络管理员的同意，就非法使用网络、计算机等硬件资源。它主要有两种：一是以假冒身份避开预先设置的网络访问控制，非法进入网络系统进行违法操作；二是网络上合法用户擅自扩大操作权限，越权访问网络资源等。

2. 信息泄露或丢失

网上敏感数据在有意或无意中被泄露出去或丢失，主要有两种方式，一是信息在传输过程中丢失或泄露，如“黑客”利用电磁泄漏或搭线窃听等方式截获机密信息，或通过对信息流向、流量、通信频度和长度等参数的分析，推算出用户口令、账号等重要信息；二是信息在网络上存储介质中丢失或泄露，通过建立隐蔽隧道等手段窃取敏感信息从而导致信息的不安全。

3. 破坏数据完整性

以非法手段窃得对数据的使用权，删除、修改、插入或重发某些重要信息，以取得有益于攻击者的响应；或者恶意添加，修改数据，以干扰用户的正常使用。

4. 利用网络传播病毒和恶意代码

通过网络传播计算机病毒，其破坏性大大高于单机系统，特别是随着病毒变种的多样性，很难防范和彻底排除，而对于各种恶意代码，计算机或网络一旦感染，则系统的安全问题将很难得到保证。

5. 拒绝服务攻击

病毒通过不断地对网络服务系统进行干扰，改变其正常的作业流程，执行无关程序使系统响应速度减慢甚至瘫痪，影响正常用户的使用，使提供者提供的服务不能正常工作，甚至使合法用户被排斥而不能进入计算机网络系统。

拒绝服务攻击的对象很普遍，有各种应用服务器，也有一些如交换机、路由器、网关之类的网络设备，它攻击的方法主要是消耗用户的资源，包括网络带宽、内存、CPU 的处理能力等，常见的有流量攻击、连接攻击、拦截攻击、重定向攻击等攻击手段。

6. 网络滥用

除了网络应用的外部安全因素以外，网络内部因管理不当或措施不到位也存在着一定的安全问题，比如：未经批准的提供代理服务、不加限制的准许用户上网、擅自接入不安全的网络等等，都有可能导致各种安全问题。

（二）网络安全漏洞

任何系统和应用软件都不可能做到完全没有漏洞，这是因为现实的技术和实现手段的局限等因素所造成的。因此，使用网络开展工作的档案人员应对网络安全漏洞有所了解，并不断地采取一些安全措施来避免或修补漏洞，防患于未然，以利于网络的安全和高效的运行。

网络中系统的漏洞是危害网络安全的一个主要因素，病毒的肆虐以及黑客的攻击常常都是利用系统的安全漏洞来进行的。现在，特别是一些软件系统存在的各种漏洞，是安全方面的主要隐患。许多系统存在着各种各样的安全漏洞，其中有些是操作系统本身的，也有一部分是应用软件在设计时所存在的一些设计缺陷；还有就是程序在设计时，预留的程序测试和维护的接口，由于疏忽或者一些其他原因没有清除，这样在运行的时候，就有可能被黑客发现并加以利用。在这些漏洞的补丁还未被开发出来之前，一般很难防御病毒或者黑客的侵犯。因此，这些原因是当前安全防范的主要方面。

1. 漏洞产生的危害表现

（1）对网络系统的非授权访问

有些网络系统是不允许其他用户来访问的，必须要以一定的手段来得到访问权限，比如公司、组织的内部网络等。如果本身缺乏控制机制或者存在不利用身份验证、缓冲区溢出等一些漏洞，那么别人就可以加以利用，这样就可能产生一些不必要的损失。

（2）窃取数据信息

对于被入侵的站点往往有许多重要的信息与数据，诸如用户的账户、企业的客户、银行的账户等。入侵者的目的就是要窃取这些对他有用的信息，通过入侵来获得别人的信息资源，比如：电子邮件、信用卡信息、商业机密等。

（3）占用系统资源

在网络中，攻击者为了不暴露自己的真实身份和所在地点，常常占用一个中间的站点，来实现对目标计算机的攻击，如果被发现了，也只能发现中间的站点，而不能发现真正的攻击者。比如，某台计算机具有访问某个网络的权限，则攻击者常常占用具有权限的计算机资源来达到去访问目标地的目的，这样的危害不但占用了网络中的其他资源，而且还有可能将行为转嫁的危害，甚至还有其他的潜在威胁。

（4）获取超级管理员权限

当非法者一旦拥有超级管理员的权限，他便可以做任何事情，他可以隐藏自己的身份行踪，也可以在系统中留下后门，或者可以修改系统的资源配置，为自己牟取非法的利益。在一个局域网中，如果掌握了一台主机的超级管理员权限，就有可能掌握整个局域网的运行。

（5）截取文件和传输中的数据

非法用户常通过登录目标主机或者采用网络监听程序进行监听等方式来获得重要的数据。对于目标系统中所有的数据往往是比较重要的数据，一般最直接的方法是登录或连接到目标主机，这样可以获得较多的目标主机权限，可以直接读取或复制所在主机上的重要文件数据。另外，采取监听的方式，当监听到含有重要的信息数据时，非法者便可以登录访问某些受限的资源。

（6）篡改数据信息

信息的篡改包括对重要文件的修改、更换、删除操作，被更换的数据信息，造成不真实或错误的信息往往会给用户造成很大的损失，它是一种比较恶劣且危害比较大的行为。

（7）超越权限的操作

不同的用户常常对系统有不同的访问权限，受限的用户不允许访问某些超越身份的权限资源。一个普通的账户不能访问超级用户的权限资源，这样普通的用户便有很多的操作无法去做，于是许多用户为了得到更大的权限，常常有意或无意地去尝试获得超出允许的一些权限，或者利用系统的一些设置漏洞，以及去寻找一些工具来突破系统的安全防线等手法来实现超越权限的操作。

（8）网络传输拥塞

这种方式是以占据网络的带宽以及延缓网络的传输为手段以造成系统服务的停止。攻击者向目标计算机发送大量的无意义的请求，致使它因无法处理所有的请求而崩溃；或者制造网络风暴，让网络中充斥大量的信息包，阻塞了有用的信息数据的传输。除了以上漏洞产生的危害表现以外，还有形形色色的病毒对安全漏洞的入侵，造成对网络系统的更大危害，它们利用软件的漏洞以及整合了病毒、黑客的技术进行自动攻击，不需要人工的干预，其传播速度极快、破坏性很强，甚至能够自动发现并感染和攻击，造成的危害广泛而又严重。现在，由于网络的互联，Internet 已经成为一个庞大的、覆盖全球的错综复杂的网络，入侵和攻击可能会来自世界的任何一个角落，所以，对于网络的安全漏洞当务之急是要加强研究，避免更大的危害，以保证网络信息系统的安全。

2. 网络系统管理中普遍存在的问题

（1）网络中基于 IP 地址的授权机制，或基于明文口令机制，不能完全保证网络系统的可靠性；

（2）TCP/IP 协议中只对数据包使用了简单的校验机制，对数据没有校验，不能确保信息的完整性；

（3）网络上的数据以明文方式传送，没有加密机制，缺乏信息的保密性措施，而加密后进行传输又会增加更多的投资和网络负担；

（4）基于 IP 地址或明文口令的访问控制，很难实现对网络资源及信息的可控性，而口令加密又会增加管理上的负担；

（5）缺乏审计、监控、分析、防抵赖，以及主动防范等安全机制，不能保障信息安全的可审查性；

（6）网络上存储的大量数据，没有采取加密措施，一旦丢失就会完全暴露，必然会造成很大的损失；

（7）网络管理员很难在网络设置的复杂性与管理的方便性之间、在网络运行效率与数据加密之间选择一种最佳的解决方案；

（8）任何一种技术、一个设备或一个产品很难完全解决网络中存在的所有安全问题。网络产品的集成化应用给管理员增加了高难度，而往往各机构对管理员职位不够重视，不会在管理员的职位上投资更多，主要注重现行业务的发展；

（9）技术在不断发展，网络设备和安全产品也在不断完善和更新，学习的速度很难跟上更新的速度。

真正了解和掌握全面的安全技术、安全产品和安全管理的网络管理员为数很少。

二、全网安全的目标

计算机网络安全涉及计算机硬件的安全和计算机软件的安全。硬件的安全主要指设备的损毁和来自外部的破坏，实现硬件的安全需要加强硬件方面的管理，以及使用保障硬件安全的一些手段或预防措施来加强安防。软件的安全主要指权限密码、文件、账户、程序等方面的安全，实现软件方面的安全需要采取软件加密、文件许可及其权限特性安排等手段来加强安全。计算机网络安全的目标就是要实现系统的安全和通信的安全，它包含信息保密、信息完整、信息可用、信息可控以及系统和信息的可审查五个安全方面的内容，只有这些方面得到了比较完善的解决方案，计算机网络才能真正地走向安全。

（一）硬件设施的安全管理

网络中的硬件设施主要包括计算机、服务器、交换机、路由器、存储系统等硬件设备，为了保证硬件设备的安全，防止人为的破坏、自然灾害以及可能会遭受的不必要的泄露等损害，需要采取一定的安全措施，比如：建立比较完善的安全管理制度、创造一个良好的防电磁工作环境以及进行权限的管理、身份的认证等措施。

计算机网络硬件设施需要注意放置地点、工作环境以及供电电源几个方面的要求。

硬件应该放置在安全稳固、防盗以及不易受外力损毁的地方，应放置在能够保持所需的适宜温湿度的范围内，并且具有防护电磁泄漏措施的环境。在电源供电方面，需要选用 UPS（不间断电源）来保护有关的设备和数据，当然所有设备的接地也应保持良好。

（二）对文件数据的存取控制，保证系统及信息数据的完整

信息数据的安全涉及传输、存储以及合理利用。为了保证数据的原始性，防止数据的非法修改和删除等不安全因素，保证系统以及信息数据的完整，通常采用建立备份恢复的手段来保证数据的安全性，一旦数据遭到破坏，可

以得到及时的恢复。而对于安全性要求较高的用户，除了建立数据的备份机制外，在文件数据的存取控制上，还加强了角色权限管理控制以及根据数据的安全程度，还常采用加密的手段来提高数据的安全性，一般采取以下几种加密的情况：①信息数据或数据文件的加密以及数据在数据库中进行加密。②在网络服务器和数据库之间进行加密。③使用内建或第三方的加密软件加密。④使用加密设备进行加密。

（三）系统使用权限的控制

系统使用权限的控制是对所有使用系统的用户根据相应的职责赋予一定的权限，防止对系统产生一些非法操作而采取的一种安全保护措施。系统限制用户只能操作与其身份相关的功能，而与其身份不相关的功能则不允许操作；系统根据用户的权限对内部的资源进行了划分，可以限制非法用户越权操作、访问、攻击等不安全因素，以保证系统的安全。一般的系统根据访问权限可以将用户分为以下几类：①系统管理员，即超级用户，具有管理系统的最大权限。②部门管理员，部门负责人员对系统所拥有的权限，可以管理控制低级用户。③一般用户，基本的、不具有特殊权限的系统用户。④临时用户，临时的、短时间的系统利用人员。

（四）多层次多方面的安全考虑

计算机网络技术的发展，使得信息的获取、传播、处理和利用更加高效快捷，而网络随之带来的现实的和潜在的威胁，也带来了诸多的不安全因素。计算机网络因为具有互联性、开放性以及连接架构多样化等特点，使其易受黑客、病毒软件等非法的攻击。网络上一些自然的因素、人为的因素也对网络安全造成了一定的威胁。所以，网络上的重要信息的安全和保密是一个非常值得注意的问题，必须要采取足够的安全措施，要从多层次多方面的安全角度考虑，全方位地针对系统的各种薄弱环节加以控制，以确保网络系统信息的保密性、完整性以及可用性。

（五）系统数据备份与灾难恢复

人为的失误，软件、硬件的故障以及系统的不稳定性、病毒等不安全因素常使系统发生一些意料之外的事情，甚至出现重要的信息资料的丢失，这样的状况时常在威胁着宝贵信息数据的安全。为了保护重要的信息数据，采用备份来保证信息数据存储的安全是一个非常重要并且很有效的手段，也是系统恢复的前提。现在，一个具有容错功能的备份系统能够及时地检测、发现错误或故障，并能够及时地采取补救措施，保护文件数据，恢复和维持系统的运行。这样的系统常有故障检测、故障隔离、运行恢复和动态冗余切换等功能，能够提供系统备份迅速、安全的恢复。目前，许多有实力的用户常采用磁带、磁盘阵列备份，在备份方式上，通常采用以下三种方式：

1. 完全备份

每隔一段时间就对系统作一次全面、完整的备份，备份所有的系统。

2. 增量备份

在完全备份的基础上，每隔一段时间就备份这一时间段所更改的数据。

3. 更新备份

在完全备份的基础上，每隔一段时间备份变更部分的数据。

备份在保护系统的重要信息资料中占有很重要的地位，可是当系统出现灾难性故障时，如何迅速恢复系统的数据？这就要求系统能够做灾难性恢复备份，恢复系统的重要信息。灾难性恢复备份与一般备份有所不同，灾难性恢复备份系统有一种简化的恢复功能，它能够自动地备份系统的重要信息。一般情况下，灾难恢复包括系统的恢复、数据的恢复以及数据库信息的恢复三个部分。

三、全网安全的防范措施

（一）架构防火墙

利用防火墙技术，能够完成对网络信息数据的过滤任务，而且它能够针对各种网络应用提供相应的安全服务，一般情况下，它能够在内部和外部网络之间提供安全的网络保护，降低局域网内部的网络安全风险。

（二）采用防火墙

内网信息安全的潜在威胁主要来源于工作人员的安全意识不到位，管理制度不健全，内部敏感信息的技术管理有漏洞（包括从网络、外设端口、移动存储介质及打印等途径泄露），非法外联以及非法接入等。因此，为防止由于内部管理漏洞而引发的安全事件，对于内部网络的管理应采用防火墙技术，做到安全管理防外又防内。

区别于防火墙、入侵检测、内外网隔离，以及其他针对外部网络的访问控制系统，防火墙系统是解决内部网络安全的最新产品，保障局域网内部的档案数据和信息不被泄露，这是安全管理中加强内部管理的有效措施之一。

（三）采用网络隔离

因为诸多的网络存在不安全因素，使得保密文件的存储、传输在网络上常遭遇尴尬，目前网络隔离技术解决了网络中存在的一些基本的安全问题，使得重要的保密数据可以采用网络隔离技术措施来加强保密文件的安全。

采用网络隔离技术可以解决诸多的安全问题，比如：操作系统的漏洞、网络应用协议的漏洞、链路连接的漏洞、安全策略的漏洞等，它解决了在保证安全的前提下，可以进行互联互通。它并不通过内、外网络的直接数据交换，而是通过一个中间设备来进行数据的交换，并且在同一时刻内网和外网是互不联通的。目前，解决内、外网之间的数据交换问题，可以采用一种“网闸”的硬件设备，它可以有效地防止网络信息的泄露、网络黑客的攻击。另外，它还可以进行身份认证，以强化用户的身份确认，还具有强调审计和取证的功能。

（四）用户的账户和数据保护

系统的用户账户可以采取一些对密码的保护措施来避免用户的账户由于密码被破解而被盗用，通常可以采用一些诸如提高密码的破解难度、限制用户登录、限制外部连接、启用账户锁定、限制特权组成员、防范网络嗅探等措施来加强用户的账户保护。另外，在网络通信时，可以对网络通信数据进行加密，以防止网络被侦听和劫持，对于绝密的文件更要采取有效的加密技术，来保证数据信息或数据通信的安全和可靠。

（五）采用漏洞扫描工具

对于网络系统的安全漏洞可以使用一些常用的漏洞扫描工具，采取一定的修补漏洞措施，以避免进一步的危害。由于有些非法者也是使用扫描工具来发现漏洞，所以，采用漏洞扫描发现漏洞，可以有针对性地采取一定的防范措施。

（六）使用入侵检测系统

通常系统在被入侵以后，会留下一些迹象和痕迹，通过一些检测手段，就可以及时发现非法入侵，这样可以采取相应的安全防范措施，避免危害带来损失。常用检测手段有：查看日志、查看共享、查看进程，检查打开的端口。

人为的系统检测受到技术能力和工具的制约，难以适应网络技术的发展。

目前,已有检测系统的产品能够提供有效的系统检测并采取相应的保护,比如,入侵检测系统的产品就有基于网络的入侵检测系统和基于主机的入侵检测系统两种。在检测入侵的时候,就可以利用这样的系统产品。

（七）系统的安全监控

由于系统的升级更新以及软件的复杂性,新的安全漏洞总是在不断出现,除了对安全漏洞进行必要的修补外，还可以实时监视系统的运行状态，以便及时发现漏洞，阻止入侵。常用的手段有：启用系统审核机制、监视日志、监视开放的端口和联结、监视共享、监视进程和系统信息。

（八）尽量避免脚本程序设计漏洞

对脚本程序多做一些测试，尽量避免疏忽和经验不足而带来设计上的漏洞。对于用户所提交的数据要进行检查和过滤，对于存放账户的文件或数据库要注意采用一些安全方面的保护措施，避免被非法破解和利用。

（九）采用备份和镜像技术

对于网络系统所存在的安全风险，可以采用备份和镜像技术来提高系统中数据信息的完整。系统中的数据信息有了一个复制或备份保存在一个安全的地方,即使因某种原因失去原件，则使用备份可以进行恢复,由此提高了系统的可靠性和完整性，也为重要的数据信息提供安全保障。而采用镜像技术是因为两个系统执行完全相同的工作，如果其中一个出现故障，则另一个系统仍可以继续工作，它可以有效地避免由于某一系统中某一硬件的故障而导致数据信息的损失和工作的中断。

（十）加强物理设备安全

保证网络物理设备的安全也是提高网络安全措施的一个重要保证，对于存放网络物理设备的放置点，比如：机房、重要的办公终端房、监控中心等，平时要加强监管，并采取一些必要的安全管理措施，以免非法闯入、损毁等原因造成网络物理设备的不安全，以保证网络物理设备的正常安全运转。

四、安全保障的基本原则

为了保障网络的安全，不断学习，强化安全意识，提高防御能力，在慎重决策的基础上建设安全系统，强化安全管理，是保障档案馆全网安全的基本原则。以下是网络安全防护的一些主要原则：

（一）全网安全原则

建立包括网络、设备、系统、应用软件、机构、组织和个人在内的一体化安全保障体系，确保全网内所有使用者和被使用的 IT 资源的整体安全。

（二）简化管理原则

简单原则是使问题简单化，简单化可以使它们更易于理解和使用。而一个大的复杂的系统，由于不能一时完全理解和掌握它，在应用设置它时，可能会为某些事务提供隐匿的不安全的处理，那么它的任何小的疏漏都有可能成为安全问题，对于这方面，系统在简单的原则下对于安全性则更容易保证。

（三）需求驱动原则

在需求的基础上，立足政务办公的业务要求，进行全面分析，制订针对性的解决方案。

（四）主动防范原则

主动捕获各种不安全因素，做到未雨绸缪，防患于未然。

（五）管理至上、安全第一原则

先进的技术固然能够起到保障的作用，但是不科学的管理将会导致所有投入的浪费和所有技术的失效。对于安全管理的实施不能因为行政管理手段的干预而改变方向，而应遵循安全的自身规律。

（六）单一通道原则

设置一个单一的通道，如果进入一个网络必须通过一个单一的通道，而在这个通道上用户可以设置监控，那么当有入侵者侵入的时候，用户就可以及时地发现并做出响应。比如：一个带有防火墙的系统接入 Internet 网络，在没有其他联结的情况下，则系统与 Internet 网络相联结之间的防火墙就是一个单一的通道。那么，为什么多种通道不是比较好的选择呢？因为多种通道工作时，有可能出现多种不同的侵袭，那么在防御工作中就增加了难度，也不利于专心解决一种问题。

（七）最小权限原则

为了尽量减小因侵袭所造成相关的损失，可以设置最小权限原则。在网络上，每个用户都有自己的权限。但是，这些权限之中的部分权限并不一定需要使用，根据实际情况，就可以只赋予该用户完成相应任务的权限。比如：具有修改权限的用户，每个用户都具有修改文件的权限，但是，他们并不一定每个人都需要修改系统上的每一个文件，那么就可以分别对待，细分地赋予相应的权限。

（八）多层次、多样化安全原则

对于重要的网络用户来讲，单层次的安全防护总不如建立多层次的安全防护来得有保障，单一的防护不如多样化的防护安全性高，因为一个层次的防护若被冲破，则还有其他的层次作为后备，加强了安全性。同样，若用户所使用的防御系统单一相同，那么只需破解一个系统则其他的系统便可以轻而易举地被入侵，所以在网络系统中，若用户通过建立多层次的、多样化的安全机制，使用多个不同类型的系统和多种支持，考虑多样化的防御策略，比如：人员的安全、设备的安全、网络的安全等方面。这样，在这些安全的防护方面，所使用的复合系统可以大大地增加安全性，而对于网络系统的安全防护也会提升到更好的效果。

（九）同步安全原则

同步安全是指要确保网络上各种安全设备的同步防护能力，并且确保各种安全措施和安全策略同步作用，避免片面注重某一方面，而疏漏另一方面，造成系统安全的隐患。

（十）均衡薄弱、措施到位原则

一个系统的安全程度往往取决于它的薄弱环节的安全程度，对于无法消除的缺陷要进行仔细监测，对于发现的系统漏洞、弱点，要及时采取措施修补和加强。在管理上，对于发现的问题，要制定安全的管理制度，并落实到系统运行的各个环节。另外，用户对于系统认识上的强弱，也要注意保持均衡。

（十一）动态跟踪、失效保护原则

动态跟踪是指网络系统安全是一个动态的、变化的过程，需要及时跟踪系统的运行状况和先进技术的支持特点，以便进行及时的调整与改进。失效保护是指在系统的安全原则中，通过系统的有效配置，可以设置系统的失效保护，当跟踪监测出系统故障或者运行错误的时候，它可以阻止非法入侵者的访问和侵入，以避免对系统产生进一步的危害，提高系统的安全性，这样的问题虽然有时也会引起合法用户的无法使用，但是问题解决后，也就正常了。

（十二）统一思想、共同参与原则

为了有效地保障网络系统的安全，和大多数安全保护系统一样，网络系统也要求站点人员能够在统一认识的基础上，共同参与系统的安全保护。除了系统的安全建设要求管理部门有必要对站点的人员加强培训、统一思想，提高其参与信息系统建设的安全意识外，还要求站点人员能够不断学习、加深认识、共同参与系统的安全保护，尽量减少甚至杜绝由于人为因素而引发的安全故障。

五、安全保障的总体策略

各级各类档案馆实施全网的安全保障措施必须贯穿于系统运行的各个过程中，同时也要纳入相关单位（如省市级档案馆纳入电子政务，高校档案馆纳入电子校务）的全局来做整体的、全方位的设计与部署。在档案信息化系统运行的过程中，应坚持“管理高于技术，预防先于补救，遇到问题应即刻处理”的指导思想，采取“预防—监控—同步安全—应急响应”的安全保障策略，实施各项安全制度，加强科学管理和运行过程中的监督与控制。

（一）科学定位策略

安全是一个相对的概念，需要随着各个时期的变化而采取不同的策略和手段。同样，保障全网安全的技术、手段、策略和制度也是变化的、发展的。因此，需要树立正确的安全观念，档案馆信息化的建设需要从当前的实际业务需求和未来发展需要出发，正确定位安全与应用、当前与发展的关系，采取适时、有效的安全解决方案和可行措施来保障档案馆网络及应用系统的安全运行。

（二）预防先于补救的安全策略

出现安全漏洞必须及时处理并恢复系统正常运行，这是网络管理人员的基本职能，也是必须做的事情，如果不发生或者能够减少发生的概率，损失将会逐渐减少。应该说，预防在某种意义上而言更为重要。另外，有些被感染了病毒的计算机几乎无法恢复，数据丢失也难以补救。因此，预防优于补救是各用户应遵守的重要的安全管理策略。

（三）防外更要防内的安全策略

在遵守国家信息安全管理总体要求的基础上，一定要制定适合本单位的网络化运行安全管理制度，并以此来约束所有人员的行为，在预防黑客袭击、病毒侵入的同时，更应加强内部管理，防止由于内部人员安全意识淡薄、责任心不强、操作不规范而造成的政务信息泄密、丢失、误删除，甚至造成系统瘫痪、介质数据失效等严重错误。因此，管理人员应牢记防外更要防内的指导思想。

（四）持续发展策略

绝对安全是不存在的，这是因为技术在发展、产品在完善、系统在不断地更新换代，一个时期的安全策略将会随着时间的推移逐渐会显示出一定的局限性，再加上病毒攻击手段的更新、黑客故意的行为、内部人员的流动等因素，以前安全的网络可能就会变得不够安全。因此，需要不断跟踪安全技术、分析本单位安全管理的效果、检查安全策略的完整性与适时性，及时调整和变化安全管理策略，完善管理制度，甚至需要更新安全产品，以保障网络的安全性和可持续发展性。

六、全网安全运行体系

档案馆安全监控系统和档案管理信息系统是架构于网络、计算机和信息技术的互联互通的技术平台上，档案信息资源的安全首先取决网络、计算机及其相关这行平台的自身安全。只有这些电子环境和运行平台的安全得到保障，所有系统才有可能正常运行。因此，建立全网安全的技术保障体系是档案馆网络化安全运行的基本内容。

全网安全是指从网络信任服务、密码支持体系、网络存储设备、计算机操作系统、服务器和工作站、数据库管理系统、软件开发平台及中间件、应用软件及机构内部建立的网站等系统达到同步的安全和一体化管理，保障档案馆信息化系统的整体安全，而其中公共设施、人员是非常重要的因素。正像木桶原理一样，全网的安全性取决于整个网络环境中安全性最薄弱的环节，也就是说，如果由于网络环境中一个人的误操作，或者一台机器留有漏洞，或者一个端口留有后门都有可能造成整个网络的彻底瘫痪。

同步安全要求网络环境中所有人的安全意识都必须加强，要求所有的设施、设备、软件系统都做到尽可能的安全，要求所有计算机上的病毒库及时、同步的升级，要求所有的操作系统及时打上漏洞补丁。

整体安全则要求构成档案自动化系统和管理信息系统的各种认证服务、加密体系、选用的产品和采取的技术手段与管理措施等，都达到同一时期的有效性。而安全的动态性则要求安全技术和产品的使用需要随着时间的推移、环境的变化和安全要求的实际需求而发生变化。网络系统的安全建设是一个不断完善和持续发展的过程。因此，一体化的安全技术解决方案包括技术和产品的更新换代和跟踪维护。

全网安全的另一重要内涵是联动安全，即将保障档案馆网络安全的基础设施（如安全监控设备、安全审计体系、病毒防治体系、数据备份与容灾体系、应急响应体系等）、网络安全防护体系（保护物理层、网络层、系统层、应用层和管理层安全的IDS，防火墙、VPN、身份认证等安全技术和产品）、安全管理标准规范（包括法律法规、技术标准、管理制度和操作规范等）等集成起来协同工作，实现档案馆网络环境中从人到网络及其基础设施、各种软件系统、硬件设备的同步管理和联动安全服务，从而建立由网络、系统、机构、组织和个人共同构筑档案馆安全运行的一体化保障体系。

另外，档案馆全网安全运行不仅仅是技术上的问题，更重要的应是组织和管理的问题。要保障档案馆的公共环境、网络、信息系统和监控系统的有效与安全运行是需要健全的安全管理制度来支撑，需要档案馆全体员工安全意识的加强与提高为基本前提。我国目前也正在逐步建立信息化和信息安全的相关法律、法规体系和执法体系，各级档案管理部门也在不断地完善本地区域内的安全管理体系和安全保障体系，档案工作者也开始逐渐意识到要保障档案现代化管理系统和档案信息的真实、完整和有效，不仅需要依靠包括组织、法律、标准、技术、基础网络环境等在内的社会保障体系，更需要贯彻标准、执行法律、强化管理、加强监督、提高全员的安全意识。只有这样，档案馆及档案的安全才有保障。

技术保障体系呼吁档案信息化的建设与实施、运行与维护要依靠科学技术，利用各种先进的技术手段和最新研制的产品以获得安全支持与保护，这正是科学发展观的基本要求。制度保障体系、组织保障体系和监督执行体系是现代社会对科学管理和规范化应用的总体要求。制度保障体系强调网络安全要纳入行政执法过程，将有利于保障安全的法律、法规、制度和标准规范，作为约束所有社会责任人的行为准则。组织保障体系则为网络安全方案的制订、实施、安全事故的处理以及系统运行与维护的所有工作确定了一个强有力的组织和团队，确保安全方案的落实和问题的解决；监督执行体系则体现了档案信息化应用系统安全运行的行政监管能力，也是保障安全运行走向良性循环的重要手段。因此，遵循科学发展观，开展现代化管理，加强全社会的安全责任意识，是现代档案馆及档案安全运行的根本保障。

第十章 档案管理优化策略与路径

第一节 强化档案资源集聚

现阶段，我国档案工作呈现出一种新状态、新精彩，走入一个新高地、新平台，进入了以服务大局和民生为中心，以“三个体系”建设为重点，事业发展得到进一步保障的新常态，档案工作进入了形态更为高级、结构更为合理、发展更为顺畅、任务更加复杂艰巨的新阶段。站在比过去更高的新层次上，积极认识、适应、引领新常态档案工作必须要具备五种新思维：要有创新思维，勇于开辟档案工作新领域；要有先行思维，当先行者先行服务；要有网络思维，善于利用网络开展工作；要有合作思维，努力实现各方面互通、互联、互赢；要有人本思维，开展各项工作中都坚持以人为本。

档案资源是开展档案工作的基础，是档案部门的立身之本，也是档案事业可持续发展的关键。加强档案资源建设是丰富档案资源、完善馆藏结构、服务党和政府工作大局、服务经济社会发展、服务广大人民群众的根本途径。大数据时代，每天每时每刻都有大量的结构化数据、半结构化数据、非结构化数据产生，档案资源的收集范围更广，参与档案资源建设的除了传统的档案部门，社会群体和个人也可以成为搜集档案资源的主人，搜集来的档案资源可以存储在档案馆、数据中心甚至云端。

一、拓宽档案资源类别

从纸质档案到档案信息化再到大数据时代，档案资源一直呈指数级飙升，档案资源的种类也从纸质到电子，从结构化到半结构化、非结构化转变。随着时代的轮转，档案搜集的类别范围也因为档案载体不一、结构各异而发生了改变。

纸质等传统档案仍是档案收集的重点。纸质档案是整个社会历史的记录，中华民族上下五千年的文化和历史都留在了纸上。另一方面，受习惯思维的影响，大部分人在学习、办公时还是倾向于阅读纸质文档，对于档案来说，纸质档案给人真实性、可信赖度更高的感觉。信息化社会，纸质档案越来越少，但是它承载的社会记忆和显现的价值意义不会因为数量的减少而褪色和降低，即使在大数据时代或者以后更远的未来，档案收集也不能忽视了纸质档案等传统档案这个大群体的存在。结构化、非结构化、半结构化电子档案成为档案收集的主流。电子档案是信息化时代的产物，生成于数字化设备环境中，存储于计算机、磁盘、光盘等载体里，依赖计算机等数字设备阅读、处理，可在网络上传送。大数据时代，档案资源观正从传统狭隘的定义向“大档案观”转变，档案部门在进行馆藏纸质档案数字化、接收档案文件电子化的同时，要有意识地收集更多类别广、形式多、价值大的数据资源。网络的发展产生了更多更复杂的数据种类，包括结构化数据、非结构化数据和半结构化数据。结构化数据如数字、符号、关系型数据库等，非结构化数据如文本、图片、表格、图像、声音、影视、超媒体等，半结构化数据如E-maik HTML文档等，都是大数据时代档案收集的主要对象。

二、完善档案资源建设

大数据时代，无论任何机构、社会组织和个人，都无法置身于数据之外，不同群体拥有不同的数据，他们的数据互不连通，档案部门可以将多元化、社会化的数据尽收囊中，但人少力薄是档案部门的现实状况，单靠一己之力不可能完成档案资源全面收集的重任，因此和不同数据拥有者的合作就显得非常必要，档案资源体系建设不仅要成为档案部门的职责所在，档案部门将通过自主管理、协商合作等方式把责任向社会转移，认可和鼓励各类社会组织及个人参与到档案资源的建设中来，完善档案资源的建设主体，达到借助社会力量优化档案资源的目的。

一是档案部门要善于与档案形成者合作。首先，我国各级各类党和政府机构、企事业单位等是国有档案资源的形成者，他们在日常工作事务中不断地产生文件材料，这些文件材料处理完毕后要进行整理归档，档案部门的主要职责也是为党和政府机构、企事业单位管理档案事务，他们要按照规定及时向档案馆移交档案。因此，对档案部门来说，对党和政府机构、企事业单位档案的收集相对比较容易。其次，越来越多的家庭、个人意识到档案的重要性，纷纷开始建立家庭档案、个人档案，他们是私人所有档案的形成者。家庭和个人建档既记载了家庭和个人的历史，又折射了社会的变迁，虽然每个家庭的档案数量不多，但其在社会上的总和也是一笔巨大的档案资源，档案部门要积极与社会家庭和个人建立合作关系，收集更多更宝贵的“社会记忆”。此外，国家还要求领导干部建立领导干部个人档案、廉政档案，社会名人可以建立名人档案等等，他们组成了档案资源形成的特殊群体。

二是档案部门要善于与档案整理者合作。大数据时代，档案部门要学会利用社会力量和网络力量来完成档案资源的整理工作。国家规范并支持社会力量参与档案事务，允许政府可以通过合同、委托等方式向社会购买档案服务,政府以外包的方式将档案工作交给业务能力高度专业化的档案中介机构、专业机构。档案中介机构合法合规参与档案事务服务，帮助档案部门规范档案资源整理工作。档案部门还可以利用网络人力资源，通过众包模式集聚档案资源。众包模式是指把本应由公司内部员工执行的工作任务，以自由自愿的形式外包给非特定的大众网络的做法模式。

三是档案部门要善于与档案利用者合作。档案利用者虽然不直接产生档案资源，但是他们利用档案的行为及结果所留下的痕迹成就了一部分档案资源体系的建设。大数据时代，档案利用者通过网络进行的档案查询、检索、咨询等一系列行为，都成为信息记录，档案工作者可以从用户的利用轨迹中发现新的信息点，找到信息与用户之间的相关关系，或是用户需要的，或是用户感兴趣的，通过信息点去收集与之相关的内容。大数据时代，档案部门不用再去理会信息的因果关系，要关注是什么而不是为什么。网络电商就是通过记忆客户浏览过的商品，找到商品与客户之间的关系，再搜索商品与商品之间的关系，客户的网页就会显示“热销品”“同类”“猜你喜欢的”之类的信息推送服务。

四是档案部门要善于与档案保存者合作。档案保存者是档案资源的最终归属者，拥有最集中的档案资源。大数据时代，存储在档案馆、档案室的档案资源和互联网公司、数据分析公司拥有的数据资源总量相比，简直九牛一毛。互联网的发展带来了无穷无尽的数据，数据的泛滥和混乱催生出数据分析公司来开发利用数据，所以说到底，数据分析公司拥有最多、最大的数据。

三、改变档案资源采集方式

积极开展接收和征集工作是传统的档案资源采集方式，档案部门以丰富馆藏为目标，依法做好到期应进馆档案接收工作。大数据时代，档案资源的采集不能光是坐等人来，网络资源的实时变化、档案形成者的大众化都需要档案部门改变档案资源采集方式，收集到数量更多和质量更好的档案资源。

一是网络资源的主动抓取。对于网络资源要通过主动抓取的方式进行采集归档。网络资源数量多、更新快，重要信息和垃圾信息都是一闪而过，而且垃圾信息占大多数，一旦错过重要信息就会被海量信息淹没，再要找回得花费大力气。网民对重要信息也缺乏归档意识，对于有用的信息不知道该怎么保存，该交给谁保存。档案部门就要适时担起自己的职责，改变被动收集档案资源的方式，变身数据捕手，实时监控网络动态信息，采取主动出击策略选择重要网络资源归档，完成网络资源的主动抓收任务。同时档案部门要引导并培养网民重要信息归档意识，争取从网民手中获取更有价值的档案资源。

二是用户实时推送归档。形成档案的用户，过去是依法定期按时归档，且大多是针对党政机关部门而言的，要求次年六月以前完成前一年的档案归档工作。大数据时代，党政机关部门不再需要全年度工作完全处理完毕后文件材料才一齐归档，通过档案管理内部平台系统就可以将当下办理完毕的文件材料及时推送到平台，档案室的档案员随时接到推送消息后就可以依据文件的机构和问题等内容对其进行分类预归档保存，确认这类型档案不再产生新的文件材料加入进来，对之前的预归档文件整理完毕后就完成了档案的最终归档保存工作。形成档案的家庭和个人，也可以通过档案部门开通的网站平台渠道或是档案专门网站实时推送自己想要归档保存的档案，交由档案部门代为保管。这种实时推送归档的档案采集方式不仅能降低文件材料因日积月累存放而丢失的风险，而且对于档案员和档案部门来说，实时的归档分散了工作任务，化解了集中归档时间紧任务重的难题，归档质量也能得到充分保证。

四、科学整合档案资源

大数据时代，档案信息化步伐加快，档案管理趋向结构化、系统化，档案部门要学会应用新一代信息技术及相关工具和方法，稳步开展档案数字化和电子档案接收工作，进一步提高档案资源优化整合能力。

第一，继续推进“存量数字化、增量电子化”战略。档案部门一是要以“存量数字化”的要求极力推进传统载体档案数字化，尤其是对纸质档案要加快数字化进程，查阅时用数字化档案代替原件利用，保护并尽量延长纸质档案寿命；二是要以“增量电子化”为任务对归档、接收进馆档案要求全面实行原生电子文件形式，新形成的电子文件及时归档保存并按时接收进档案馆保护。大数据时代，档案部门要严格要求党政机关单位对归档文件实施电子化管理，从源头上保证数字档案信息的真实、完整、可用；接收档案以电子化版本为主，在范围上多注重民生电子形式档案的接收，在种类上多收集多媒体、数据库、网页等形式的档案资源。在加强电子档案接收管理方面，国家将制定一批实用性高操作性强的文件，如《电子档案准确性、完整性、可用性、安全性检测规范》《海量电子文件数据存储指南》《企业电子文件归档和电子档案管理指南》等，这些文件着重考虑网络信息的归档管理工作，党政机关等单位的门户网站、政务微博、政务微信等新兴发布平台的信息归档工作将逐步提上日程，成为档案部门一项新任务新挑战。

第二，优化资源结构。档案资源的底层化、碎片化，各种档案资源散落在互不联通的数据库中，成为一座座“信息孤岛”，如何联通这些孤立的数据库，将分散的档案资源集中起来，实现档案资源的优化整合，发挥出档案资源最大价值，是大数据时代档案管理的一个重要挑战。档案部门没有能力对所有的档案资源兼容并包，需要和不同的群体合作，一是档案部门系统内部之间的互联，二是与文化馆、图书馆等相关学科之间的互助，三是和网络商和数据开发公司的互通，最重要的是档案部门要与社会进行资源、技术、人才方面的交流合作，搜集更多的资源、运用更强的技术、借助更专业的人才实现档案资源的最优化。同时，档案部门还可以利用云计算技术，借助互联网的计算方式，将全国的档案资源进行整合，形成“中国档案云”，完成档案资源的优化整合，充分发挥档案资源的集聚效应。

第二节 创新档案服务内容

数据本身是没有价值的，通过数据提供服务才具有真正的价值，数据即服务。档案资源若是只存放在档案馆不拿来用，就如同一堆废物，保存再多也没有意义。如何从档案资源中挖掘出价值，盘活档案资源，将昏昏沉睡的死档案变成源源不断的活资源，就需要档案部门加速档案资源开放进程、改变档案资源服务方式、构建基于档案资源价值存在的知识服务体系。

一、加快档案资源开放

大数据时代，档案部门一方面面临着与社会散落的档案资源进行激烈争夺的局势，另一方面随着《政府信息公开条例》的实施，国家积极稳妥地推进政府信息公开工作，依法保障公民、法人和其他社会组织获取政府信息的权利，这种权利的开放使得公民对信息的知情权要求更高，他们希望获得更多更有效的信息，档案资源加速流动与开放成为必然结果。档案部门对档案资源的开发应遵循“公开为原则，不公开为例外”，及时公开超过保管期限的秘密档案，尽量做到“应开尽开，保障秘密档案的安全”。

档案资源开放，不仅有利于推进政府信息公开制度的实施，优化办事流程提升工作效率，保障公民对信息的知情权、参与权与表达权，更重要的是档案资源在全社会自由流动开来后，从守旧封闭到创新开放，为社会奉献丰富多彩、足量多金的信息，有助于跨越档案部门和其他政府部门之间的“信息鸿沟”，助力城市记忆工程和智慧城市的建设。

二、创新服务理念

大数据时代，档案资源要实现物尽其用，就要对其内容深度挖掘，打造档案资源知识库，档案利用者也会因自身知识水平的提高对档案服务提出更多的要求，关注他们新的需求，对传统的档案利用服务理念和途径做出调整，用新思维和新方法，开辟档案利用服务新高度。面对档案利用者的诸多需求，档案部门要努力完善四种服务理念。

一是人性化服务。人性化服务就是在档案服务中体现“以人为本”思想，以用户第一为原则，给用户提供平等获取信息的权利，服务过程中表现良好的服务态度，把自己当作服务生，面对用户热心、耐心、细心、专心，尤其是基层档案部门经常要服务一些农民老百姓，对他们的利用诉求要认真倾听，服务要热情周到。

二是个性化服务。个性化服务是档案部门对档案利用者需求提供精确性匹配的服务。大数据时代信息受众分类更加明确，用户的利用需求发生改变，追求个性化服务，享受不受时空限制方便快捷获取所需，档案部门要对用户的利用需求、行为、方式等细节进行收集、追踪和分析，预测出他们需要的内容，以参考、定制等方式推送给用户。

三是智能化服务。智能化服务是档案服务的最高技术水平。大数据时代更注重技术的运用，档案服务技术水平也要提高，档案部门要有智能化的档案数据处理系统，能够快速完成数据分析任务，智能抓取有效信息，提供便捷服务通道，这不仅有助于档案部门发现隐性知识，还有利于从档案服务向知识服务跨越，实现档案知识的顺畅流通与广泛传播。

四是知识化服务。知识化服务是一种基于网络环境下的开放式的服务，是档案服务发展的趋势和方向。档案知识化服务应以知识管理理念为指导，以档案资源为核心，以大数据技术为支点，以档案知识挖掘为重点，以档案知识应用和知识创新为目标来构建档案知识服务体系，完成知识提供与检索、知识整合与加工、知识共享与交流的一体化服务。

三、拓展服务途径

网络的发展改变了信息传播的方式，丰富了信息传播的渠道，档案服务借阅、咨询、展览等传统途径将得到调整，档案服务途径多样化、网络化。应用各种新兴媒体，发挥网络远程功能，基于云计算、云存储的云服务手段将成为大数据时代档案服务新战场。

（一）微服务

微服务主要指以微博、微信等新媒体为载体即时传播信息的服务形式。微博即一句话博客，是一个基于用户关系信息分享、传播、交流以及获取的社交网络平台，主要涉及信息发布、网络营销、政府管理以及个人交流等方面，是中国网民上网的主要社交网络平台之一。

微信是一个为智能终端提供即时通信服务的免费应用程序，通过网络快速发送短信、语音、视频、图片和文字，微信公众平台的订阅号和服务号就是为微信用户提供公共信息、咨询和服务的平台。

档案部门或档案学人通过开通微博、微信可以传达档案信息和传送服务项目，向社会公众提供方便快捷的档案服务，拉近档案与大众的距离，拓宽档案信息服务的范围，提高档案信息服务的效率，还可以交流互动、共享信息、加强协作，为社会提供更好的档案服务。

（二）远程服务

远程服务指利用通信手段实现不同地域之间的实时人工服务方式。

远程服务具有方便快捷、节约成本、服务对象没有地域限制、服务可集中化管理的特点和优势，非常适合大数据时代的网络档案服务。档案信息远程服务以数字化的信息资源为基础，依靠科学技术，通过网站、电子邮件或实时交互的形式，向用户提供远距离档案信息咨询和服务。档案部门要在加强档案资源建设的同时，加快采用信息技术，充分利用网络优势，建设好覆盖广、内容全、检索快的档案远程利用服务平台。

（三）云服务

云服务指通过网络以按需、易扩展的方式获得所需服务，它是一种基于互联网的相关服务的增加、使用和交付模式，涉及通过互联网来提供动态易扩展且经常是虚拟化的资源。

档案云服务是以云计算技术为基础，以云存储资源为保障，将分散的档案信息通过云平台组织构建起来形成服务云，借助这些云平台强大的计算能力和低成本、高安全性等特性来提高国家档案信息资源共享效率的一种档案信息资源服务模式。国家档案局开展的“中国档案云”项目就是致力于打造国家级开放的档案信息资源共享利用系统，它以云技术云存储为依托，覆盖全国各级各类档案馆，为社会公众提供开放档案信息查询利用服务的专业化平台，将成为互联网用户访问全国开放档案资源的统一门户，提供一站式全方位服务。

第三节　加强三位一体防护

安全责任重于泰山。档案资源安全是档案管理工作的重中之重，关系到党和国家及人民群众的根本利益。大数据时代，社会环境和网络环境对档案资源安全的威胁日趋严重，为消除潜在风险保障档案资源安全，档案部门要建立起“物防、人防、技防”三位一体的档案安全保密防护体系。

一、加强物理防护

物理防护是档案安全的基础性保证。档案建筑是承载档案的载体，是守卫档案安全的第一道屏障。档案部门在加快档案馆建设时要把建筑的安全摆在首位，改善入馆档案的保管保护条件。

第一，推进各级国家综合档案馆安全建设。国家综合档案馆是统一保管党和政府机关档案的部门，是永久保管档案的基地。各级国家综合档案馆依法集中接收、管理本级党政机关、企事业单位、社会组织的档案和政府公报等政府公开信息，是国家宝藏的储存场所，档案馆建筑安全的重要性不言而喻。因此，档案馆的建设要遵循科学选址、标准设计的原则，在设计之前要对选址进行安全评估，避开自然灾害多发的危险地段。

第二，改善档案保管保护条件。档案保管保护条件的改善是档案长久保存、长期可用的重要因素。档案保管保护条件主要指档案保管硬件设施的安全，改造或新建、扩建的档案馆，要严格按照规范和标准建设，采用先进的安全技术、设备和材料，档案库房安装视频监控、自动报警、自动灭火、温湿度自控系统，达到档案馆安全测评标准，提高档案库房安全防灾等级，定时对档案保管保护专用设施设备维护和更新，定期对档案进行检查，及时发现并排除隐患，让每一份档案都有安全的栖息地。

二、采用人防战略

人防战略是档案安全的重要盾牌。从信息化时代到大数据时代，科学技术的发展促进了档案管理工作的进步，也对档案工作者提出了更高的要求，档案安全与否就在档案人的一念之间。在外行人看来档案工作轻松简单谁都能做，“一入档门深似海”才是档案人的真实写照，档案工作者要用责任和行动捍卫档案的安全。

第一，完善档案安全责任到人制度。安全管理主要是控制风险降低损失，档案安全管理制度能够有效预防、及时处理和妥善解决档案工作中的突发事件，维护档案工作正常秩序。首先，要健全档案安全责任制，单位一把手握兵权掌控全局，对档案安全全权负总责，责任细分到各科室各人头上，尤其是要对信息化科室严加要求，形成“档案安全人人有责”的氛围；其次，要健全档案安全应急管理制度，档案应急管理是档案安全管理的第一大步，事关档案安危存亡，档案部门要严阵以待，成立以单位一把手为头的档案安全领导小组，领导全体档案工作者对档案工作八大环节的每一个环节可能存在的安全风险和可能出现的安全纰漏进行大胆预测、小心分析、深入研究，从而得出结论，形成与工作环节相对应的档案安全应急管理制度以指导工作。最后，在大数据时代，需要重点加强对档案信息的安全管理，制定档案机密信息保护制度、档案信息安全审计制度、档案信息安全共享制度等，从制度上防范档案安全风险。

第二，建设档案大数据人才专业队伍。一是专业知识素养。档案管理是一门专业性和实践性很强的工作，大数据时代要聘任有真才实学的档案学专业学科背景的人才，他们扎实的档案理论基础知识和过硬的档案业务实践能力，懂管理精业务，能打开档案事业发展的格局，带领档案事业向前发展。新时代对档案人才的综合素质要求更高，不能只专其一，需要通过教育培训和自学不断提升工作能力，学习跨学科领域的综合知识，如计算机知识、互联网知识、大数据知识、产权保护知识等等。二是重人重岗重责。档案部门要安排高度认真负责的人员从事档案工作重要岗位，各单位档案室要安排在编人员从事档案工作，一方面是他们对档案更加专业、对工作更加敬业，另一方面是防止因人员流动发生档案失泄密事件。

第三，变身“数据科学家”。大数据时代到来创造了新的工作机会，提供了大量新的工作岗位，但拥有数据分析技能的专业人员严重短缺，造成供需严重失衡。从目前看来，档案部门想要在大数据战斗中招揽到数据分析人才机会渺茫，需要自寻门路。因此档案工作者要紧跟时代潮流，勇于自我蜕变，努力从“一把锁服务员”向“数据科学家”进阶，提升综合技能，具备对数据的提取与综合能力、统计分析能力、数据洞察与信息挖掘能力、开发软件能力、网络编程能力、数据的可视化表示能力六种能力，为档案工作赢得一片天。

三、强化技术防御

技术防御是档案安全的关键手段。档案部门要借助大数据时代的信息技术优势，建立档案信息管理系统安全保密防护体系和实行重要档案异地异质备份保存来维护档案安全。

第一，建立档案信息系统安全保密防护体系。对接收进馆的电子档案进行严格审查，检验电子档案的存储载体及内容，从源头上把关：严格检验电子档案的存储的应用系统、计算机、网络等软件设备的安全等级，确保电子档案长期存储安全系数；加快档案数字化工作，有能力的单位最好自己独自完成档案数字化工作，没条件的单位可以借助社会力量的参与，但严格审查档案数字化外包管理中介资质，选择合法、规范、可信度高的外包公司，做好服务外包工作的安全检查，并对数字化工作的全过程进行视频监控，杜绝外包单位盗取档案信息；对上网共享档案进行严格审查，依据国家秘密的信息系统分级保护要求，严防文件、档案在传输过程中失泄密，保护档案用户个人隐私不被侵害。

第二，建设档案大数据存储备份中心。档案数据库的开发使用大大节约了档案库房的容量，提高了档案管理利用的效率，但单位数据库的存储容量毕竟有限，大数据时代档案部门针对巨量档案资源的存储问题，必须走改变存储方式来提高效率节约成本的道路。大数据技术拥有强大的数据处理和存储能力来实现档案资源存储备份管理。

第三，重要档案异地异质备份保管。档案安全主要受到主客观因素的威胁，从主观上说档案制成材料质量易随时间环境而弱化，如纸质档案存放越久越容易纸张脆化、字迹模糊，电子、光盘、硬盘档案等特殊载体保存年限尚不明晰，客观上多发的自然灾害和人的行为也在威胁档案的安全，重要档案处于水深火热之中。为保证档案的安全存储和长期可读，需要定时检查、实时备份以降低安全隐患。

第四节 强化行政能力

档案行政管理根据国家各项建设事业的需要，对全国的档案工作进行统筹规划、组织协调、统一制度、监督指导的活动，是国家整个行政工作的重要组成部分。我国档案行政管理实行“局馆合一”模式虽然精简了机构，但使档案行政管理一直都呈现出事务性较强、行政性较弱的状态，与其他党政机构相比，显得“人微言轻”。档案行政管理体制的优劣与档案事业发展成败紧密相连。大数据时代的到来，我国又正处在全面深化行政体制改革推进国家治理现代化阶段，为档案行政管理体制机制的变革和完善提供了契机，档案行政管理机构要切实转变行政职能、强化行政执法水平、提高业务指导水平、加强与机构之间的合作，建设好为民务实高效的档案行政管理体系。

一、转变行政职能

档案行政管理一直是档案部门的弱势，行政能力不强工作开展就比较被动，社会地位也凸显不出来。有人说档案行政管理基本上处于“想到哪儿就管到哪儿”，事实上是哪儿也没管到，哪儿也管不住。大数据时代，档案部门必须正确认知局与馆各自的职能范围，要善于借助社会力量逐步放开服务“大包揽”方式，切实转变行政职能，提高行政管理能力。

第一，明确档案局、馆性质。其实无论什么样的组织单位，首先就要明确性质，明确所担负的职责职能，工作才能顺利开展、有序进行。大数据时代，档案部门亟须理顺档案管理体制，改变局与馆性质、职能混乱无序的现状，各级档案行政管理部门的职责是依法统一监督指导本行政区域内党政机关和其他事业单位的档案工作，各级国家综合档案馆的职责是依法集中管理本级党政机关和其他单位的档案，档案局的行政事务和档案馆的管理事物要严格区别开来，确保分工明确、各司其职，挺起档案行政职能的腰，树立起档案行政管理的威严。

第二，借助社会力量改变服务方式。档案部门性质明确了，档案局主行政、档案馆主管理的职责就分明了，不能再紧紧抓住档案整理服务“大包干”不放。档案部门主管行政与管理去了，档案整理服务就需要寻求新力量的加入，社会中介力量乘势而起。社会力量参与档案事务是市场经济发展的必然趋势，档案部门要顺应时代发展和自我职能转变需求，积极引导社会力量参与档案服务工作，要把社会力量参与档案事务活动作为档案事业发展的重要补充形式，发挥档案学会、档案学术交流机构这些社会组织的协同作用，积极扶持与档案有关的咨询服务业、信息开发业、软件行业、网络公司以及档案用品制造业、档案文化教育服务业的发展。档案部门要规范并支持档案中介机构、专业机构参与档案事务活动，帮助开展社会宣传和服务，增强档案中介服务知名度和影响力，通过他们专业档案整理团队达到既完成了档案整理工作，又能在督查管理档案工作中提高档案行政的权威性的目的。

二、提升行政执法水平

行政执法能力是衡量档案行政管理部门行政权威的重要指标，也是检验档案法律法规效力的重要表现。大数据时代，档案部门要从法律制度、法制队伍、执法力度三个方面来提升执法能力，强化执法水平，提高执法地位。

首先，完善法律制度。随着经济社会的发展，档案法律法规也存在与档案工作新形势新任务新要求不相适应的问题，需要对原有的内容进行及时修订和完善，比如确定档案人的权利与义务。电子档案大幅增长，电子档案如何规范归档与妥善管理的法律法规却没能及时出台，留有许多空白，档案部门没有法律依据就无法对党政机关和社会组织等产生的电子档案进行有效的执法监督。因此档案部门要想在档案执法检查中掌握主动权、话语权，就要提高法制意识，尽快制定并出台规范电子档案管理的法律法规，比如网络信息归档选择依据，海量电子文件数据的存储、电子档案异质异地备份操作等，让档案部门对电子档案依法行政可以有法可依。

其次，加强法制队伍建设。党和政府部门要为档案行政管理部门依法履行档案行政执法职能提供条件，提高其执法监督指导能力，人大、纪委、法制办等法力强势部门要为档案行政执法出谋划策，成立联合督查小组，提高档案执法效力。档案执法人才是档案执法的关键，档案部门一般都不具备懂法律的专业人才，这是大数据时代档案部门“以法治档”的执法困境。为完善科学依法决策，提高行政执法效能，推进档案法治建设，档案部门可以借用法律外援支持，采取聘用法律顾问的方式来加强档案法制队伍人才建设。法律顾问法律专业知识强，可以为档案部门制定或修改档案法律法规提供专业意见，依法行政提供法律参谋，规范和监督行政执法活动，维护档案部门执法权益。

最后，加大执法力度。档案行政管理部门要加强对档案工作的监督检查，对各类违反《档案法》的行为，特别是将应归档文件据为己有或拒绝归档的，或造成档案损毁、丢失的，要依法追究有关单位和人员的责任。《档案管理违法违纪行为处分规定》就是专门针对档案管理中出现的违法违纪行为制定的处分规定，有档案管理违法违纪行为的单位，其负有责任的领导人员和直接责任人员，以及有档案管理违法违纪行为的个人，应当承担纪律责任。《档案管理违法违纪行为处分规定》的出台一是对原有的处分规定细化，补充新的违法违纪种类，是我国多年来依法治档实践经验的总结；二是对相关档案管理违法违纪责任主体应当承担的法律责任和量纪标准作了具体明确的规定；三是建立了档案管理违法违纪案件查办协作配合机制。这是档案法律法规又上新台阶的重要成果，为大数据时代档案部门行政执法能力的强化提供了新的依法行政依据。

三、提高业务指导水平

档案业务指导工作始终是档案部门一个重要的职能，体现的是档案部门的专业水准。档案业务指导水平的提高有赖于档案工作者的行动力与专业度，搞好业务指导不仅能展现档案部门的工作能力，还能改变社会对档案部门的刻板印象，提高档案部门的社会地位。

第一，加强业务分类指导。一是要加强对新单位建档工作的指导。“政企、政事分开”改革后，许多企事业单位脱离了原来的行政机关，成立了新的机构、企事业单位和社会组织，政府对它们干预的减少使它们游离于档案部门的管理之外，建档工作也迟迟没有提上工作日程，档案部门要加强对新单位的关注，加强对新单位建档工作的指导，使新单位能够意识到建档工作的重要性，及时明确档案工作任务，做好档案工作的分工，加强档案员的工作责任意识和业务能力，悉心指导建档工作的每一个环节，提高独立完成档案业务工作的水平。二是要加强对家庭档案、个人档案等新类型档案的指导。家庭档案和个人档案属于非国有档案，在过去没有引起国家和档案部门的足够重视，成为散落社会的遗珠。大数据时代，个人的信息越来越多，也变得越来越重要，国家大力提倡家庭建档、个人建档，档案部门设立宣传点，开展大走访，深入每家每户帮助家庭建档，从档案收集的范围、类型、内容到整理的方法一一悉心指导，家庭建档、个人建档开始受到社会公众的关注逐渐兴盛起来，这类档案业务公众的开展既有效规范了散落的信息，又为国家积累了一笔非常可观的社会档案财富。

第二，档案部门业务指导水平的提高还有赖于专业人才的任用和培养。档案部门人才队伍中，只有极少数是档案专业科班出身的，大多数人只懂行政管理，极其缺乏能够完成档案业务指导工作的人才。档案部门要根据实际工作需要科学合理调整档案部门人员编制，提高档案专业人才在档案部门人才队伍中的比例，充实档案部门业务指导队伍，优化档案部门业务指导能力；

要建立科学的引才育才机制，可以通过与高校联合培养定制人才，也可以在考试录用中以专业作为限制门槛，或者支持鼓励在职人员继续深造学习接受档案专业知识的系统教育，积极发挥档案院校等培训学院的作用，创新培训内容，改进培训方式，努力造就一支业务精的高素质档案业务指导队伍。对于党政机关、企事业单位、社会团体的档案员，不能由身兼数职的其他工作人员担任，必须要求专人专岗专职，完善档案从业人员持证上岗制度，考试合格方能发放档案从业人员资格证，非档案从业人员一律不得从事档案工作岗位，严格档案专业技术职称评审，晋升职称人员必须达到相应的晋升条件方能申请。大数据时代，档案部门要依照办理程序和条件严格职称等级评审，净化档案业务工作队伍，提高档案从业人员专业化水平。

四、加强与社会的合作

大数据时代，档案部门不再适合单打独斗、孤军奋战、守着档案库房打转转，档案数量的增多、档案需求的改变、档案服务的扩展、档案信息技术的应用，使得档案在慢慢褪去神秘的外衣，档案与社会、公众之间的鸿沟渐渐缩短。事实表明，档案部门只有加强与社会组织的交流合作才能与时代同步，赢得先机，谋得发展。

第一，加强与档案形成者的合作。大数据时代档案部门要想赢得更多的档案资源，就要加强与档案形成者的合作。档案的形成者不再局限于党政机关、企事业单位和社会团体的档案室，家庭和个人成了散落于社会最大的档案形成群体，他们记录的是家庭琐碎事，构造的是社会变迁图。档案部门一是要帮助家庭和个人完善建档工作，二是要大力征集征收家庭档案和个人档案，从中发掘出更多更有价值的档案。

第二，加强与档案利用者的合作。档案利用者是档案部门的服务对象，满足利用者需求是档案部门最大的工作成就。大数据时代，档案部门不能只关注利用者单一的利用需求，要学会透过需求挖掘档案隐性知识，透过需求提供预测服务，透过需求编研出更多的档案文化精品为社会公众谋福利。

第三，加强与档案中介服务机构的合作。大数据时代，档案中介服务机构既是档案部门监督管理的对象，又是档案部门最重要的合作伙伴。档案部门一方面要严格审查档案中介服务机构资质，监督管理档案中介服务机构备案情况、执业人员素质和服务质量水平等；另一方面，档案部门要放宽服务权限，支持鼓励档案中介服务机构利用专门的知识和技能为单位提供档案服务，通过监管下合作的方式来维护自身的行政和执法能力。

第四，加强与网络服务商、数据公司的合作。大数据时代，档案部门不能再是老一套的管理档案方法，电子档案的收集、档案数字化都需要档案部门加强与网络服务商、数据开发公司等信息行业的合作。互联网给档案部门带来大量资源既是福利也是负担，数量大、种类多的资源充实了档案资源库，但如何从海量的资源中筛选出有价值的信息作为档案保存是档案部门忧思的难题，档案部门与网络服务商的沟通与合作就成为必要选择，借助网络服务商的帮助，从信息源头剔除垃圾信息、保留有用信息供档案部门收集，大大提高档案的质量。这些收集来的电子档案和库存档案数字化产生的电子档案的管理工作远远超出了档案部门的工作能力范围，档案部门要积极主动与数据开发公司合作，通过公司专业人才、专业技术、专业软件的帮助协同完成对电子档案的管理。

参考文献

[1] 刘祎 . 档案管理 [M]. 长春：吉林人民出版社，2018.

[2] 高海涛，李艳，宋夏南 . 档案管理与资源开发利用 [M]. 北京：北京日报出版社，2018.

[3] 毛雯 . 档案管理工作研究 [M]. 北京：中国原子能出版社，2018.

[4] 潘潇璇 . 档案管理理论研究 [M]. 延吉：延边大学出版社，2018.

[5] 胡燕，王芹，徐继铭 . 文书档案管理基础 [M]. 北京 / 西安：世界图书出版公司，2018.

[6] 张鑫 . 现代档案管理实例分析 [M]. 北京：科学技术文献出版社，2018.

[7] 张林静 . 房地产档案管理实务 [M]. 延吉：延边大学出版社，2018.

[8] 王世吉，唐宁，周雷 . 现代档案管理理论与实践 [M]. 延吉：延边大学出版社，2018.

[9] 赵旭 . 档案管理现状的研究与分析 [M]. 天津：天津科学技术出版社，2018.

[10] 刘亚静 . 档案管理信息化与自动化探索 [M]. 天津: 天津科学技术出版社，2018.

[11] 张燕 . 大数据时代背景下的档案管理工作研究 [M]. 沈阳：东北大学出版社，2019.

[12] 刘思洋，赵子叶 . 文书管理学与档案管理 [M]. 长春：吉林科学技术出版社，2019.

[13] 李晖 . 国防特色高校档案管理与信息化建设 [M]. 哈尔滨：哈尔滨工程大学出版社，2019.

[14] 李晓婷 . 人事档案管理实务 第 2 版 [M]. 上海：复旦大学出版社，2019.

[15] 金虹 . 干部人事档案管理实务 [M]. 杭州：浙江工商大学出版社，2019.

[16] 黄兆红 . 信息时代下的高校档案管理 [M]. 延吉：延边大学出版社，2019.

[17] 西仁娜依・玉素辅江 . 高校教学档案管理理论研究与实践 [M]. 长春：吉林人民出版社，2019.

[18] 杨阳 . 高校档案管理信息化建设 [M]. 长春：吉林文史出版社，2019.

[19] 许秀 . 高校档案管理与信息化建设研究 [M]. 哈尔滨：哈尔滨工业大学出版社，2019.

[20] 陈一红 . 我国高校档案管理工作创新研究 [M]. 天津：天津人民出版社，2019.

[21] 杨宗岳 . 行政管理必备制度与表格典范 [M]. 北京：企业管理出版社，2020.

[22] 叶云霞 . 高校人力资源管理与服务研究 [M]. 长春：吉林大学出版社，2020.

[23] 李连成，莫大鹏，付应明 . 现代医院管理制度全集 上 [M]. 北京：中国言实出版社，2020.

[24] 谭萍 . 基于大数据环境下创新型档案管理与服务研究 [M]. 长春：吉林人民出版社，2020.

[25] 张玉霄 . 数字档案信息资源安全管理研究 [M]. 长春：吉林大学出版社，2020.

[26] 李小贞，宋丽斌，赵毅 . 现代馆藏管理与资源建设 [M]. 长春：吉林人民出版社，2020.

[27] 李雪婷 . 人事档案信息化建设与创新管理研究 [M]. 长春：吉林文史出版社，2020.

[28] 林文兴，左晋佺 . 暨南大学档案工作指南 [M]. 广州：暨南大学出版社，2020.

[29] 方舟，汪洁 . 上海海洋大学档案里的捕捞学 [M]. 上海：上海三联书店，2020.

[30] 徐鹏鹏，傅晏 . 建设工程信息管理 [M]. 武汉：武汉大学出版社，2020.